全国高等职业教育规划教材

工程机械
保险与理赔

李文耀　主　编
鲁　静　李毅青　副主编

U0366549

化学工业出版社

·北　京·

本书针对从事工程机械保险承保、查勘、定损、核损与核赔等实际工作岗位的要求，按照工程机械保险认知、工程机械保险承保、工程机械保险理赔与工程机械保险拓展的学习顺序来组织教学内容，通过工作项目的开展，帮助读者了解工程机械保险与理赔的基本知识和实际业务操作，突出内容的针对性和实用性。

本书可作为高职高专院校工程机械专业学生学习工程机械保险与理赔的教材，同时对从事工程机械保险的从业人员也具有参考价值。

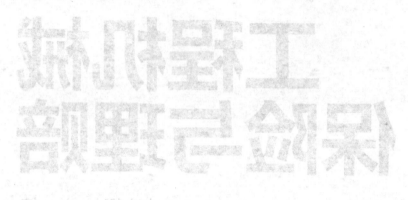

图书在版编目（CIP）数据

工程机械保险与理赔/李文耀主编. —北京：化学
工业出版社，2013.8（2022.9重印）
全国高等职业教育规划教材
ISBN 978-7-122-18063-6

Ⅰ.①工…　Ⅱ.①李…　Ⅲ.①工程机械-保险-理赔-
高等职业教育-教材　Ⅳ.①F840.681

中国版本图书馆 CIP 数据核字（2013）第 173061 号

责任编辑：韩庆利　　　　　　　　　　　装帧设计：尹琳琳
责任校对：宋　夏

出版发行：化学工业出版社（北京市东城区青年湖南街 13 号　邮政编码 100011）
印　　装：天津盛通数码科技有限公司
787mm×1092mm　1/16　印张 13¼　字数 334 千字　　2022 年 9 月北京第 1 版第 2 次印刷

购书咨询：010-64518888　　　　　　　　售后服务：010-64518899
网　　址：http://www.cip.com.cn
凡购买本书，如有缺损质量问题，本社销售中心负责调换。

定　　价：38.00 元

前　言

中国工程机械行业经过长时间的发展，已经能生产 18 大类、4500 多种规格型号的产品，"十一五"时期中国工程机械行业规模总量跃居世界首位。"十二五"期间，稳健向上的中国经济将为工程机械行业的发展提供重要而持续的动力，受益于此，加之企业创新能力及综合竞争力的不断提升，我国工程机械行业将继续保持高位运行。根据中国工程机械行业"十二五"发展规划，到"十二五"期末，我国工程机械行业销售规模将达到 9000 亿元，年平均增长率约为 17％。随着工程机械产业的迅猛发展，新机销售、机械维修、配件供应、融资租赁、信贷服务、保险服务等的市场空间急剧增大，逐渐形成一个庞大的工程机械后市场。工程机械服务市场是工程机械产业链中最稳定的利润来源，可达到总利润的 60％～70％。

目前，随着基础设施建设力度增强，工程机械保有量迅速增加，但是由于相关操作管理相对滞后、作业环境较为恶劣以及人们法制观念不强，导致工程机械在道路交通和施工场所的事故时有发生，造成人身伤亡和经济损失，市场正在逐步认识到工程机械保险与理赔的重要意义。

工程机械保险作为工程机械后市场的一个重要组成部分，其市场份额具有庞大的潜力。在整个保险领域，目前几乎所有大型财产保险公司都在开展机械保险服务，与此同时，从事机械查勘、定损的从业人员逐渐增多，也对高职院校的人才培养提出了新的要求，具有工程机械保险与理赔专业知识的学生，具备一定的专业知识和实践能力，将受到工程机械保险市场的大力欢迎。

本书针对从事工程机械保险承保、查勘、定损、核损与核赔等实际工作岗位的要求，按照工程机械保险认知、工程机械保险承保、工程机械保险理赔与工程机械保险拓展的学习顺序来组织教学内容，通过工作项目的开展，帮助读者了解工程机械保险与理赔的基本知识和实际业务操作，突出内容的针对性和实用性，并强化实践教学。

本书由山西交通职业技术学院李文耀担任主编，山西交通职业技术学院鲁静担任第一副主编、李毅青担任第二副主编。其中李文耀编写项目二；鲁静编写项目四以及收集全部附录；李毅青编写项目三；张鹏富编写项目一；申敏编写项目五。在编写过程中，得到了山西沃源建筑设备有限公司段全湖经理和山西小松工程机械有限公司吴琴芳经理的大力支持和无私帮助，在此深表谢意。

在编写过程中，还参考了诸多相关文献以及部分保险公司的培训材料，在此对原作者表示由衷的感谢。

本书有配套电子课件，可赠送给用本书作为授课教材的院校和老师，如有需要，可发邮件至 hqlbook@126.com 索取。

由于编者水平有限、时间仓促，书中有疏漏和不足之处恳请读者批评指正。

编者

目　录

项目一

□ 工程机械保险认知

【项目目标】

能够运用风险理论合理分析工程机械面临的风险；

能够在与客户的恰当沟通的基础上对客户的工程机械风险进行风险评估；

能够正确区分工程机械保险市场主要保险主体的职能；

能够熟知工程机械保险的基本原则，并正确分析具体事故案例；

能够熟知工程机械保险法律法规的相关内容，并正确运用相关法律法规；

能够准确向客户介绍和解释保险险种与条款内容。

【单元引导】

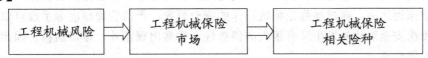

工程机械风险 → 工程机械保险市场 → 工程机械保险相关险种

单元一　工程机械风险

【单元要点】

风险的概念；

可保风险；

风险管理；

工程机械风险的识别。

一、风险的管理与处理

"天有不测风云，人有旦夕祸福"，在日常工作与生活中，任何个人与组织都有可能遭受各种意外而蒙受不可预料的损失。这种意外情况的出现，就是风险的客观存在。人们逐渐认识和总结各种意外所带来的风险，为了转嫁风险可能造成的损失，保险应运而生。无风险则无保险，保险成为了人们工作与生活中非常有效的风险处理途径。

（一）风险

1. 风险的概念

风险是指人们因客观条件及对未来行为的决策的不确定性而可能引起的后果与预定目标发生的随机偏离。这种偏离，既有出现损失的负偏离，也有带来收益的正偏离。风险是一种随机现象，与人们的行为紧密联系，发生与否不确定、发生时间不确定、发生状况及其结果亦不确定。这种不确定性，是针对实际结果与预期结果的变动程度而言的，变动程度越大，风险越大。但应当注意到，客观条件的变化是风险的重要成因，尽管人们不能控制客观状态，却可以认识并掌握其规律并做出预测，这也是风险管理的重要前提。

2. 风险的特征

从风险的定义可以看出，风险具有以下特征：

(1) 客观性。风险是一种独立于人们的主观意识之外的客观存在。一方面，自然界的各种自然灾害给人们的工作和生活带来风险，自然界的运动由其运动规律所决定，不以人的意志为转移；另一方面，社会当中的纠纷、事故、失业等也会对人们的工作和生活造成影响，社会现象受社会发展规律支配，但人们可以通过对社会风险事件的长期观察和研究，认识和掌握规律，找出影响因素和发生的条件，从而采取有针对性的措施和对策，以降低风险。总之，人们只能在一定的时间和空间内改变风险存在和发生的条件，降低风险发生的频率和损失，却不能彻底消除风险。因此，风险是客观存在的。

(2) 普遍性。风险无时不在、无处不有，社会、组织团体和个人生活的方方面面都有可能遇到风险。

(3) 偶然性。虽然风险就总体而言有一定的发生规律，但对某一具体的事件或个体而言，事故是否发生、何时何地发生、损失有多大、由谁承担损失等等是事先无法知道的，这种风险就是偶然的，不确定的。例如，人们通过分析与总结，发现挖掘机操作不当是挖掘机发生倾覆的原因之一，通过加强挖掘机操作的安全教育、严格管理制度等手段可以减少安全事故，但每次安全事故的发生又有很大的偶然性，常常出现意外，难以预料。因此，风险具有不确定的偶然性。

(4) 可测性。对于发生风险的个体而言，风险是一种人们对预期目标的随机偏离，但这些随机偏离可以通过变量来表现，大量个体面临同一风险，可以用同一个随机变量来描述。人们可以根据以往发生的一系列类似事件的统计资料来分析某种风险发生的频率及其造成的损失程度，从而对其进行预测、衡量与评估。

(5) 可变性。风险并不是一成不变的，在一定条件下可以转化。人类社会面临的各种风险会随着社会外部环境和内在因素的变化而不断发生变化。风险的变化有量的增减，有质的改变，有旧风险的消灭，也会有新风险的产生。

3. 风险的构成要素

风险的构成要素包括风险条件、风险事故和风险损失。

(1) 风险条件。

也称风险因素，是指引起或促使风险事故发生，以及风险事故发生时，致使损失扩大、增加的条件。风险条件是风险事件发生的潜在原因。风险条件通常有物质风险条件、道德风险条件和心理风险条件三种类型。

物质风险条件是一种有形风险条件，指增加风险事件发生或扩大损失严重程度的物质条件，例如挖掘机的大臂出现裂痕对于安全事故就是物质风险条件。

道德风险条件是与个人不正当的社会行为相联系的无形风险条件，例如不良企图、欺诈、骗赔等恶意行为，故意促使风险事故发生或损失扩大。

心理风险条件同样是一种无形风险条件，但与道德风险条件相区别，是指由于个人主观过失而导致增加风险事故发生或扩大损失程度的条件，例如不及时维护保养机械、新手操作员对操作流程和要点不够熟练等，导致机械物质损失的可能性增加。

(2) 风险事故。

又称风险事件，是指风险成为现实以致引起损失的事件。风险事故是造成损失的直接的或外在的原因，是损失的媒介物，只有发生了风险事故，才能导致损失。

（3）风险损失。

一般是指物质损失，即非故意的、非计划的和非预期的经济价值的减少。但是随着社会进步和人们生活水平的提高，一些精神损失也逐步才成为风险损失的管理对象。

在实际的风险损失中，要注意区分直接损失和间接损失，这对风险事故理赔具有重要意义。直接损失是指风险事故造成的实质损失，主要表现为直观的财产损失；间接损失是指由直接损失所引发的其他经济价值的减少，包括营利损失、责任损失、精神损失、额外费用支出等。例如，一台装载机发生安全事故，造成重大损毁，需要维修，这是直接损失；而在维修期间不能正常作业所导致的工程延误产生的损失，以及所支付的违约赔偿，这些都是间接损失。

总之，风险条件引发风险事故，风险事故则会导致风险损失。例如，一台挖掘机由于山体滑坡造成侧翻事故，导致驾驶室变形、操作人员受伤。其中，山体滑坡是风险条件，侧翻事故是风险事故，驾驶室变形和操作人员受伤则是风险损失。

4. 风险的分类

为了实施有效风险管理，对风险进行分类可以更加准确地把握风险的实质。

（1）按风险的性质，可以分为纯粹风险和投机风险。

① 纯粹风险，是指当风险发生时，只造成损失而无获利可能的风险，如自然灾害、人身伤亡等。纯粹风险是风险管理的重要对象，也是保险公司承保的对象。

② 投机风险，是指当风险发生时，不仅有损失可能而且存在获利可能的风险，如金融投资、博彩等。实际上，人们习惯把存在获利的可能性称为"机会"，而把造成损失的可能性称为"风险"。一般而言，投机风险不是保险公司的承保对象。

（2）按风险发生的原因，可以分为自然风险、社会风险和经济风险。

① 自然风险，是由自然现象或客观物理现象导致的风险，如雷电、火灾、地震、碰撞、侧翻等造成的工程机械损失和人员伤亡风险。

② 社会风险，是指由个人的不正当行为或不可预测的社会冲突造成的风险，如盗窃、纵火、社会骚乱、战争等造成的工程机械损失和人员伤亡风险。

③ 经济风险，是指经济生活中的各种经济变量的非预测性变动造成的风险，如通货膨胀所导致的工程机械损失修理费用上涨。

（3）按风险损害的对象，可以分为财产风险、人身风险和责任风险。

① 财产风险，是指财产发生毁损、灭失、贬值等的风险。工程机械遭受损坏、灭失、被盗等都属于财产风险。

② 人身风险，是指个人的身体或者生命遭受损失的风险。工程机械行驶或者作业中遭受碰撞、侧翻、倾覆等造成驾驶（操作）人员伤亡，发生的医疗费、疗养费、康复费，受伤期间收入降低等都属于人身风险。

③ 责任风险，是指造成他人的财产损失或人身损失，在法律上应当负有经济赔偿责任的风险。工程机械在道路行驶中违反交通信号灯与行人发生碰撞，在工地作业中发生侧翻导致其他工作人员受伤等，要依法对伤者负有赔偿责任。

应当注意的是，责任风险分为过失责任风险和无过失责任风险。过失责任风险是指行为人由于疏忽或过失造成他人财产损失或人身伤亡的，负有经济赔偿责任。在第三者责任险中，保险公司提供被保险人过失责任风险的保障。无过失责任风险是根据法律规定，行为人尽管没有任何过失，也要对风险事故中他人受到的财产损失或人身伤亡进行赔偿。根据我国

《道路安全法》的规定，道路行驶的工程机械与行人相撞并造成损失，在驾驶员无过失的情况下，也应当向受到人身损害的当事人（或家属）进行赔偿。

此外，按风险涉及的范围，风险可分为基本风险和特定风险；按承担风险的主体，风险可分为个人风险、家庭风险、企业风险和国家风险；按风险的可预测可控性，风险可分为可管理风险和不可管理风险。

（二）风险管理

1. 风险管理的概念

风险管理是指行为主体通过对风险的认识、衡量和分析，选择最有效的方式，主动地、有目的地、有计划地处理风险，以最小的成本，争取获得最大安全保障的过程。

这个定义可以从以下四个方面理解。

① 风险管理的主体是个人、家庭、企业、政府单位等。

② 风险管理是通过对风险的认识、衡量和分析，以选择最有效的方式，即最佳的风险管理技术为中心。

③ 风险管理对风险技术的选择及对风险的处理是行为主体处在主动的地位，有目的、有计划地进行的。

④ 风险管理的目标是以最小的成本争取获得最大的安全保障。

2. 风险管理的流程

风险管理一般应遵循以下程序，如图1-1所示：

图1-1　风险管理的流程

（1）风险的识别。

风险的识别是指人们采用风险分析问询法、财务报表分析法、流程图分析法、外部环境分析法等方法系统地、连续地对所面临的各种风险及风险事故发生的风险条件进行识别。如工程机械存在碰撞、倾覆、火灾等诸多风险；具体分析工程机械发生倾覆的因素，可能包括操作员操作不当、作业环境恶劣、发生自然灾害、机械自身故障等原因。

（2）风险的评估。

在风险识别的基础上，度量评估有关风险对现实既定目标的不利影响及其程度，对风险损失的严重性进行评估时应注意风险损失的相对性、风险损失的综合性、风险损失的时间性几个方面，对风险发生的概率和损失程度结合其他因素进行全面考虑。通过分析风险识别过程收集的资料和数据，得到关于损失发生概率及其程度的有关信息，为选择风险对策提供依据。

（3）风险对策的选择。

风险管理的基本目的一是防止损失的发生，二是支付不可避免的损失。因此基本的风险管理对策包括风险控制对策和风险财务对策两大类。风险控制对策是用来避免、消除或减少意外事故发生的机会，限制已发生的损失继续扩大的措施，着重在于改变引发风险事故的潜在条件。风险财务对策是在实施控制风险措施后，对无法控制的风险做出安排，着重将消除和减少风险的成本平均分摊在一定时期内，以便减少因随机性的巨大损失发生而引起财务上的剧烈波动，通过财务处理可以把风险成本降到最低程度。

（4）风险管理的实施。

在各种风险管理对策之间做出选择之后，行为主体的决策层应根据所选方案的要求，制定具体的风险管理计划，实行目标管理，进行有效的指挥与协调，并开展效果评价，看能否以最小的成本去得到最大的安全保障。

3. 风险管理的方法

风险管理的方法基本包括风险控制对策和风险财务对策两种，如图 1-2 所示。

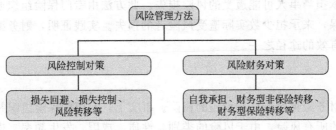

图 1-2 风险管理方法

（1）风险控制对策。

风险控制对策是指避免、消除或减少意外事故发生的频率，限制已发生的损失继续扩大的风险管理方法。主要包括损失回避、损失控制、风险转移等方法。

① 损失回避，是以主动放弃、改变或者拒绝承担风险作为控制对策，以回避损失发生的可能性。如遇到恶劣天气状况，停止机械户外作业以避免恶劣天气可能引发的安全事故。损失回避是风险管理最彻底的方法，可以在风险事故发生之前，彻底消除风险的某种潜在条件。但是此方法也有局限性，毕竟不是所有风险都是可以彻底避免的，如一台正常运转的机械设备不可能永远不开展作业，只要进行场地作业，就有发生安全事故的风险。而且，高收益意味着高风险，为了彻底避免风险而一味进行回避，则意味着放弃相应的潜在收益。因此，损失回避是一种比较消极的风险管理方法，以牺牲该行为可能带来的效益为代价。

② 损失控制，是指通过降低风险事故发生的机会，降低损失程度以达到控制风险损失的方法，包括损失预防和损失抑制两个方面。损失预防是通过采取针对性的具体措施以消除或减少风险条件，如为挖掘机加装门锁，可以减少部分零配件失窃被盗风险。损失抑制是在风险事故发生时或发生后，为降低损失程度或防止损失扩大而采取的有效措施，如随机附带灭火设备可以在机械发生自燃时及时灭火或者有效抑制火势蔓延。损失控制通常在损失发生的可能性较高且又难以避免和转移的情况下采用，此方法是一种非常积极、主动和有效的风险管理方法，但是也会相应增加控制成本。

③ 风险转移，是指借助合同将风险损失的法律责任转移给非保险业行为主体的方法。如机械租赁公司与承租人签订协议，明确出租机械在租赁期间毁损灭失的责任由承租人承担，从而转移了出租机械对享有机械所有权的租赁公司所带来的风险。此方法是将风险责任由一方当事人转移到另一方当事人，当事人只是间接达到了降低风险损失频率、减少损失程度的目的，风险本身并没有因此消失。

（2）风险财务对策。

风险财务对策是通过预先财务计划，筹措资金以及时充分补偿已发生的风险损失，从而降低风险成本的风险管理方法。主要包括自我承担、财务型非保险转移和财务型保险转移等方法。

① 自我承担，是指在风险无法避免或者发生机会小、损失少的情况下，行为主体依靠自己的财力进行风险损失的承担。这是发生风险损失最普通的方法。

② 财务型非保险转移，是指行为主体采取合同的方式，将其无法承担或不愿承担的风

险转移给其他行为主体的方法。与前述风险控制对策的风险转移主要转移法律责任不同的是，财务型非保险转移主要通过寻求外来资金补偿风险损失来实现风险转移的目的，如股份有限公司通过发行股票，将经营风险转移给众多股东来承担。

③ 财务型保险转移，即保险，是指行为主体向专门的保险承担组织缴纳保险费，由专门的保险组织来承担当事人可能遭受的风险损失。此方法由专门保险组织通过接受大量风险面临者的资金投保，来承担少数实际遭受风险者的损失。实践证明，财务型保险转移是风险管理方法中显著有效的途径之一。

二、可保风险

可保风险即财务型保险转移所承担的风险。事实上，专门的保险组织并不能接受人们在现实生活中面临的所有风险，由于风险的类别、性质、成因、发生频率、损失大小等千差万别，专门的保险组织所能承担的风险是有限的。可保风险需要满足下列条件：

1. 可保纯粹风险而非投机风险

纯粹风险由于排除了获利的可能性，所以对风险损失可在一定范围内进行有效预测。而投机风险因为有获利的可能，风险损失预测困难，并且投机风险损失并不一定纯属意外，这与保险的基本职能有所出入。被保险人可能因投保投机风险而获取额外收益。另外，投机风险对一部分行为主体造成损失，另一部分行为主体则可能同时获利，从宏观角度来看，社会整体可能并没有遭受损失。因此，承保投机风险违背保险的基本宗旨和原则，甚至可能引发道德风险。

2. 事故损失发生的意外性和可预测性

风险的发生必须具有意外的不可预知性，如果风险发生存在必然性、风险损失已经存在或者被保险人故意所为等，均违背保险的宗旨，保险公司将不承担保险责任。同时，风险损失发生的时间、地点、原因等在一定范围内可以预测和控制，保险公司可以确定是否承担保险责任。同时，风险发生的概率和损失可以计算与控制，这是保险公司计算保险费率的重要依据。

3. 损失幅度在一定范围内

风险损失在一定范围内可以预测和控制，也是保险公司是否愿意承担保险责任的因素之一。风险损失过小，人们采用风险自留的方式即可处理，另外，保险公司一般也都有最低保费的规定；风险损失过大，即巨大灾害风险一般不可预测和控制，而保险市场在一定时期内所能提供的保险基金也是有限的，风险损失过大往往会超出保险公司的承受能力，即使承保，也都有特约条款进行特别规定。

4. 存在大量独立的同质风险单位

可保风险存在大量保险标的均有遭受同样或近似损失的可能性，这是保险经营法则的要求。保险公司是通过集合大量风险建立稳定充足的保险基金，从而以此用来实施补偿和给付少量风险损失，实现多数人负担少数人损失的共济行为，使保险实现对风险损失者的充足保障。

三、工程机械风险评估

（一）工程机械风险识别

工程机械，是用于工程建设的施工机械的总称。包括土石方施工工程、路面建设与养护、流动式起重装卸作业和各种建筑工程所需的综合性机械化施工工程所必需的机械装备。

具体指挖掘机、装载机、钻机、推土机、拖泵、起重机、压路机、摊铺机、叉车等。

1. 工程机械面临的风险

（1）工程作业事故的风险。

① 道路行驶的事故风险：有道路行驶资格的各种机械与机械、非机械、行人、道路固定设施等发生碰撞事故。

② 人员伤亡的事故风险：各种机械行驶或作业过程中驾驶（操作）人员或其他人员受伤或死亡。

③ 机械自身的事故风险：机械自身磨损失修、失火、爆炸、倾覆、侧翻、坠落等事故。

④ 其他事故风险：机械被盗抢、驾驶（操作）人员疾病等。

（2）自然灾害风险：由于洪水、狂风、泥石流、冰雹、暴雨、暴雪、雷击、地震、海啸、山体滑坡等自然现象引起机械损害或驾驶（操作）人员的人身伤害。

（3）心理与道德风险：驾驶（操作）人员疲劳、疏忽大意、过于自信、操作水平不高或者恶意行为。

2. 工程机械的风险识别

（1）机械本身的风险识别。

① 机械作业环境：工程机械的作业环境不同，对其操作时数、使用频率、耗损程度以及技术状况都有不同程度的影响。一般而言在较恶劣的作业环境中作业的机械，危险暴露更多，事故发生率也较高。

② 机型：机型与发生事故的风险也有重要关系。一般大型机械发生事故后果严重，危害较大；而小型机械发生事故的危害相对小一些。由于工程机械种类较多，各种机械的构造、性能差异很大，即使是同一厂牌的机械，不同型号之间的差异比非常明显。因此，在厘定机械保险费率时，机型也是重要因素。

③ 机龄：通过机械的使用年限可以确定其实际价格，这与机械的折旧关系很大，将直接影响到保险金额，也会影响到机械的修理成本和使用风险。机龄较大的机械，其技术性能会明显不如新机，风险比新机要大。因此，对于"从机模式"的机械保险，机龄或其实际价格是厘定保险费率和确定保险金额的重要依据。

（2）驾驶（操作）人员的风险识别。

① 驾驶（操作）人员的年龄与驾龄：实践表明，驾驶（操作）人员的年龄和驾驶（操作）经验是影响事故率的重要因素之一，机械事故的发生与驾驶（操作）人员的生理状况和心理状态密切相关。一般情况下，青年人年轻气盛，容易争强好胜，并且往往驾驶（操作）经验不足，事故率比年长者高；而老年人的生理机能日趋下降，反应迟钝，驾驶（操作）知识更新不足，且过于自信，也比较容易发生事故。统计资料表明，驾驶（操作）人员发生事故的概率在年轻时最高，之后逐年下降，大约在40岁左右时为最低，此后又略有上升。因此，通过合理划分年龄档次确定保险费率是"从人模式"保险制度的通用做法。

② 驾驶（操作）人员的婚姻状况与生活习性：驾驶（操作）人员的婚姻状况对事故发生也有影响。对于已婚的驾驶（操作）人员，其家庭责任会促使其小心驾驶（操作），从而有意识降低事故率；如果驾驶（操作）人员未婚，没有家庭牵挂，其驾驶（操作）安全性显然比已婚者要低。另外，驾驶（操作）人员的生活习性也对事故发生有影响，如吸烟、酗酒等不良习性会妨碍驾驶（操作），影响作业的安全性。

③ 驾驶（操作）人员的事故记录：如果驾驶（操作）人员在过去一段时间内频繁发生安全事故，则在一定程度上表明其驾驶（操作）技术水平较低，会影响到今后一段时间发生

事故的频率。因此,驾驶(操作)人员如果有事故记录,那么下一年度续保的保险费率也会相应增加。

(二)工程机械风险控制

(1)作业环境风险控制措施:由于工程机械作业面临的环境风险非常具有意外性,因此在作业环境方面加强风险控制非常必要。如加强安全操作管理,全面检查和评估作业环境,增加相应的作业保护措施等。

(2)机械自身风险控制措施:加强机械自身风险控制,可以有效减少事故发生的频率。如平时加强对作业机械的维修与保养,严格遵守作业规程,加强相关技术的开发与创新,促进产业技术进步,提高机械整体的安全性能等。

(3)自然因素风险控制措施:自然因素是安全事故发生的一大诱因,平时要注意加强天气预警措施,建立健全抢险救灾预警机制,采取有效措施规避恶劣天气等。

(4)驾驶(操作)人员风险控制措施:驾驶(操作)人员的身体状况、精神状况、技术水平等都会对事故的发生产生直接影响。要注意加强安全作业的宣传教育,保持良好的身体状况,培养健康积极的心态,增强遵纪守法意识,积累驾驶(操作)经验,不断提高个人素质和能力等。

单元二　工程机械保险市场

【单元要点】

　　保险的含义;

　　工程机械保险的含义;

　　工程机械保险的基本原则;

　　工程机械保险市场基本术语。

一、保险

(一)保险的概念

保险是指投保人根据合同约定,向保险人支付保险费,保险人对于合同约定的可能发生的事故因其发生所造成的财产损失承担赔偿保险金责任,或者当被保险人死亡、伤残、疾病或者达到合同约定的年龄、期限时承担给付保险金责任的商业保险行为。

(二)保险的条件

1. 必须是可保风险

存在大量可保风险是现代保险业存在和运营的基本条件和组成要素。如果保险的对象不是可保风险,保险公司就难以推出有效控制风险的保险产品,保险业务难以开展。

2. 大量同质风险的集合与分散

保险以集合共同团体、分散风险损失为主要目的,保险的运作过程既是风险的集合过程,又是风险的分散过程。众多投保人将其所面临的风险转移给保险人,保险人通过承保将众多的风险集合起来;当发生保险责任范围内的损失时,保险人又将少数人发生的风险损失以保险费的方式分摊给全部投保人,也就是通过保险的补偿行为分摊损失,将集合的风险再予以分散处理。

3. 保险费率的确定

保险既是一种经济保障行为，又含有一定的商品交换属性。因此，确定合理的费率，即制定保险产品的价格，便成了保险的一个基本条件。保险的费率过高，保险需求会受到限制，会影响保险作用的发挥和保险商自身的发展；反之，费率确定过低，保险基金将储备不足，赔付难以保障，保险人的风险加重，也会影响保险业的稳定健康发展。费率的确定应依据概率统计和大数法则的原则，经过科学的测算加以确定。

4. 保险基金的建立

保险损失补偿的功能是依靠建立保险基金来实现的。保险基金是用以补偿或给付因承保范围内所发生的自然灾害、意外事故和自然规律所致的经济损失和人身伤害的专项货币基金。保险基金的主要来源有开业资金和保险费。保险基金是保险赔偿与给付的经济基础。

5. 保险合同的订立

保险是投保人与保险人之间的商业行为，这种经济与法律关系是通过保险合同的订立来确定的，双方在法律和合同条款的约束下履行各自的义务，享有各自的权利，否则保险经济关系难以成立。订立保险合同要经过要约和承诺两个阶段，是保险关系得以确立的重要依据，也是保险成立的法律保障。

（三）保险的分类

1. 按保险的性质

（1）商业保险。

商业保险是指投保人与保险人订立保险合同，根据合同约定，投保人向保险人支付保险费，保险人对可能发生的事故因其发生导致的损失承担赔偿责任，或者当被保险人死亡、疾病、伤残或者达到约定的年龄期限时承担给付保险金责任的保险。目前，一般保险公司经营的财产保险、人身保险等均属于商业保险的范畴。商业保险一般采用自愿保险的原则。

（2）社会保险。

社会保险是指国家通过立法对社会劳动者暂时或永久丧失劳动能力或失业时，由政府制定的专门机构为其提供物质帮助，以保障其基本生活的社会保障制度。我国目前实行的社会养老保险、职工医疗保险、失业保险等均属于社会保险的范畴。社会保险与商业保险不同，社会保险一般是强制性的，且在保险费的缴纳和保险金的给付方面，也不遵守完全对等的原则，具有社会保障性质。

2. 按保险的标的

（1）财产保险。

财产保险是指以各种有形财产及其相关利益为保险标的的保险。财产保险的种类繁多，主要包括家庭财产保险、企业财产保险、建筑工程保险、工程机械保险、货物运输保险、农业保险等。

（2）人身保险。

人身保险是以人的寿命和身体为保险标的，被保险人在保险期间由于发生保险事故而死亡、生病、伤残或合同约定的期限届满时，保险人依照合同约定履行给付保险金责任。由于人身保险的保险标的价值无法用货币衡量，人身保险合同的保险金额并不是以保险标的的价值为依据，而是由保险人事先综合各种因素和法律规定进行科学计算所确定的固定金额，由投保人选择适用，或者由保险人与投保人协商确定。人身保险主要包括人寿保险、健康保险和人身意外伤害保险等。

（3）责任保险。

责任保险是指以被保险人对第三者依法应承担的赔偿责任为保险标的，凡根据法律规定或合同约定，由于被保险人的疏忽或过失造成他人的财产损失或人身伤害应由其承担的经济赔偿责任，由保险人负责赔偿。常见的责任保险一般包括公众责任险、雇主责任险、产品责任险、职业责任险等。

(4) 信用保险。

信用保险是以信用关系为保险标的的一种保险，是具有担保性质的保险。指权利人（债权人）向保险人投保债务人的信用风险或者被保险人（债务人）根据权利人（债权人）的要求，请求保险人担保自己信用的保险。

3. 按保险立法的规定

(1) 财产保险。

根据我国《保险法》的规定，财产保险包括财产损失保险、责任保险、信用保险等险种。

(2) 人身保险。

根据我国《保险法》的规定，人身保险包括人寿保险、健康保险、意外伤害保险等险种。

4. 按保险的实施形式

(1) 强制保险。

强制保险又称为法定保险，是指国家对某些特定对象以法律或行政法规的形式规定其必须参加的保险。强制保险带有强制性和统一性，表现在凡是法律、法规规定范围内的保险对象，不管本人是否愿意，都必须同意参加强制性保险项目。强制保险的目的一般是为了建立社会保障体系或公共安全风险处理机制。

(2) 自愿保险。

自愿保险是指保险双方采取自愿方式，通过协商达成一致、签订合同而建立的保险关系。自愿保险中自愿的原则体现在投保人对是否参加保险，选择哪家保险公司，投保何种险别，保险金额以及保险期限的确定等均有自由选择的权利，保险合同订立后还可以中途退保，终止保险合同；同时，保险人也有自由选择的权利。自愿保险是商业保险的基本形式。

(四) 风险管理与保险的关系

风险管理与保险的关系如下：

(1) 风险管理与保险研究的对象一致。风险是风险管理与保险共同的研究对象，只是保险研究的是风险中的可保风险。

(2) 风险是风险管理与保险产生和存在的前提。风险是客观存在的，是不以人的意志为转移的。风险的发生产生了人们对损失进行补偿的需要，于是人们开始对风险进行管理。保险是一种普遍被社会接受的经济补偿方式和风险管理的有效方法。所以风险是风险管理与保险产生和存在的前提。

(3) 保险是一种传统和有效的风险管理方法。保险是转嫁风险的方法之一，长期以来被人们视为传统的处理风险手段。通过保险把不能自行承担的集中风险转嫁给保险人，以较小的固定支出换取巨额风险的经济保障。

(4) 保险经营效益受风险管理技术影响。风险管理技术对保险经营效益会产生重大影响。如对风险的识别是否全面，对风险损失的估计是否准确，哪些风险可以承保，保险成本与效益的比较等，都会影响保险的经济效益。

二、工程机械保险

(一) 工程机械保险的概念

工程机械保险以各种工程机械或其发生事故所负责任为保险标的的。保险对象是工程机械及其责任。它既是财产险，也是责任险。

工程机械保险属于自愿保险。各大保险公司推出的各种工程机械保险均为自愿保险，自愿保险是商业保险的基本形式。

(二) 工程机械保险的职能

工程机械保险的职能是指工程机械保险的一种功能。它是由工程机械保险的本质和内容决定的，是工程机械保险本质的体现。包括基本职能和派生职能。

1. 工程机械保险的基本职能

工程机械保险的基本职能主要是补偿损失的职能，即工程机械保险通过组织分散的保险费，建立保险基金，用来对因自然灾害和意外事故造成机械的损毁给予经济上的补偿，以保障社会生产的持续进行，安定人民生活。这种职能的具体内容可以概括为：补偿由于自然灾害和意外事故所导致保险机械的经济损失，对被保险人在保险期间内发生与事故相关的人身伤亡事故给予经济补偿，承担被保险人因工程机械事故对受害人所负的经济赔偿的民事责任、商业信用和银行信用的履行责任。

2. 工程机械保险的派生职能

工程机械保险的派生职能是由工程机械保险基本职能在不同的经济形态下派生出来的。主要包括财政分配的职能、金融性融资的职能、风险管理型防灾防损职能。

(三) 工程机械保险的特征

1. 保险标的出险率较高

工程机械是基础设施建设的主要生产资料。由于其频繁出现跨作业领域、跨区域的情况，加上作业环境较为恶劣，很容易发生侧翻、倾覆及其他意外事故，造成人身伤亡或财产损失。由于工程机械数量的迅速增加，一些国家基础设施及管理水平跟不上工程机械的发展速度，再加上操作员的疏忽、过失等人为原因，工程机械事故发生频繁，出险率较高。

2. 业务量大，投保率高

由于工程机械出险率较高，并且普遍以信贷方式购买，工程机械的所有者需要以保险方式转嫁风险。保险人为适应投保人转嫁风险的不同需要，为被保险人提供了更全面的保障，在开展工程机械损失险和第三者责任险的基础上，推出了一系列附加险，使工程机械保险成为财产保险中业务量较大、投保率较高的一个险种。

3. 扩大了保险利益

工程机械保险中，针对工程机械的所有者与使用者不同的特点，工程机械保险条款一般规定：不仅被保险人指定的操作员使用工程机械时发生保险事故保险人要承担赔偿责任，凡是被保险人临时允许的操作员使用工程机械时，也视为其对保险标的具有保险利益，如果发生保险单上约定的事故，保险人同样要承担事故造成的损失。保险人须说明工程机械保险的规定以"从机"为主，凡持保险公司认可的驾驶证或机械操作证操作被保险人的工程机械造成保险事故的损失，保险人须对被保险人负赔偿责任。

此规定是为了对被保险人提供更充分的保障，并非违背保险利益原则。如果在保险合同有效期内，被保险人将保险工程机械转卖、转让、赠送他人，被保险人应当书面通知保险人并申请办理批改。否则，保险事故发生时，保险人对被保险人不承担赔偿责任。

4. 被保险人自负责任与无赔款优待

为了促使被保险人注意维护、养护工程机械，使其保持安全操作技术状态，并督促操作人注意安全操作，以减少事故，保险合同上一般规定：操作人在事故中所负责任，工程机械损失险和第三者责任险在符合赔偿规定的金额内实行绝对免赔率；保险工程机械在保险期限内无赔款，续保时可以按保险费的一定比例享受无赔款优待。以上两项规定，虽然分别是对被保险人的惩罚和优待，但要达到的目的是一致的。

（四）工程机械保险的作用

1. 促进机械工业的发展，扩大对工程机械的需求

从目前经济发展情况看，机械工业已成为我国经济健康、稳定发展的重要动力之一，工程机械产业政策在国家产业政策中的地位越来越重要，工程机械机产业政策要产生社会效益和经济效益，要成为中国经济发展的原动力，离不开工程机械保险与之配套服务。工程机械保险业务自身的发展对于工程机械工业的发展起到了有力的推动作用，工程机械保险的出现，解除了企业与个人对使用工程机械过程中可能出现的风险的担心，一定程度上提高了消费者购买工程机械的欲望，一定程度上扩大了对工程机械的需求。

2. 稳定社会公共秩序

随着我国经济的发展，工程机械作为重要的建设生产资料，成为社会经济建设中不可缺少的一部分，其作用显得越来越重要。工程机械作为一种保险标的，保险金较高，数量多且分散。工程机械所有者包括国有建设单位、私营工商企业以及个人。工程机械所有者为了转嫁使用工程机械带来的风险，愿意支付一定的保险费投保，在工程机械出险后，从保险公司获得经济补偿。由此可以看出，开展工程机械保险既有利于社会稳定，又有利于保障保险合同当事人的合法权益。

3. 促进了工程机械安全性能的提高

在工程机械保险业务中，经营管理与工程机械维修行业及其价格水平密切相关。原因是在工程机械保险的经营成本中，事故机械的维修费用是其中重要的组成部分，同时机械的维修质量在一定程度上体现了工程机械保险产品的质量。保险公司出于有效控制经营成本和风险的需要，除了加强自身的经营业务管理外，必然会加大事故机械修复工作的管理，一定程度上提高了工程机械维修质量管理的水平。同时，工程机械保险的保险人从自身和社会效益的角度出发，联合工程机械生产厂家、维修企业开展工程机械事故原因的统计分析，研究工程机械安全设计新技术，并为此投入大量的人力和财力，从而促进了工程机械安全性能方面的提高。

从我国情况来看，随着积极的财政政策的实施，基础建设的投入越来越多，工程机械保有量逐年递增。在过去的几年，工程机械保险业务保费收入每年都以较快的速度增长，其经营的盈亏越来越关系到整个财产保险行业的经济效益。

（五）工程机械保险的要素

工程机械保险关系的存在必须具备5个要素。

（1）工程机械保险存在风险损失。

（2）工程机械保险是相同性质、类型风险的集合与分散。

（3）工程机械保险必须要进行保险费用的厘定。

（4）工程机械保险基金的建立。

（5）工程机械保险合同的订立。

三、工程机械保险市场

(一) 工程机械保险市场的概念

工程机械保险市场是指工程机械保险商品交换关系的总和，既是工程机械保险商品交换的场所，也包括工程机械保险商品交换中供给与需求的关系及其有关活动。

保险市场与一般的产品市场不同，是直接经营工程机械风险的市场，实际上保险商品的交换过程就是工程机械风险分散和聚集的过程。同时，因风险的不确定性和保险的射幸性，使得保险关系双方都不可能确切知道交易结果。保险单的签发，表面上看起来是保险交易的完成，实际上是保险保障的开始，最终的交易结果要看双方约定的事件是否发生。

(二) 工程机械保险市场的组成部分

工程机械保险市场由市场主体和市场客体两部分构成。

工程机械保险市场主体由保险的供给方、需求方、中介方构成。供给方就是各类承担保险责任的保险人，需求方为各类投保人，中介方主要是保险代理人、保险经纪人与保险公估人等。

工程机械保险市场客体为工程机械保险商品。这是一种无形商品，实为经济保障，具有生产过程和消费过程不可分离、其服务质量缺乏稳定、其价格相对固定等特点。

(三) 保险基本术语

1. 保险活动直接人

(1) 保险人：指与投保人订立保险合同，并承担赔偿或者给付保险金责任的保险公司。

① 保险公司的一般组织形式。

● 国有独资保险公司。根据我国《公司法》的规定，国有独资公司是指国家授权投资的机构或国家授权的部门单独投资设立的有限责任公司。国家授权投资的机构或部门，以国家出资额为限对公司承担责任，公司以其全部资产对公司的债务承担责任。

1949 年 10 月 20 日，中国人民保险公司在北京成立，这是我国首家国有独资的保险公司，这家保险公司根据保险市场的需要，逐步分解为中国人寿保险公司、中国人民财产保险公司、中国再保险公司。这三家保险公司又分别逐步演变为集团公司。

● 保险股份有限公司。保险股份有限公司的全部资本分为等额股份，股东以其所持股份为限对公司承担有限责任，公司以其全部资产对公司的债务承担全部责任。与有限责任公司相比，保险股份有限公司在于资本较为雄厚，资金流动性较好。

在保险实践中，已经出现了外资保险公司和相互保险公司的形式。

② 保险公司的分支机构。

为了便于在各地区开展保险业务，保险公司一般在各地区设立分支机构，一般在省、直辖市设立分公司，在省、直辖市以下的行政区域设立支公司。

保险公司各级分支机构的主要任务是销售，包括由保险公司的销售人员进行的直销和通过代理人、经纪人进行的销售。

有些保险公司把核保核赔职能集中到总公司，这有利于统一标准，集中管理。

(2) 投保人：指与保险人订立保险合同，并按照保险合同负有支付保险费义务的人。可以是自然人、法人或其他组织。

作为投保人，必须具备法律规定的必要条件。

① 投保人应当具有完全民事行为能力。

② 投保人对保险标的应当具有保险利益。

③ 投保人必须承担缴纳保险费的义务。如果投保人不缴或迟缴保险费，那么保险人有权要求投保人交付，或者解除保险合同。投保人可以自行缴纳保险费，也可以委托他人代缴保险费，代缴人不能因代缴了保险费而取代投保人的地位成为保险合同当事人。保险人不能拒收第三人代投保人缴纳的保险费。

（3）被保险人：指其财产或者人身受保险合同保障，享有保险金请求权的人。投保人与被保险人可以是同一人。在工程机械保险实践中，被保险人应当履行维护保险标的安全、接受保险人安全监督和建议的义务，危险增加通知义务，保险事故发生通知义务以及及时施救义务等。

（4）受益人：指人身保险合同中由被保险人或者投保人指定的享有保险金请求权的人。

2. 保险活动辅助人

保险活动辅助人主要是指保险中介，保险活动辅助人是一个完善的保险市场上不可缺少的组成部分，其处于投保人和保险人之间，协助投保人和保险人双方签订保险合同、履行和维护保险合同、调整保险合同争议，以及参与被保险人的风险管理、理赔和损失鉴定等业务。

在保险实践中，由于投保人和保险人之间存在着较为严重的信息不对称，保险人无法对每一个投保人仔细了解其风险状况，投保人也很难理解由保险人制定的格式保险合同。保险中介活动辅助人在减少保险合同双方信息不对称、减少签订保险合同困难，降低保险业务成本，优化保险资源等方面发挥了很大的作用。

保险活动辅助人主要是指保险代理人、保险经纪人和保险公估人。

（1）保险代理人：是根据保险人的委托，向保险人收取代理手续费，并在保险人授权的范围内代为办理保险业务的单位或个人。

保险代理人必须与所代理的保险人签订保险代理合同。保险代理人在与保险人签订的代理合同约定的权限内，受保险人委托以保险人的名义招揽投保人、销售保险业务、收取保险费等，有独立开展业务活动的权利和获得劳务报酬的权利，应当承担诚实和告知义务、如实转交保险费义务、维护保险人利益等义务。在保险人授权范围内，保险人对保险代理人的代理行为承担民事法律责任。

保险代理人一般分为三类：专业代理人（保险代理机构）、兼业代理人和个人代理人。

① 根据《保险代理机构管理规定》，我国保险代理机构可以采取下列组织形式：合伙企业、有限责任公司或股份有限公司。其业务范围是：代理推销保险产品、代理收取保费、协助保险公司进行损失的勘察和理赔等。

在工程机械保险实践中，工程机械销售公司（4S 店）往往成为保险人销售工程机械保险产品的代理人。在销售（或修理）机械的同时，协助财产保险公司销售工程机械保险，既扩展了自己的业务范围，又节省了客户的时间和精力。

② 根据《保险兼业代理人管理暂行办法》明确规定，党政机关及其职能部门不得兼业从事保险代理业务。

③ 个人代理人是具有《保险代理人从业人员资格证书》，并持有所代理保险公司核发的《保险代理人展业证书》的个人。个人代理人没有代理保险公司签发保险单的权力。

（2）保险经纪人：是基于投保人的利益，为投保人与保险人订立保险合同提供中介服务，并依法收取佣金的单位。

根据我国法律规定，我国保险经纪人仅允许以保险经纪机构的形式存在，排除了个人成为保险经纪人的可能。保险经纪机构是指符合我国保监会规定的资格条件，经中国保监会批准取得经营保险经纪业务许可证，经营保险经纪业务的单位。可以采取下列组织形式：合伙企业、有限责任公司和股份有限公司。

保险经纪人的活动通过与投保人签订保险经纪合同实施，保险经纪人为投保人进行风险评估，制定综合风险管理计划，帮助选择合适的保险公司和保险产品并代为投保，监督保险合同的执行并协助索赔。

（3）保险公估人：是指根据《保险公估人管理规定（试行）》的规定，经中国保监会批准，专门从事保险标的评估、勘查、鉴定、估损、赔款理算，并向委托人收取酬金的公司。保险公估人的主要职能是按照委托人的委托要求，对保险标的进行检验、鉴定和理算，并出具保险公估报告，其地位超然，不代表任何一方的利益，使保险赔付趋于公平、合理，有利于调停保险当事人之间关于保险理赔方面的矛盾。当然，保险公估人的公估结论对保险合同双方不具有约束力，只要其中一方不接受保险公估结论，仍可以通过仲裁或诉讼解决争议。我国保险公估人必须以公司的形式进行组织，个人不得从事保险公估人的业务。

保险公估人在保险市场上的作用具有不可替代性，它以其鲜明的个性与保险代理人、保险经纪人一起构成了保险中介市场的三驾马车，共同推动着保险市场的发展。

3. 保险标的

保险标的是保险保障的目标实体，是保险合同双方当事人权利和义务所指向的对象。

4. 保险费

保险费是投保人为转嫁风险支付给保险人的与保险责任相对应的价金。

5. 保险金额

保险金额是指保险人承担赔偿责任或者给付保险金责任的最高限额。

6. 保险合同

保险合同是投保人与保险人约定保险权利义务关系的协议。在工程机械保险中，保险合同不是单一的，而是由投保单、保险单、批单等共同构成的。

保险基本术语如表 1-1 所示。

四、工程机械保险的基本原则

工程机械保险过程中，要遵循的基本原则就是保险法的基本原则，即集中体现保险法本质和精神的基本准则，它既是保险立法的依据，又是保险活动中必须遵循的准则。保险法的基本原则是通过保险法的具体规定来实现的，而保险法的具体规定，必须符合基本原则的要求。

（一）保险利益原则

保险利益又称可保利益，是投保人对保险标的具有法律上承认的经济利益。保险利益原则又称可保利益原则，是指投保人或被保险人对于保险标的具有法律上认可的经济上的利害关系。

1. 保险利益原则的含义

根据《保险法》的规定，保险利益原则主要有两层含义。

其一，投保人在投保时，必须对保险标的具有保险利益，否则，保险就可能成为一种赌博，丧失其补偿经济损失、给予经济帮助的功能。

其二，有无保险利益，是判断保险合同有效或无效的根本依据，缺乏保险利益要件的保险合同，自然不发生法律效力。

2. 保险利益原则的内容

① 财产保险利益。

表 1-1　保险基本术语

术语	释义
保险人	即有权经营工程机械保险的保险公司
投保人	指与保险人订立保险合同,并按照保险合同负有支付保险费义务的人。可以是自然人、法人或其他组织
被保险人	指其财产或者人身受保险合同保障,享有保险金请求权的人。实践中,指受保险合同保障的工程机械的所有者
受益人	指人身保险合同中由被保险人或者投保人指定的享有保险金请求权的人
第三者	在保险合同中,保险人是第一方,也称第一者;被保险人或致害人是第二方,也称第二者;除保险人与被保险人之外的由于保险工程机械意外事故而遭受财产损失或人身伤害的受害人是第三人,即第三者
新机购置价	指保险合同签订地购置与保险机械同类型新机的价格,是投保时确定保险金额的基础
保险金额	简称保额,是指保险人承担赔偿责任或者给付保险金责任的最高限额
保险费	简称保费,是投保人为转嫁风险支付给保险人的,与保险责任相对应的费用
保险费率	简称费率,是保险人计算保险费的依据,是保险人向投保人收取的每单位保险金额的保险费,通常用百分率或千分率来表示
保险责任	指保险公司承担赔偿或给付保险金责任的项目
保险合同	是投保人与保险人约定保险权利义务关系的协议。在工程机械保险中,保险合同不是单一的,而是由投保单、保险单、批单等共同构成的
定值保险合同	是指保险合同双方当事人在订立合同时即已确定保险标的的价值,并将其载之于合同当中的保险合同
不定值保险合同	是指保险双方当事人对保险标的不预先确定其价值,而在保险事故发生后再估算价值、确定损失的保险合同。在实践中,大多数财产保险均采用不定值保险合同的形式
保险期间	是保险合同中规定的时间期限,只有保险事故发生在这个期限内,保险人才承担保险责任
主险	又称基本险,是指不需附加在其他险别之下的,可以独立承保的险别
附加险	是相对于主险而言的,是指附加在主险合同下的附加合同。不可以单独投保,购买附加险必须先购买主险,其存在是以主险存在为前提的
投保单	简称保单,是保险人与投保人订立的保险合同的书面要约。保险单由保险人出具,载明保险人与被保险人之间的权利和义务关系,是被保险人向保险人索赔的凭证
批单	是为了变更保险合同的内容,保险人出具给被保险人的补充性书面证明。保险合同的内容变更时,才需要批单
实际价值	是指同类型机械市场新机购置价减去该机已使用期限折旧金额后的价值
全部损失	指保险机械整体毁损,或保险机械的修复费用与施救费用之和达到或超过出现时的实际价值,保险人可推定全损
单方肇事事故	指不涉及与第三方有关的损害赔偿事故,不包括因自然灾害引起的事故
机上人员	指发生意外事故时,在保险机械内部的人员,包括驾驶(操作)人员、乘坐人员等
事故责任免赔率	保险人在保险合同中约定的保险责任范围内,根据保险机械驾驶(操作)人员在事故中所负责任确定的,不予赔偿的损失部分与全部损失的比率

- 保险标的是财产及其相关利益，应当具备；
- 必须是法律认可并予以保护的合法利益；
- 必须是经济上的利益；
- 必须是确定的经济利益。

② 人身保险利益。

- 必须是法律认可并予以保护的人身关系；
- 人身关系中具有财产内容。

3. 保险利益原则在工程机械保险实务中的应用

在工程机械保险的经营过程中，涉及保险利益原则存在一个比较突出的问题，即被保险人与工程机械所有人不吻合的问题。在工程机械买卖过程中，由于没有对保单下的被保险人进行及时变更，导致其与实际工程机械所有人不吻合，一旦工程机械发生损失，原工程机械所有人由于转让了该机械，不具备对该机械的可保利益，导致在其名下的保单失效，而工程机械的所有人由于不是保险合同中的被保险人，就不能向保险人索赔。

（二）最大诚信原则

由于保险关系的特殊性，人们在保险实务中越来越感到诚信原则的重要性，要求合同双方当事人最大限度地遵守这一原则，故称最大诚信原则。具体讲即要求双方当事人不隐瞒事实，不相互欺诈，以最大诚信全面履行各自的义务，以保证对方权利的实现。

1. 最大诚信原则的内容

（1）履行如实告知义务。

它是最大诚信原则对投保人的要求。由于保险人面对广大的投保人，不可能一一去了解保险标的的各种情况，因此，投保人在投保时，应当将足以影响保险人决定是否承保、足以影响保险人确定保险费率或增加特别条款的重要情况，向保险人如实告知。保险实务中一般以投保单为限，即投保单中询问的内容投保人必须如实填写，除此之外，投保人不承担任何告诉、告知义务。

投保人因故意或过失没有履行如实告知义务，将要承担相应的法律后果，包括保险人可以据此解除保险合同；如果发生保险事故，保险人有权拒绝赔付等。

（2）履行说明义务。

这是最大诚信原则对保险人的要求。由于保险合同由保险人事先制定，投保人只有表示接受与否的选择，通常投保人又缺乏保险知识和经验，因此，在订立保险合同时，保险人应当向投保人说明合同条款内容。对于保险合同的一般条款，保险人应当履行说明义务。对于保险合同的责任免除条款，保险人应当履行明确说明义务，未明确说明的，责任免除条款不发生效力。

（3）履行保证义务。

保证是指投保人向保险人做出承诺，保证在保险期间遵守作为或不作为的某些规则，或保证某一事项的真实性，因此，这也是最大诚信原则对投保人的要求。

保险上的保证有两种。一种是明示保证，即以保险合同条款的形式出现，是保险合同的内容之一，故为明示。如工程机械保险中有遵守操作规则、安全操作、做好工程机械维修和保养工作等条款，一旦合同生效，即构成投保人对保险人的保证，对投保人具有作为或不作为的约束力。另一种是默示保证，即这种保证在保险合同条款中并不出现，往往以社会上普遍存在或认可的某些行为规范为准则，并将此视作投保人保证作为或不作为的承诺，故为默示。如财产保险附加盗窃险合同中，虽然没有明文规定被保险人外出时应该关闭门窗，但这是一般常识下应该做的行为，这种社会公认的常识，即构成默示保证，也成为保险人之所以承保的基础，所以，因被保险人没有关闭门窗而招致的失窃，保险人不承担保险责任。

（4）弃权和禁止反言。

这是最大诚信原则对保险人的要求。所谓弃权，是指保险人放弃法律或保险合同中规定的某项权利，如拒绝承保的权利、解除保险合同的权利等。所谓禁止反言，与弃权有紧密联系，是指保险人既然放弃了该项权利，就不得向被保险人或受益人再主张这种权利。

2. 最大诚信原则在工程机械保险实务中的应用

在目前工程机械保险市场中，保险欺诈的现象愈加凸显，投保人故意隐瞒事实、违背最大诚信原则恶意违法的行为逐渐增多。保险人在经营工程机械保险时要对工程机械的风险因素有足够的认识，加强风险防范措施，防止保险欺诈活动。同时投保人也应认真遵守最大诚信原则，以避免给自己带来不必要的损失。

（三）保险与防灾减损相结合的原则

保险从根本上说，是一种危险管理制度，目的是通过危险管理来防止或减少危险事故，把危险事故造成的损失缩小到最低程度，由此产生了保险与防灾减损相结合的原则。

1. 保险与防灾相结合的原则

保险与防灾相结合的原则主要适用于保险事故发生前的事先预防。根据这一原则，保险方应对承保的危险责任进行管理，其具体内容包括：调查和分析保险标的危险情况，据此向投保方提出合理建议，促使投保方采取防范措施，并进行监督检查；向投保方提供必要的技术支援，共同完善防范措施和设备；对不同的投保方采取差别费率制，以促使其加强对危险事故的管理，即对事故少、信誉好的投保方给予降低保费的优惠。遵循这一原则，投保方应遵守国家有关消防、安全、生产操作、劳动保护等方面的规定，主动维护保险标的安全，履行所有人、管理人应尽的义务；同时，按照保险合同的规定，履行危险增加通知义务。

2. 保险与减损相结合的原则

保险与减损相结合的原则主要适用于保险事故发生后的事后减损。根据这一原则，如果发生保险事故，投保方应尽最大努力积极抢险，避免事故蔓延、损失扩大，并保护出险现场，及时向保险人报案。而保险方则通过承担施救及其他合理费用来履行义务。

3. 保险与防灾减损相结合的原则在工程机械保险实务中的应用

根据保险与防灾减损相结合的原则，投保工程机械一旦出险后，在条件许可的情况下，被保险人（投保人、操作员等）不要放任损失的扩大，应尽量采取补救措施，争取最小的经济损失。在施救过程中发生的合理费用，保险公司会给予补偿。

（四）损失赔偿原则

损失赔偿原则是财产保险特有的原则，是指保险事故发生后，保险人在其责任范围内，对被保险人遭受的实际损失进行赔偿的原则。

1. 损失赔偿原则的含义。

（1）赔偿必须在保险人的责任范围内进行，即保险人只能在保险合同规定的期限内，以约定的保险金额为限，对合同中约定的危险事故所致损失进行赔偿。保险期限、保险金额和保险责任是构成保险人赔偿的不可或缺的要件。可通过现金赔付、修理、更换或重置的方式实施。

（2）赔偿额应当等于实际损失额。按照民事行为的准则，赔偿应当和损失等量，被保险人不能从保险上获得额外利益，因此，保险人赔偿的金额，只能是保险标的实际损失的金额。换言之，保险人赔偿应当恰好使保险标的恢复到保险事故发生前的状态。在被保险人的保险利益发生变更减少时，则应以被保险人实际存在的保险利益为限。如果发生风险时，一般对被保险人已经丧失的保险利益，保险人将不予赔偿。即以被保险人对保险标的的保险利益为限。

（3）损失赔偿是保险人的义务。据此，被保险人提出索赔请求后，保险人应当按主动、迅速、准确、合理的原则，尽快核定损失，与索赔人达成协议并履行赔偿义务；保险人未及时履行赔偿义务时，除支付保险金外，应当赔偿被保险人因此受到的损失。

2. 损害赔偿的派生原则

（1）代位追偿原则。

保险人按照合同的约定履行赔偿责任后，依法取得对保险标的的所有权或对保险标的损失负有责任的第三者的追偿权。

代位追偿原则只适用于财产保险。

（2）重复保险分摊原则。

在重复保险的情况下，当保险事故发生时，各保险人应采取适当的分摊方法分配赔偿责任，使被保险人既能得到充分的补偿，又不会超过实际损失而获得额外的利益。

认定重复保险的条件：

- 同一保险标的；
- 同一保险利益；
- 同一保险期间；
- 同一保险风险；
- 与 2 个以上保险人订立合同，且保险金额总和超过保险标的价值。

① 比例责任分摊：各保险人按其所承保的保险金额与总保险金额的比例分摊保险赔偿责任。

计算公式：

保险人赔款＝损失金额×（该保险人承保的保险金额/各保险人承保的保险金额总和）

② 限额责任分摊：是以在假定没有重复保险的情况下，各保险人依其承保的保险金额而应付的赔偿限额与各保险人应负赔偿限额总和的比例承担损失赔偿责任。

计算公式：

保险人赔款＝损失金额×（该保险人的赔偿限额/各保险人赔偿限额总和）

③ 顺序责任分摊：在多个保险合同生效有先后顺序时，由先出单的保险人首先负责赔偿，后出单的保险人只有在承保的标的损失超过前一保险人承保的保额时，才依次承担超出的部分。

本分摊方式欠缺公平，实际上很少使用。

【例】甲先生将一台挖掘机先后向 A、B 两家保险公司投保，保险金额分别为 60 万元和 40 万元。如果该挖掘机发生保险事故损失 50 万元，那么 A、B 两家保险公司应分别赔付多少？

① 比例责任分摊方式

A 公司赔款＝50×[60÷（60＋40）]＝30（万元）

B 公司赔款＝50×[40÷（60＋40）]＝20（万元）

② 限额责任分摊方式

A 公司赔款＝50×[50÷（50＋40）]＝27.8（万元）

B 公司赔款＝50×[40÷（50＋40）]＝22.2（万元）

③ 顺序责任分摊方式

A 公司赔款＝50(万元)

B 公司赔款＝0(万元)

在保险实务中，允许投保人重复保险，但不允许保险人重复赔款，防止引发道德风险。根据《保险法》的规定：除合同另有约定外，各保险人按照其保险金额与保险金额总和的比例承担赔偿责任。

3. 损失补偿原则在工程机械保险实务中的应用

在工程机械保险的经营过程中，围绕补偿原则存在一个大的纠纷，即在工程机械全部损失的情况下，是应当按照出险前工程机械的实际价值赔偿，还是应当按照保险金额进行赔偿的问题。不少保险人与被保险人因这个问题对簿公堂。出现这种现象的原因是，在保险补偿原则及例外的问题上，存在从条款到实务的不完善的地方。目前，机械保险条款中明确为不定值保险合同，从根本上解决了这一问题。

(五) 近因原则

1. 近因

近因是指造成保险标的损失最直接、最有效，起决定作用的原因。而不是指在时间上最接近的原因。

2. 近因原则

近因原则是指保险人承担赔偿，或给付保险金的条件是造成保险标的损失的近因。

在实际生活中，损害结果可能由单因或多因造成。单因比较简单，多因则比较复杂，主要有以下几种情况。

① 多因同时发生。若同时发生的都是保险事故，则保险人承担责任；若其中既有保险事故，也有责任免除事项，保险人只承担保险事故造成的损失。

② 多因连续发生。两个以上灾害事故连续发生造成损害，一般以最近的（后因）、最有效的原因为近因，若其属于保险事故，则保险人承担赔付责任。但后果是前因直接自然的结果、合理连续或自然延续时，以前因为近因。

③ 多因间断发生。后因与前因之间没有必然因果关系，彼此独立。这种情况的处理与单因大致相同，即保险人视各种独立的危险事故是否属于保险事故，决定是否赔付。

3. 近因原则在工程机械保险实务中的应用

在工程机械保险业务中，近因的确定，对于认定是否属于保险责任具有十分重要的意义。坚持近因原则的目的是为了分清与风险事故有关各方的责任，明确保险人承保的风险与保险标的损失结果之间存在的因果关系。在实践中，由于致损的原因与损失结果之间的因果关系错综复杂，因此给判定近因和运用近因原则带来了困难。

(六) 自愿原则

1. 自愿原则。自愿原则是由工程机械保险作为商业保险的属性决定的，是指保险双方采取自愿方式，通过协商达成一致、签订合同而建立保险关系。

投保人对是否参加保险，选择哪家保险公司，投保何种险别，保险金额以及保险期限的确定等均有自由选择的权利，保险合同订立后还可以中途退保，终止保险合同；同时，保险人也有自由选择与投保人签订合同的权利。

2. 自愿原则在工程机械保险实务中的应用。

在工程机械保险实务中，保险双方当事人自由表达缔结保险合同的意愿是保险合同生效的必要条件，投保人可以自主决定与保险人建立合同关系并遵守合同约定，保险人必须依法遵循投保人的合同意愿。值得注意的是，通过信贷方式购机的投保人必须按照与贷款金融机构的约定购买相应保险，并不与自愿原则相冲突，毕竟机械的购买方式也是由当事人自主选择的。同时，法律还保护投保人解除保险合同的权利。

单元三　工程机械保险险种

【单元要点】

　　交强险；

　　商业险；

　　附加险。

一、工程机械商业保险基本险种

　　目前，我国各家财产保险公司经营的机械保险业务还是以机械商业保险为主，机械商业保险按保障的责任范围可分为基本险和附加险，保险公司可以根据自身特点确定主险险种和附加险险种，各家保险公司的险种结构不完全相同。但所有的保险公司都把机械损失保险和第三者责任保险列为基本险范畴。

　　表 1-2 所示为工程机械常见必保险种一览表。

表 1-2　工程机械常见必保险种一览表

设　备 险　　种	道路行驶工程机械 包括但不限于：混凝土泵车、混凝土搅拌运输车、混凝土机载泵、汽车起重机、洒水车、垃圾车、扫路车、清障车等	非道路行驶工程机械 包含但不限于：混凝土搅拌站、混凝土拖式泵、塔式起重机、履带起重机、推土机、装载机、挖掘机、平地机、铲运机、压路机、摊铺机、稳定土拌和机等
交强险	√	
机损险	√	√ •
第三者责任险	√	√ •
不计免赔险条款	√	
起重、装卸扩展损失条款	√	
财产综合险		√
地面突然塌陷责任		√
外界物体倒塌或坠落责任		√
碰撞、倾覆责任		√ •

　　注：1. "√ •" 为土方机械必保险种。

　　　2. 土方机械包括推土机、装载机、挖掘机、平地机、铲运机等。

二、机械损失保险

　　机械损失保险是指以机械为保险标的，当因发生保险责任范围内的自然灾害或者意外事故造成保险机械本身损失时，保险公司按照保险合同约定负责赔偿或支付保险金的一种保险。

机械损失保险的合同为不定值保险合同。不定值保险合同是指双方当事人在订立保险合同时，不预先确定保险标的的保险价值，而是按照保险事故发生时保险标的的实际价值确定保险价值的保险合同。即保险合同中不确定保险标的的保险价值，只列明保险金额，将保险金额作为最高赔偿限额。

其中：

（1）保险标的。

保险标的指在中华人民共和国内（不含港、澳、台地区）行驶或作业的工程机械。

（2）保险合同的组成和特征。

① 保险合同由保险条款、投保单、保险单、批单和特别约定组成。凡涉及本保险合同的约定，均应采用书面形式。

② 保险合同是不定值保险合同，即双方当事人在订立保险合同时不预先确定保险标的的保险价值，而是按照保险事故发生时保险标的实际价值确定保险价值的保险合同。保险人按照承担险别承担保险责任，附加险不能单独承保。

1. 保险责任

保险责任采用列名式，已列名的原因造成保险机械的损失，保险人负责赔偿。

（1）意外事故。

① 碰撞、倾覆、坠落。

碰撞：指被保险机械与外界物体直接接触并发生意外撞击、产生撞击痕迹的现象，包括被保险机械按规定载运货物时，所载货物与外界物体的意外撞击。同时，碰撞应是保险机械与外界物体直接接触。保险机械的人为划痕不属于本保险责任。

倾覆：指意外事故导致被保险工程机械翻倒（两轮以上或履带单侧离地、机体触地），失去正常作业状态和行驶能力、不经施救不能恢复作业的状态。

坠落：指被保险机械在作业中发生意外事故，整机腾空后下落，造成本机损失的情况。非整机腾空，仅由于颠簸造成被保险机械损失的，不属坠落责任。

② 火灾、爆炸。

火灾：指被保险机械本身以外的火源引起、在时间或空间上失去控制的燃烧（即有热、有光、有火焰的剧烈的氧化反应）所造成的灾害。

爆炸：物体在瞬间分解或燃烧时放出大量的热和气体，并以很大的压力向四周扩散，形成破坏力的现象。发动机因其内部原因发生爆炸或爆裂、轮胎爆炸等，不属于本保险责任。

③ 外界物体坠落、倒塌。

外界物体坠落：陨石或飞行器等空中掉落物体所致保险机械受损，属于本保险责任。起重机的吊物脱落以及吊钩或吊臂的断落等，造成保险机械的损失，也视为本保险责任。但起重机本身在操作时由于吊钩、吊臂上下起落砸坏保险机械的损失，不属于本保险责任。

外界物体倒塌：保险机械自身以外由物质构成并占有一定空间的个体倒下或陷下，造成保险机械损失。例如，地上或地下建筑物坍塌、树木倾倒致使保险机械受损，都属于本保险责任。

（2）自然灾害导致的被保险机械损失。

① 暴风、龙卷风。

暴风：指风速在28.5/s（相当于11级大风）以上的大风。风速以气象部门公布的数据为准。

龙卷风：一种范围小而时间短的猛烈旋风，平均最大风速一般在79~103m/s，极端最大风速一般在100m/s以上。

② 雷击、雹灾、暴雨、洪水、海啸。

雷击：由雷电造成的灾害。由于雷电直接击中保险机械或其他物体引起保险机械的损失，均属于本保险责任。

雹灾：由于冰雹降落造成的灾害。

暴雨：每小时降雨量达 16mm 以上，或连续 12 小时降雨量达 30mm 以上，或连续 24 小时降雨量达 50mm 以上。

洪水：凡江河泛滥、山洪暴发、潮水上岸或倒灌，致使保险机械遭受泡损、淹没的损失，都属于本保险责任。

海啸：海啸是由于地震或风暴而造成的海面巨大涨落现象，按成因分为地震海啸和风暴海啸两种。由于海啸以致海水上岸泡损、淹没、冲失保险机械都属于本保险责任。

③ 地陷、冰陷、崖崩、雪崩、泥石流、滑坡。

地陷：指地壳因为自然变异、地层收缩而发生突然塌陷以及海潮、河流、大雨侵蚀时，地下有空穴、矿穴，以致地面突然塌陷。

冰陷：在公安交通管理部门允许机械行驶的冰面上，保险机械通行时，冰面突然下陷造成保险机械的损失，属于本保险责任。

崖崩：石崖、土崖因自然风化、雨蚀而崩裂下榻，或山上岩石滚落，或雨水使山上沙土透湿而崩塌，致使保险机械遭受的损失，属于本保险责任。

雪崩：大量积雪突然崩落的现象。

泥石流：山地突然爆发饱含大量泥沙、石块的洪流。

滑坡：斜坡上不稳的岩体或土块在重力作用下突然整体向下滑动。

④ 载运保险机械的渡船遭受自然灾害［只限于有驾驶（操作）人员随船的情形］。

保险机械在行驶途中因须跨过江河、湖泊、海峡才能恢复到道路行驶而过渡，驾驶（操作）人员把机械开上渡船，并照料到对岸，这期间因遭受自然灾害，致使保险机械本身发生损失，保险人予以赔偿。但由货船、客船、客货船或滚装船等运输工具承载保险机械的过渡，不属于本保险责任。

（3）事故的施救责任。

发生保险事故时，被保险人为防止或减少保险机械的损失，所支付必要的、合理的施救费时，由保险人承担最高不超过保险金额的数额。例如，保险机械受损后不能行驶，雇人在事故现场看守的合理费用，由当地有关部门出具证明的可以赔偿。

2. 责任免除

采用列名式规定了工程机械损失保险的责任免除范围。已列名风险造成保险机械的损失，保险人不负责赔偿。

（1）由于不可保风险造成的被保险机械损失。

① 地震及其次生灾害：因地壳发生剧烈的自然变异，影响地面而发生震动的现象。无论地震使保险机械直接受损，还是地震造成外界物体倒塌所致保险机械的损失，保险人都不负责赔偿。

次生灾害：地震造成工程结构、设施和保险环境破坏而引发的火灾、爆炸、瘟疫、有毒有害物质污染、海啸、水灾、泥石流、滑坡等灾害。

② 战争：国家与国家、民族与民族、政治集团与政治集团之间为了一定的政治、经济目的而进行的武装斗争。

③ 军事冲突：国家或民族之间在一定范围内的武装对抗。

④ 恐怖活动：指个人或组织出于恐吓、要挟社会的目的，使用暴力或其他危险行为制造恐怖气氛，侵犯不特定多数人的生命、财产安全或者威胁公共安全及社会管理的行为。

⑤ 暴乱：破坏社会秩序的武装骚动。

⑥ 扣押：指采用强制手段扣留保险机械。

⑦ 收缴：查收缴获或征收上缴保险机械。

⑧ 没收：剥夺犯罪分子个人所有的部分财产或全部财产。

⑨ 政府征用：指政府利用行政手段有偿或无偿占用保险机械。

⑩ 竞赛：指被保险机械作为赛机参加机械比赛活动，包括以参加比赛为目的进行的训练活动。

⑪ 测试：指对被保险机械的性能和技术参数进行测量或试验。

⑫ 在营业性维修、养护场所修理、养护期间：指保险机械进入以营利为目的的修理厂，从进入维修厂开始到保养、修理结束并验收合格提机时止，包括保养、修理过程中的测试。

(2) 属于不可赔偿范围的损失和费用。

① 自然磨损、锈蚀、腐蚀、故障。

自然磨损：指机械由于使用造成的机件损耗。

锈蚀：指机件与有害气体、液体相接触，被腐蚀损坏。

腐蚀：指材料在环境的作用下引起的破坏或变质。

故障：由于机械某个部件或系统性能发生问题，影响机械的正常工作。

② 玻璃单独破碎、轮胎单独损坏、机身划痕。

玻璃单独破碎：指未发生被保险机械其他部件的损坏，仅发生被保险机械前后风挡玻璃和左右机窗玻璃的损坏。

轮胎单独损坏：指未发生被保险机械其他部位的损坏，仅发生轮胎、轮辋、轮毂罩的分别单独损坏，或上述三者之中任意二者的共同损坏，或三者的共同损坏。

机身划痕：所有情况下的机身划痕。

③ 自燃以及不明原因引起火灾。

自燃：指在没有外界火源的情况下，由于本机电器、线路、供油系统、供气系统等被保险机械自身原因发生故障或所载自身原因起火燃烧。

不明原因产生火灾：公安消防部门的"火灾原因认定书"中认定的起火原因不明的火灾。

(3) 属于驾驶人员风险。

① 违章操作。

• 人工直接供油、高温烘烤。

人工直接供油：不经过机械正常供油系统的供油。

高温烘烤：无论是否使用明火，凡违反机械安全操作规则的加热、烘烤升温的行为。

• 发动机进水后导致的发动机损坏。

在淹及排气筒或进气管的水中启动，或被水淹后未经必要处理而启动机械，致使发动机损坏。保险机械在停放或作业的过程中，被水淹及排气筒或进气管，驾驶（操作）人员继续启动机械或利用惯性启动机械；以及机械被水淹后转移至高处，或水退后未经必要的处理而启动机械，造成的机械损坏。

• 保险机械所载货物坠落、倒塌、撞击、泄漏造成的损失；保险机械作业时，机上货物坠落、倒塌、与本机相互撞击以及泄漏，造成本机的损失。

② 违章驾机。

- 驾驶（操作）人员饮酒、吸食或注射毒品、被药物麻醉后使用被保险机械。

驾驶（操作）人员饮酒驾机：驾驶（操作）人员饮酒后开机可根据下列情形来判定，一是公安交通管理部门做出的酒后驾机结论，二是有能够证明饮酒后驾机的证据。

吸食或注射毒品驾机：驾驶（操作）人员吸食或注射鸦片、吗啡、海洛因、大麻、可卡因以及国家规定管制的其他能够使人形成瘾癖的麻醉药品和精神药品后驾驶机械。

被药物麻醉驾机：驾驶（操作）人员吸食或注射有麻醉成分的药品，在整个身体或身体的某部分暂时失去控制的情况下驾驶机械。

- 使用各种专用机械机、特种机的人员无国家有关部门核发的有效操作证。
- 非保险人允许的驾驶（操作）人员使用被保险机械。
- 被保险道路行驶机械不具备有效行驶证件。被保险道路行驶机械必须同时具备以下条件：一是被保险机械必须有公安交通管理部门核发的行驶证与号牌；二是被保险机械必须达到《车辆运行安全技术条件》（GB 7258—2004）的要求，并在规定时间内经公安交通管理部门检验合格。

③ 驾驶（操作）人员资格。

公安交通管理部门规定的属于无有效驾驶（操作）人员证的情况下操作机械，驾驶（操作）人员有以下情况之一者：

- 无驾驶（操作）证或驾驶（操作）证有效期已届满；
- 驾驶（操作）被保险机械与驾驶（操作）证载明的准驾机型不符；
- 持未按规定审验的驾驶（操作）证，以及在暂扣、扣留、吊销、注销驾驶（操作）证期间驾驶（操作）被保险机械；
- 依照法律法规或公安机关交通部门有关规定不允许驾驶（操作）被保险机械的其他情况下驾驶（操作）机。

④ 责任扩大。

- 事故发生后，被保险人或其允许的驾驶（操作）人员在未依法采取措施的情况下驾驶（操作）被保险机械或者遗弃被保险机械逃离事故现场，或故意破坏、伪造现场、毁灭证据；
- 遭受保险责任范围内的损失后，未经必要修理继续使用被保险机械，致使损失扩大的部分；
- 利用被保险机械从事违法活动；
- 标准配置以外新增设备的损失；
- 被保险机械转让他人，未向保险人办理批改手续。

（4）其他风险。

① 未按书面约定履行缴纳保险费义务。

② 因污染（含放射性污染）造成的损失：指不论是否发生保险事故，保险机械本身及保险机械所载货物泄漏造成的对外界任何污染而引起的补偿和赔偿，保险人都不负责赔偿。污染：指被保险机械正常使用过程中或发生事故时，由于油料、尾气、货物或其他污染物的泄漏、飞溅、排放、散落等造成被保险机械污损或状况恶化。

③ 被保险机械因市场价格变动造成的贬值、修理后因价值降低引起的损失。

④ 机械标准配置以外，未投保的新增设备的损失。

⑤ 被盗窃、抢劫、抢夺，以及因被盗窃、抢劫、抢夺受到损坏或机上零部件、附属设

备丢失。

⑥ 被保险人或其允许的合格驾驶（操作）人员的故意行为。指明知自己可能造成损害的结果，而仍希望或放任这种结果的发生。

⑦ 应当由交通事故责任强制保险赔偿的金额。

3. 保险金额

保险金额由投保人和保险人从下列三种方式中选择确定。保险人根据确定保险金额方式的不同承担相应的赔偿责任。

（1）按投保时被保险机械的新机购置价确定。

新机购置价是指在保险合同签订地购置与被保险机械同类新机的价格（含机械购置税）。

投保时的新机购置价，根据投保时保险合同签订地同类型新机的市场销售价格（含机械购置税）确定，并在保险单中载明，无同类型新机市场销售价格的，由投保人与保险人协商确定。

（2）按投保时被保险机械的实际价值确定。

实际价值是指新机购置价减去折旧金额后的价格。

投保时被保险机械的实际价值，根据投保时的新机购置价减去折旧金额后的价格确定。

被保险机械的折旧一般按月计算，不足一个月的部分，不予折扣，月折旧率一般为 1.10%，或者按年计算，年折旧率一般为 12.5%。最高折旧金额不超过投保时被保险机械新机购置价的 80%。

折旧金额＝投保时的新机购置价×被保险机械已使用月数（年数）×月（年）折旧率

（3）在投保时被保险机械的新机购置价内协商确定。

投保人和保险人可根据实际情况选择保险金额的确定方式。原则上新机按第一种方式承保，旧机可以在三种方式中由投保人和保险人双方自愿协商确定，但保险金额的不同确定方式，直接影响和决定发生保险事故时保险赔偿的计算原则。保险人根据保险金额确定方式的不同承担相应的赔偿责任。

另外，投保机械标准配置以外的新增设备，应在保险合同中列明设备名称与价格清单，并按设备的实际价值相应增加保险金额。新增设备随保险机械一并折旧。

4. 保险期限

除另有约定外，保险期限为一年，以保险单载明的起讫时间为准。

5. 保险人义务

保险人应履行说明义务、查勘义务、赔偿义务和保密义务。

（1）说明义务。

保险人在订立保险合同时，应向投保人说明投保险种的保险责任、责任免除、保险期限、保险费及支付办法、投保人和被保险人义务等内容。

说明义务是法律规定的当事人在订立合同前需要履行的义务，是法定的先契约义务，它不仅是诚信原则的基本要求，也是形成保险当事人合意的基础。

在工程机械保险中，常采用投保人签字视为同意的规则来处理。保险人在事先准备的标准投保单上印有"请您详细阅读下列投保须知后，再填写投保单"、"请认真阅读所附条款"等类似字句，投保人只要在印有其已了解并同意保险条款内容的签字栏内签字，就视为保险人履行了其说明义务和投保人同意保险内容。

（2）查勘义务。

保险人应及时受理被保险人的事故报案，应尽快进行现场查勘。

保险人接到报案后 48 小时内未进行查勘且未给予受理意见，造成财产损失无法确定的，以被保险人提供的财产损毁照片、损失清单、事故证明和修理发票作为赔付理算依据。

（3）赔偿义务。

保险人收到被保险人的索赔请求后，应当及时做出核定。

① 保险人应根据事故性质、损失情况，及时向被保险人提供索赔须知；审核索赔材料后认为有关的证明和材料不完整的，应当及时通知被保险人补充提供有关的证明和资料。

② 在被保险人提供了各种必要单证后，保险人应当迅速审查核定，并将核定结果及时通知被保险人。

③ 对属于保险责任的，保险人应在与被保险人达成赔偿协议后 10 日内支付赔款。

（4）保密义务。

保险人对在办理保险业务中知道的投保人、被保险人的业务和财产情况及个人隐私，负有保密的义务。

6. 投保人及被保险人义务

投保人及被保险人应履行告知义务、缴纳保险费义务、出险后施救与通知义务和协助查勘义务。

（1）告知义务。

投保人应如实填写投保单并回答保险人提出的询问，履行如实告知义务，并提供被保险标的的相关资料，如购买发票、道路允许行驶机械的行驶证、登记证书等。

在保险期限内，保险机械改装、加装或更改作业区域等，导致保险机械危险程度增加的，应及时书面通知保险人。否则，因保险机械危险程度增加而导致的保险事故，保险人不承担赔偿责任。

（2）缴纳保险费义务。

投保人应当在合同成立时交清保险费；保险费交清前发生的保险事故，保险人不承担赔偿责任。

（3）出险后施救与通知义务。

发生保险事故时，被保险人应当及时采取合理的、必要的施救和保护措施，防止或者减少损失，并在保险事故发生后 48 小时内通知保险人。否则，造成损失无法确定或扩大的部分，保险人不承担赔偿责任。

（4）协助查勘义务。

发生保险事故后，被保险人应当积极协助保险人进行现场查勘。

被保险人在索赔时，应当提供有关证明和材料。被保险人向保险人索赔时提供的情况及各种单证必须真实可靠，对被保险人提供涂改、伪造的单、证或制造假案等图谋骗取赔款的，保险人可拒绝赔偿或追回已支付的保险赔款。

7. 赔偿处理

保险事故发生后，被保险人的索赔条件、保险机械修复标准、重复保险、保险赔偿标准、权益转让、保险合同终止、免赔率等赔偿处理内容。

（1）被保险人索赔条件。

被保险人索赔时，应当向保险人提供与确认保险事故的性质、原因、损失程度等有关的证明和材料。

被保险人应当提供保险单、损失清单、有关费用单据、被保险机械道路行驶证和发生事故时驾驶（操作）人员的驾驶（操作）证。

属于道路交通事故的，被保险人应当提供公安机关交通管理部门或法院等机构出具的事故证明、有关的法律文书（判决书、调解书、裁定书、裁决书等）和通过交通事故责任强制保险获得赔偿金额的证明材料。

属于非道路交通事故的，应提供相关的事故证明。

被保险人或被保险机械驾驶人（操作员）根据有关法律法规规定选择自行协商方式处理事故的，应当立即通知保险人，协助保险人勘验事故各方机械、核实事故责任，并按照《事故处理程序规定》签订记录事故情况的协助书。

（2）保险机械修复标准。

因保险事故损坏的被保险机械，应当尽量修复。修理前被保险人应当会同保险人检验、协商确定修理项目、方式和费用。否则，保险人有权重新核定；无法重新核定的，保险人有权拒绝赔偿。

经保险人现场查勘与定损后，被保险人可以自行选择修理厂修理，也可以选择保险人推荐的修理厂修理。

保险人所推荐的修理厂一般为保险标的的销售及售后企业或有合作关系的二级资质以上修理厂。保险机械修复后，保险人可根据被保险人的委托直接与修理厂结算修理费用，但应当由被保险人自己负担的部分除外。

（3）重复保险。

保险机械重复保险的，本保险人按照本保险合同的保险金额与各保险合同保险金额的总和的比例承担赔偿责任。

其他保险人应承担的赔偿金额，本保险人不负责垫付。

（4）保险赔偿标准。

① 保险事故发生后，保险人根据损失情况、投保方式进行赔偿。

② 保险机械遭受损失后的残余部分，由保险人、被保险人协商处理。

③ 保险人受理报案、现场查勘、参与诉讼、进行抗辩、向被保险人提供专业建议等行为，均不构成保险人对赔偿责任的承诺。

④ 保险人依据被保险机械驾驶人（操作员）在事故中所负的事故责任比例，承担相应的赔偿责任。

被保险人或被保险机械驾驶人（操作员）根据有关法律法规规定选择自行协商或由公安机关相关管理部门处理事故未确定事故责任比例的，按照下列规定确定事故责任比例：

被保险机械方负全部事故责任的，事故责任比例为100%；

被保险机械方负主要事故责任的，事故责任比例为70%；

被保险机械方负同等事故责任的，事故责任比例为50%；

被保险机械方负次要事故责任的，事故责任比例为30%；

被保险机械方不负事故责任的，事故责任比例为0%。

（5）保险赔偿方式

① 按投保时被保险机械的新机购置价确定保险金额的。

• 发生全部损失时，按保险金额内计算赔偿，保险金额高于保险事故发生时被保险机械实际价值的，按保险事故发生时被保险机械的实际价值计算赔偿。

保险事故发生时的被保险机械的实际价值根据保险事故发生时的新机购置价减去折扣金额后的价格确定。

保险事故发生时的新机购置价根据保险事故发生时保险合同签订地同类型新机的市场销

售价格（含购置税）确定，无同类型新机市场销售价格的，由被保险人与保险人协商确定。

- 发生部分损失时，按核定修理费用计算赔偿，但不得超过保险事故发生时被保险机械的实际价值。

② 按投保时被保险机械的实际价值确定保险金额或协商确定保险金额的。

- 发生全部损失时，保险金额高于保险事故发生时被保险机械实际价值的，以保险事故发生时被保险机械的实际价值计算赔偿；保险金额等于或低于保险事故发生时被保险机械实际价值的，按保险金额计算赔偿。

- 发生部分损失时，按保险金额与投保时被保险机械的新机购置价的比例计算赔偿，但不得超过保险事故发生时被保险机械的实际价值。

- 施救费用赔偿的计算方式同本条以上两种情况，在被保险机械损失赔偿金额以外另行计算，最高不超过保险金额的数额。

被施救的财产中，含有本保险合同未承保财产的，按被保险机械与被施救财产价值的比例分摊施救费用。

（6）权益转让。

因第三方对被保险机械的损害而造成保险事故的，保险人自向被保险人赔偿保险金之日起，在赔偿金额范围内代位行使被保险人对第三方请求赔偿的权利，但被保险人必须协助保险人向第三方追偿。

由于被保险人放弃对第三方的请求赔偿的权利或过错致使保险人不能行使代位追偿权利的，保险人不承担赔偿责任或相应扣减保险赔偿金。

（7）保险合同终止。

下列情况下，保险人支付赔款后，本保险合同终止，保险人不退还机械损失保险及其附加险的保险费：

① 被保险机械发生全部损失；

② 按投保时被保险机械的实际价值确定保险金额的，一次赔款金额与免赔金额之和（不含施救费）达到保险事故发生时被保险机械的实际价值；

③ 保险金额低于投保时被保险机械的实际价值的，一次赔款金额与免赔金额之和（不含施救费）达到保险金额。

（8）免赔率。

保险人在依据本保险合同约定计算赔款的基础上，按照下列免赔率免赔：

① 负次要事故责任的免赔率5％，负同等事故责任的免赔率8％，负主要事故责任的免赔率为10％，负全部事故责任或单方事故的免赔率为15％；

② 被保险机械的损失应当由第三方负责赔偿的，无法找到第三方时，免赔率为30％；

③ 被保险人根据有关法律法规选择自行协商方式处理交通事故，不能证明事故原因的，免赔率为20％；

④ 投保时指定驾驶人（操作员），保险事故发生时为非指定驾驶人（操作员）使用被保险机械的，增加免赔率10％；

⑤ 投保时约定作业区域，保险事故发生在约定作业区域以外的，增加免赔率10％。

8. 保险费调整

保险费调整的比例和方式以保险监管部门批准的机械保险费率方案的规定为准。

本保险及其附加险根据上一保险期间发生保险赔偿的次数，在续保时实行保险费浮动。

9. 合同变更和终止

(1) 机械保险合同的变更。

① 保险合同的内容如须变更，须经保险人与投保人书面协商一致。

② 在保险期限内，保险机械转卖、转让、赠送他人，被保险人应书面通知保险人并办理批改手续。未办理批改手续的，保险人不承担赔偿责任。

而转让是指以转移所有权为目的，处理被保险机械的行为。被保险人以转移所有权为目的，将被保险机械交付他人，但未按规定办理转移（过户）登记的，视为转让。

保险人对保险机械转卖、转让、赠送他人提出了两点要求：

① 在保险合同有效期内，保险机械合法转卖、转让、赠送他人，被保险人应当事先通知保险人；

② 保险机械转卖、转让、赠送他人，应向保险人申请办理批改被保险人称谓的手续。

在保险合同有效期内，保险机械改变作业区域或改装变性，被保险人应事先通知保险人并申请批改。

(2) 机械保险合同的终止。

① 保险责任开始前，投保人要求解除本保险合同的，应当向保险人支付应交保险费5%的退保手续费，保险人应当退还保险费。

② 保险责任开始后，投保人要求解除本保险合同的，自通知保险人之日起，本保险合同解除。保险人按短期月费率收取自保险责任开始之日起至合同解除之日止期间的保险费，并退还剩余部分保险费。机械保险合同解除时，除法律、法规和保险合同另有规定外，应按《机械保险费率规章》的有关规定计收已明确责任部分的保险费。具体实施如表1-3所示。

表1-3　短期月费率表

保险期限/月	1	2	3	4	5	6	7	8	9	10	11	12
短期月率(年保险费的百分比)/%	10	20	30	40	50	60	70	80	85	90	95	100

注：保险期间不足一个月的部分按一个月计算。

10. 争议处理

(1) 因履行本保险合同发生的争议，由当事人协商解决。协商不成的，提交保险单载明的仲裁委员会仲裁。保险单未载明仲裁机构或争议发生后未达成仲裁协议的，可向人民法院提起诉讼。

(2) 机械保险合同争议处理适用中华人民共和国法律。

11. 其他

(1) 保险人按照保险监督部门批准的机械保险费率方案计算保险费。

(2) 在投保机械损失保险的基础上，投保人可投保附加险。

(3) 附加险条款未尽事宜，以本保险条款为准。

三、机械第三者责任保险（商业）

机械第三者责任保险是指被保险机械因意外事故，致使他人遭受人身伤亡或财产的直接损失，保险人依照保险合同的规定给予赔偿的保险。

保险合同中，保险人是第一方，也叫第一者；被保险人或使用保险机械的致害人是第二方，也叫第二者；第三者是指因被保险机械发生意外事故遭受人身伤亡或财产损失的人，但不包括被保险机械本机上人员、投保人、被保险人和保险人。同一被保险人的机械之间发生意外事故，相互均不构成第三者。

机械第三者责任保险合同（以下简称本保险合同）由本条款、投保单、保险单、批单和特别约定组成。凡涉及本保险合同的约定，均应采用书面形式。

1. 保险责任

保险期间内，被保险人或其允许的合法驾驶人（操作员）在使用被保险机械过程中发生意外事故，致使第三者遭受人身伤亡或财产直接损毁，依法应当由被保险人承担的损害赔偿责任。

2. 责任免除

（1）不可抵御风险。

不可抵御风险包括地震、战争、军事冲突、恐怖活动、暴乱、扣押、收缴、没收、政府征用构成的第三者责任。

（2）驾驶（操作）人员风险。

① 驾驶（操作）人员饮酒、吸食或注射毒品、被药物麻醉后使用保险机械。

② 事故发生后，被保险人或其允许的驾驶（操作）人员在未依法采取措施的情况下驾驶（操作）被保险机械或者遗弃被保险机械逃离事故现场，或故意破坏、伪造现场、毁灭证据。

③ 无驾驶（操作）证。

④ 驾驶（操作）的被保险机械与驾驶（操作）证载明的准驾机型不符。

⑤ 使用各种专用的机械、特种机的人员无国家有关部门核发的有效操作证。

⑥ 非被保险人或其允许的驾驶人员使用被保险机械。

⑦ 利用被保险机械从事违法活动。

⑧ 实习期内驾驶（操作）载有爆炸物品、易燃易爆化学物品、剧毒或者放射性等危险物品的被保险机械，实习期内驾驶（操作）的被保险机械牵引挂机。

⑨ 持未按规定审验的驾驶（操作）证，以及在暂扣、扣留、吊销、注销驾驶（操作）证期间驾驶（操作）被保险机械。

⑩ 按照法律法规或公安机关相关管理部门有关规定不允许驾驶（操作）被保险机械的其他情况下驾机。

（3）机械自身风险。

① 竞赛、测试、教练，在营业性修理场所修理期间。

● 竞赛：保险机械作为参赛机械直接参加机械比赛活动所造成的第三者损失。

● 测试：对被保险机械的性能和技术参数进行测量或实验所造成的第三者损失。

● 教练：指尚未取得合法机械驾驶（操作）证，但已通过合法教练机构办理正式学习手续的学员在固定练习场所或指定路线，并有合格教练随机指导的情况下驾驶（操作）被保险机械。

● 在营业性修理场所修理期间：被保险机械进入维修厂（站、店）保养、修理期间，由于自然灾害或意外事故所造成的第三者损失。其中，营业性修理场所指保险机械进入以营利为目的的修理厂（站、店）；修理期间指保险机械从进入修理厂（站、店）开始到保养、修理结束并验收合格提机时止，包括保养、修理过程中的测试。

② 具有道路行驶资格的被保险机械不具备有效行驶证件。

③ 被保险机械转让他人，未向保险人办理批改手续。

④ 除另有约定外，发生保险事故时被保险机械无公安机关交通管理部门核发的道路行

驶证或号牌，或未按规定检验或检验不合格。

（4）其他风险。

① 被保险机械造成下列人身伤亡或财产损失，不论在法律上是否应当由被保险人承担赔偿责任，保险人均不负责赔偿：

- 被保险人及其家庭成员的人身伤亡、所有或代管的财产的损失；
- 被保险机械本机驾驶（操作）人员及其家庭成员的人身伤亡、所有或代管的财产的损失；
- 被保险机械本机上其他人员的人身伤亡或财产损失。

② 第三者财产因市场价格变动造成的贬值、修理后价值降低引起的损失。

③ 被保险机械被盗窃、抢劫、抢夺期间造成第三者人身伤亡或财产损失。

④ 被保险机械发生意外事故，致使第三者停业、停驶、停电、停水、停气、停产、通讯或者网络中断、数据丢失、电压变化等造成的损失以及其他各种间接损失。

⑤ 精神损害赔偿。因保险事故引起的任何有关精神损害的赔偿，无论是否依法应由被保险人承担，保险人均不负责赔偿。

⑥ 因污染（含放射性污染）造成的损失。不论是否发生保险事故，保险机械本身及保险机械所载货物泄漏造成的对外界任何污染而引起的补偿和赔偿，保险人都不负责赔偿。

污染包括被保险机械在正常使用过程中，由于机械油料或所载货物的泄漏造成的污染，以及保险机械发生事故导致第三者的油料或所载货物的泄漏造成的污染。

⑦ 被保险人或驾驶（操作）人的故意行为造成的损失。

⑧ 仲裁或者诉讼费用以及其他相关费用。

⑨ 应当由道路行驶机械交通事故责任强制保险赔偿的损失和费用，保险人不负责赔偿。

保险事故发生时，被保险的道路行驶机械未投保机械交通事故责任强制保险或机械交通事故责任强制保险合同已经失效的，对于机械交通事故责任强制保险各分项赔偿限额以内的损失和费用，保险人不负责赔偿。

3. 责任限额

每次事故的责任限额，由投保人和保险人在签订本保险合同时按保险监督部门批准的限额档次协商确定。每次事故的责任限额由投保人和保险人在签订保险合同时按 5 万元、10 万元、15 万元、20 万元、30 万元、50 万元、100 万元和 100 万元以上但不超过 1000 万元的档次协商确定。

4. 保险期限

除另有约定外，保险期间为一年，以保险单载明的起讫时间为准。

5. 保险人义务

保险人应履行说明义务、查勘义务、赔偿义务和保密义务。

（1）说明义务。

保险人在订立保险合同时，应向投保人说明投保险种的保险责任、责任免除、保险期限、保险费及支付办法、投保人和被保险人义务等内容。

说明义务是法律规定的当事人在订立合同前需要履行的义务，是法定的先合同义务，它不仅是诚信原则的基本要求，也是形成保险当事人合意的基础。

在工程机械保险中，常采用投保人签字视为同意的规则来处理。保险人在事先准备的标准投保单上印有"请您详细阅读下列投保须知后，再填写投保单"、"请认真阅读所附条款"等类似字句，投保人只要在印有其已了解并同意保险条款内容的签字栏内签字，就视为保险人履行了其说明义务和投保人同意保险内容。

（2）查勘义务。

保险人应及时受理被保险人的事故报案，应尽快进行现场查勘。

保险人接到报案后 48 小时内未进行查勘且未给予受理意见，造成财产损失无法确定的，以被保险人提供的财产损毁照片、损失清单、事故证明和修理发票作为赔付理算依据。

（3）赔偿义务。

保险人收到被保险人的索赔请求后，应当及时做出核定。

① 保险人应根据事故性质、损失情况，及时向被保险人提供索赔须知；审核索赔材料后认为有关的证明和材料不完整的，应当及时通知被保险人补充提供有关的证明和资料。

② 在被保险人提供了各种必要单证后，保险人应当迅速审查核定，并将核定结果及时通知被保险人。

③ 对属于保险责任的，保险人应在与被保险人达成赔偿协议后 10 日内支付赔款。

（4）保密义务。

保险人对在办理保险业务中知道的投保人、被保险人的业务和财产情况及个人隐私，负有保密的义务。

6. 投保人及被保险人义务

投保人及被保险人应履行告知义务、交纳保险费义务、出险后施救与通知义务和协助查勘义务。

（1）告知义务。

投保人应如实填写投保单并回答保险人提出的询问，履行如实告知义务，并提供被保险标的的相关资料，如购买发票、道路允许行驶机械的行驶证、登记证书等。

在保险期限内，保险机械改装、加装或更改作业区域等，导致保险机械危险程度增加的，应及时书面通知保险人。否则，因保险机械危险程度增加而导致的保险事故，保险人不承担赔偿责任。

（2）交纳保险费义务

投保人应当在合同成立时交清保险费；保险费交清前发生的保险事故，保险人不承担赔偿责任。

（3）出险后施救与通知义务。

发生保险事故时，被保险人应当及时采取合理的、必要的施救和保护措施，防止或者减少损失，并在保险事故发生后 48 小时内通知保险人。否则，造成损失无法确定或扩大的部分，保险人不承担赔偿责任。

（4）协助查勘义务。

发生保险事故后，被保险人应当积极协助保险人进行现场查勘。

被保险人在索赔时，应当提供有关证明和材料。被保险人向保险人索赔时提供的情况及各种单据必须真实可靠，对被保险人提供涂改、伪造的单、证或制造假案等图谋骗取赔款的，保险人可拒绝赔偿或追回已支付的保险赔款。

7. 赔偿处理

被保险人索赔时，应当向保险人提供与确认保险事故的性质、原因、损失程度等有关的证明和材料。

被保险人应当提供保险单、损失清单、有关费用单据、被保险机械行驶证（具有道路行驶资格的）和发生事故时驾驶（操作）人员的驾驶（操作）证。

属于道路交通事故的，被保险人应当提供公安机关交通管理部门或法院等机构出具的事故证明、有关的法律文书（判决书、调解书、裁定书、裁决书等）及其他证明。

属于非道路交通事故的，应提供相关的事故证明。

（1）事故"以责论处"。

因保险事故损坏的第三者财产，应当尽量修复。修理前被保险人应当会同保险人检验、协商确定修理项目、方式和费用。否则，保险人有权重新核定；无法重新核定的，保险人有权拒绝赔偿。

保险人依据被保险机械驾驶（操作）人员在事故中所负的事故责任比例，承担相应的赔偿责任。

被保险人或被保险机械驾驶（操作）人员根据有关法律法规规定选择自行协商或由公安机关相关管理部门处理事故未确定事故责任比例的，按照下列规定确定事故责任比例：

被保险机械方负全部事故责任的，事故责任比例为100%；

被保险机械方负主要事故责任的，事故责任比例为70%；

被保险机械方负同等事故责任的，事故责任比例为50%；

被保险机械方负次要事故责任的，事故责任比例为30%；

被保险机械方不负事故责任的，事故责任比例为0%。

（2）其他事宜。

① 被保险机械修复保险的，保险人按照本保险不同的责任限额与各保险合同责任限额的总和的比例承担赔偿责任。其他保险人应承担的赔偿金额，保险人不负责赔偿和垫付。

② 保险人受理报案、现场查勘、参与诉讼、进行抗辩、要求被保险人提供证明和资料、向被保险人提供专业建议等行为，均不构成保险人对赔偿责任的承诺。

③ 保险人支付赔偿后，对被保险人追加的索赔要求，保险人不承担赔偿责任。

④ 被保险人获得赔偿后，本保险合同继续有效，直至保险期间届满。保险机械发生第三者责任保险事故，保险人赔偿后，无论每次事故赔款是否达到保险责任限额，在保险期限内第三者责任险的保险责任仍然有效，直到保险期满。

⑤ 保险事故发生后，保险人按照国家有关法律、法规规定的赔偿范围、项目和标准以及本保险合同的约定，在保险单载明的责任限额内核定赔偿金额。

保险人按照国家基本医疗保险的标准核定医疗费用的赔偿金额。

未经保险人书面同意，被保险人自行承诺或支付的赔偿金额，保险人有权重新核定。不属于保险人赔偿范围或超出保险人应赔偿金额的，保险人不承担赔偿责任。

（3）免赔率。

保险人在依据本保险合同约定计算赔款的基础上，在保险单载明的责任限额内，按下列免赔率免赔；

① 负次要事故责任的免赔率为5%，负同等事故责任的免赔率为10%，负主要事故责任的免赔率为15%，负全部事故责任的免赔率为20%；

② 违反安全装载规定的，增加免赔率10%；

③ 投保时指定驾驶（操作）人员，保险事故发生时为非指定驾驶（操作）人员使用被保险机械的，增加免赔率10%；

④ 投保时约定作业区域，保险事故发生在约定作业区域以外的，增加免赔率10%。

8. 保险费调整

保险费调整的比例和方式以保险监管部门批准的机械保险费率方案的规定为准。

本保险及其附加险根据上一保险期间发生保险赔偿的次数，在续保时实行保险费浮动。

9. 合同变更和终止

（1）机械保险合同的变更。

① 保险合同的内容如须变更，须经保险人与投保人书面协商一致；

② 在保险期限内，保险机械转卖、转让、赠送他人，被保险人应书面通知保险人并办理批改手续。未办理批改手续的，保险人不承担赔偿责任。

而转让是指转移所有权为目的，处理被保险机械的行为。被保险人以转移所有权威目的，将被保险机械交付他人，但未按规定办理转移（过户）登记的，视为转让。

保险人对保险机械转卖、转让、赠送他人提出了两点要求：

① 在保险合同有效期内，保险机械合法转卖、转让、赠送他人，被保险人应当事先通知保险人；

② 保险机械转卖、转让、赠送他人，应向保险人申请办理批改被保险人称谓的手续。

在保险合同有效期内，保险机械改变作业区域或改装变性，被保险人应事先通知保险人并申请批改。

（2）机械保险合同的终止。

① 保险责任开始前，投保人要求解除本保险合同的，应当向保险人支付应交保险费5%的退保手续费，保险人应当退还保险费；

② 保险责任开始后，投保人要求解除本保险合同的，自通知保险人之日起，本保险合同解除。保险人按短期月费率收取自保险责任开始之日起至合同解除之日止期间的保险费，并退还剩余部分保险费。机械保险合同解除时，除法律、法规和保险合同另有规定外，应按《机械保险费率规章》的有关规定计收已明确责任部分的保险费。

10. 争议处理

（1）因履行本保险合同发生的争议，由当事人协商解决。协商不成的，提交保险单载明的仲裁委员会仲裁。保险单未载明仲裁机构或争议发生后未达成仲裁协议的，可向人民法院提起诉讼。

（2）机械保险合同争议处理适用中华人民共和国法律。

11. 其他

（1）保险人按照保险监管部门批准的机械保险费率方案计算保险费。

（2）在投保机械第三者责任保险的基础上，投保人可投保附加险。

附加险条款未尽事宜，以本保险条款为准。

四、整机盗抢险

机械盗抢保险合同（以下简称本保险合同）由本条款、投保单、保险单、批单和特别约定共同组成。凡涉及本保险合同的约定，均应采用书面形式。

本保险合同为不定值保险合同。保险人按照承保险别承担保险责任，附加险不能单独承保。

1. 保险责任

保险期间内，被保险机械的下列损失和费用，保险人依照本保险合同的约定负责赔偿：

（1）被保险机械被盗窃、抢劫、抢夺，经出险当地县级以上公安刑侦部门立案证明，满60天未查明下落的全机损失；

（2）被保险机械全机被盗窃、抢劫、抢夺后，受到损坏或机上零部件、附属设备丢失需要修复的合理费用；

（3）被保险机械在被抢劫、抢夺过程中，受到损坏需要修复的合理费用。

2. 责任免除

下列情况下，不论何种原因造成被保险机械损失，保险人均不负责赔偿：

（1）非整机遭盗窃，仅机上零部件或附属设备被盗窃或损坏；

（2）被保险机械被诈骗造成的损失；

（3）被保险人因民事、经济纠纷而导致被保险机械被抢劫、抢夺；

（4）被保险人及其家庭成员、被保险人允许的驾驶（操作）人员的故意行为或违法行为造成的损失；

（5）被保险机械被盗窃、抢劫、抢夺期间造成人身伤亡或本机以外的财产损失，保险人不负责赔偿；

（6）被保险人索赔时，未能提供机械停驶手续或出险当地县级以上公安刑侦部门出具的盗抢立案证明；

（7）租赁机械与承租人同时失踪。

3. 保险金额

保险金额由投保人和保险人在投保时被保险机械的实际价值内协商确定。

本保险合同中的实际价值是指新机购置价减去折旧金额后的价格。

本保险合同中的新机购置价是指在保险合同签订地购置与被保险机械同类型新机的价格（含购置税）。

投保时被保险机械的实际价值根据投保时的新机购置价减去折旧金额后的价格确定。

投保时的新机购置价根据投保时保险合同签订地同类型新机的市场销售价格（含机械购置税）确定，并在保险单中载明，无同类型新机市场销售价格的，由投保人与保险人协商确定。

折旧按月计算，不足一个月的部分，不计折扣。最高折旧金额不超过投保时被保险机械新机购置价的80%。

4. 赔偿处理

（1）被保险人知道保险机械被盗窃、抢劫、抢夺后，应在24小时内向出险当地县级以上公安刑侦部门报案，并通知保险人。

（2）被保险人索赔时，须提供保险单、损失清单、有关费用单据、机械来历凭证、机械购置税证明或免税证明、机械停驶手续以及出险当地县级以上公安刑侦部门出具的盗抢立案证明。

（3）全机损失，在保险金额内计算赔偿，但不得超过保险事故发生时被保险机械的实际价值。保险事故发生时被保险机械的实际价值根据保险事故发生时的新机购置价减去折旧金额后的价格确定。

保险事故发生时的新机购置价根据保险事故发生时保险合同签订地同类新机的市场销售价格（含机械购置税）确定，无同类型新机市场销售价格的，由被保险人与保险人协商确定。

部分损失，在保险金额内按实际修复费用计算赔偿，但不得超过保险事故发生时被保险机械的实际价值。

保险人确认索赔单证齐全、有效后，被保险人签具权益转让书，保险人赔付结案。

（4）保险人确认索赔单、证齐全、有效后，被保险人签具权益转让书，保险人赔付结案。

（5）免赔率。保险人在依据本保险合同约定计算赔款的基础上，按下列免赔率免赔：

① 发生全机损失的，免赔率为20%；

② 发生全机损失，被保险人未能提供机械来历凭证、机械购置税完税证明或免税证明等，每缺少一项，增加免赔率1%；

③ 投保时指定驾驶（操作）人员，保险事故发生时为非指定驾驶（操作）人员使用被保险机械的，增加免赔率5%；

④ 投保时约定作业区域，保险事故发生在约定作业区域以外的，增加免赔率10%。

（6）保险机械全机被盗窃、抢劫、抢夺后被找回的：

① 保险人尚未支付赔款的，被保险机械应归还被保险人；

② 保险人已支付赔款的，被保险机械应归还被保险人，被保险人应将赔款返还给保险人；被保险人不同意收回被保险机械，被保险机械的所有权归保险人，被保险人应协助保险人办理有关手续。

在投保机械盗抢保险的基础上，投保人可投保附加险。附加险条款未尽事宜，以本条款为准。实际上，工程机械尤其是非道路行驶机械发生整机盗抢的情况并不常见，但零配件被盗抢的情况却时有发生，针对工程机械零配件盗抢情况，投保人可与保险人协商一致进行特别约定。

五、机上人员责任保险

机械机上人员责任保险合同（以下简称本保险合同）由本条款、投保单、保险单、批单和特别约定共同组成。凡涉及本保险合同的约定，均应采用书面形式。

本保险合同的机上人员是指保险事故发生时在被保险机械上的自然人。

1. 保险责任

保险期间内，被保险人或其允许的合法驾驶（操作）人员在使用被保险机械过程中发生意外事故，致使机上人员遭受人身伤亡，依法应当由被保险人承担的损害赔偿责任，保险人依照本保险合同的约定负责赔偿。

2. 责任免除

被保险机械造成下列人身伤亡，不论在法律上是否应当由被保险人承担赔偿责任，保险人均不负责赔偿：

（1）被保险人或驾驶（操作）人员的故意行为造成的人身伤亡；

（2）被保险人及驾驶（操作）人员以外的其他机上人员的故意、重大过失行为造成的自身伤亡；

（3）违法、违章搭乘人员的人身伤亡；

（4）机上人员因疾病、分娩、自残、斗殴、自杀、犯罪行为造成的自身伤亡；

（5）机上人员在被保险机械机内时遭受的人身伤亡；

（6）因污染（含放射性污染）造成的人身伤亡。

3. 责任限额

机上人员每次事故责任限额由投保人和保险人在投保时协商确定，按照被保险机械的核定载客数确定，驾驶（操作）人员座位除外。

4. 赔偿处理

每次事故机上人员的人身伤亡按照国家有关法律、法规规定的赔偿范围、项目和标准以及本保险合同的约定进行赔偿。驾驶（操作）人员的赔偿金额不超过保险单载明的驾驶（操作）人员每次事故责任限额；其他机上人员的赔偿金额不超过保险单载明的每次事故每人责任限额，赔偿人数以投保核定载客数为限。

保险人按照国家基本医疗保险的标准核定医疗费用的赔偿金额。

未经保险人书面同意，被保险人自行承诺或支付的赔偿金额，保险人有权重新核定。

不属于保险人赔偿范围或超出保险人应赔偿金额的，保险人不承担赔偿责任。

在投保机械机上人员责任保险的基础上，投保人可投保附加险。附加险条款未尽事宜，以本条款为准。

六、附加险

（一）可选免赔额特约条款

投保了机械损失保险的机械附加本特约条款。保险人按投保人选择的免赔额给予相应的保险费优惠。

被保险机械发生机械损失保险合同约定的保险事故，保险人在按照机械损失保险合同的约定计算赔款后，扣减本特约条款约定的免赔额。

（二）不计免赔特约条款

不计免赔特约条款是机械损失险和第三者责任险的特约保险，被保险人在办理上述有关险种的同时，可另缴纳保险费办理不计免赔特约保险。

1. 保险责任

经特别约定，保险事故发生后，按照对应投保的险种规定的免赔率计算的，应当由被保险人自行承担的免赔金额部分，保险人负责赔偿。

2. 责任免除

下列应由被保险人自行承担的免赔金额，保险人不负责赔偿：

（1）机械损失保险中应当由第三方负责赔偿而无法找到第三方的；

（2）被保险人根据有关法律法规规定选择自行协商方式处理事故，但不能证明事故原因的；

（3）因违反安全装载规定的；

（4）投保时指定驾驶（操作）人员，保险事故发生时为非指定驾驶（操作）人员使用被保险机械的；

（5）投保时约定作业区域，保险事故发生在约定作业区域以外的；

（6）因同一保险期间内发生多次保险事故的；

（7）可附加本条款但未选择附加本条款的险种规定的；

（8）不符合附加本条款的险种规定。

七、交通事故责任强制保险

实行交通事故责任强制保险（简称交强险）制度就是通过国家法律强制道路行驶机械所有人或管理人购买相应的责任保险，以提高第三者责任险的投保面，有利于道路交通事故受害人获得及时的经济赔付和医疗救治，最大程度上为交通事故受害人提供及时和基本的保障。实施强制机械责任保险的国家广泛采用"法定保险，商业经营"的模式。

根据《保险法》、《道路交通安全法》，各中资保险公司经保监会批准，可以从事机械交通事故责任强制保险业务。由于我国加入世贸组织时未承诺允许外资保险公司经营强制保险业务，因此，目前交通事故责任强制保险暂时不对外资开放。

交强险自 2006 年 7 月 1 日开始实行的是 6 万元责任限额。

2008 年 2 月 1 日，我国推出了新版强制险。为了更大程度保障受害人的权益，交强险的责任限额由原来的 6 万元调整为 12.2 万元，同时，费率也做了适当下调。

(一) 交强险的特征

交强险是由保险公司对被保险机械发生道路交通事故造成受害人（不包括本机人员和被保险人）的人身伤亡、财产损失，在责任限额内予以赔偿的强制性责任保险。机械交通事故责任强制保险（简称"交强险"），是我国首个由国家法律法规实行的强制保险。

（1）与商业第三者责任险相比，强制责任保险所具有的特征表现为：

① 强制性；

② 对第三者的权益具有基本保障性；

③ 具有不可选择性；

④ 建立社会保险基金，由政府专门管理和使用；

⑤ 以无过失责任为基础；

⑥ 具有公益性。

（2）交强险与商业三者险的区别主要体现在以下几个方面。

① 设立依据和目的不同。

交强险的设立依据是《保险法》第 11 条、《道路交通安全法》第 17 条和《强制保险条例》，其主要目的在于保障受害人得到及时有效的赔偿。

商业三者险的设立依据是《保险法》第 50 条，其主要目的在于分散被保险人因事故带来的风险。

② 性质不同。

保险公司经营交强险坚持社会效益，不以营利为目的，实行"总体上不营利不亏损"的原则，但实行商业化运作，兼有商业保险和社会保险的属性。而保险公司经营商业三者险坚持经济效益原则，以营利为目的，是纯粹的商业保险。

③ 责任范围不同。

交强险的保险责任范围比商业三者险宽。交强险的保险责任范围几乎涵盖了所有道路交通责任风险，责任免除极少，《强制保险条款》只规定了"道路交通事故的损失是由受害人故意造成的，保险公司不予赔偿"，这体现了以人为本的思想，有利于受害人获得及时有效的赔偿。而在商业三者险中，保险公司不同程度地规定有免赔率或责任免除事项，如被保险人的故意行为、无证操作等。

④ 责任限额不同。

交强险的功能是为被保险人、交通事故受害人提供基本的保障，因此其责任限额较低，《强制保险条例》规定实行分项责任限额，分为死亡伤残、医疗费用、财产损失和被保险人无责任的赔偿限额，有利于结合人身伤亡和财产损失的风险特点进行有针对性的保障，有效控制风险，降低费率水平。而商业三者险的责任限额较高，分为若干个档次，由投保人选择，可以满足投保人较高的责任限额要求，给被保险人提供更高的保障。

⑤ 条款费率确定方式不同。

交强险按《强制保险条例》规定实行统一的保险条款和基础保险费率，并根据保险公司交强险业务的总体营利或者亏损情况，可以要求或者允许保险公司相应调整保险费率。而商业三者险的条款费率由保险公司遵循商业保险的风险管理原则及费率厘定方式自行制定。由于《道路交通安全法》第76条的规定使交强险的赔付范围扩大，《关于审理人身损害赔偿案件适用法律若干问题的解释》提高了人身损害赔偿标准，交强险一定比例的保险费收入将用于组建道路交通事故社会救助基金等原因，交强险的费率水平一般高于现行的商业三者险。

⑥ 保险金支付对象不同。

对于商业三者险，虽然保险人可以依照法律法规或合同约定直接向第三者赔偿保险金，如果法律没有另行规定或者合同没有另行约定，保险人只能向被保险人赔偿保险金。只有在法律另有规定或者合同另行有约定的情况下，保险人才可以向第三者赔偿保险金。而根据《道路交通安全法》第76条和《强制保险条例》第31条的规定，保险公司可以向被保险人赔偿保险金，也可以直接向受害人赔偿保险金。也就是说，交强险保险金的支付对象为被保险人或者受害人。被保险人是享有保险金请求权的人，作为保险金支付对象没有异议；虽然受害人并非是保险合同当事人，与保险公司之间没有直接法律关系，不能直接向保险公司主张权利，但根据上述有法律法规规定，对机械发生交通事故造成第三者人身伤亡、财产损失的，保险公司可以直接向受害人（第三者）赔偿保险金。这样的规定有利于保护交通事故受害人的权益，使受害人能及时得到救助。

⑦ 实施方式不同。

交强险的强制性体现在强制投保和强制承保两个方面，根据《强制保险条例》有关规定在中国境内道路上行驶的机械的所有人或者管理人应投保交强险，保险公司不得拒绝或者拖延承保，同时，除该条例规定的特殊情形外，投保人、保险公司均不得解除交强险合同。

商业三者险属于自愿保险，根据《保险法》有关规定，投保人可以自主选择投保，保险人也可自主决定是否承保及以何种条件承保，在解除保险合同方面对投保人、保险人要求有所不同，除保险法另有规定或者保险合同另有约定外，保险合同成立后，投保人可以解除保险合，而保险人不得解除保险合同。

⑧ 赔偿原则不同。

交强险实行无过错责任赔偿原则，即无论被保险人是否在交通事故中负有责任，对机械发生交通事故造成人身伤亡、财产损失的，保险公司均按照《强制保险条款》以及《机械交通事故责任强制保险条款》的具体要求在交强险责任限额范围内予以赔偿。而商业三者险实行过错责任赔偿原则，即根据被保险人在交通事故中所承担的事故责任来确定其赔偿责任。

⑨ 赔偿顺序不同。

在被保险机械发生第三者保险事故后，首先在交强险的责任限额内予以赔偿，超过交强险赔偿部分的由商业三者险在保险责任范围内进行赔偿。

⑩ 是否垫付抢救费用不同。

根据《强制保险条例》第22条的规定，保险公司对驾驶人未取得驾驶资格或者醉酒、被保险机械被盗抢期间肇事和被保险人故意制造事故3种情形下在交强险的医疗费用赔偿责任限范围内垫付抢救费用，并有权向致害人追债。而一般商业三者险条款均没有规定保险公司垫付抢救费用的义务，保险公司因而没有垫付的义务。

综上所述，交强险与商业三者险存在着诸多方面的差别。交强险能快速、及时地为受害人提供必要的救济，但其仅提供一种基本保障，不足以转移被保险人的全部风险，应由商业三者险予以补充。交强险与商业三者险之间并不构成重复保障，也不能相互代替，交强险与商业三者险将共同建立一种保障全面又科学的交通事故责任保险制度。

（二）交强险的保险责任及责任免除

1. 交强险保险责任

交强险的保险责任是指在被保险机械在中华人民共和国境内（不含港、澳、台地区）道路行驶时发生交通事故，致使受害人遭受人身伤亡或者财产损失，依法应当由被保险人承担的损害赔偿责任，保险人按照交强险合同的约定对每次事故在责任限额内负责赔偿。

2. 责任限额

交强险责任限额是指被保险机械发生道路交通事故，保险公司对每次事故所有受害人的人身伤亡和财产损失所承担的最高赔偿金额。交强险在全国范围内实行统一的责任限额。交强险责任限额如表 1-4 所示。

表 1-4　机械交通事故责任强制保险责任限额

被保险机械责任情况	死亡伤残赔偿限额/元	医疗费用赔偿限额/元	财产损失赔偿限额/元
被保险机械在道路交通事故中有责任	110000	10000	2000
被保险机械在道路交通事故中无责任	11000	1000	100

（1）死亡伤残赔偿限额。

死亡伤残赔偿限额是指被保险机械发生交通事故，保险人对每次保险事故所有受害人的死亡伤残费用所承担的最高赔偿金额。在死亡伤残赔偿限额和无责任死亡伤残赔偿限额下，负责赔偿丧葬费、死亡补偿费、受害人亲属办理丧葬事宜支出的交通费用、残疾赔偿金、残疾辅助器具费、护理费、康复费、交通费、被抚养人生活费、住宿费、误工费，被保险人依照法院判决或者调解承担的精神损害抚慰金等。

（2）医疗费用赔偿限额。

医疗费用赔偿限额是指被保险机械发生交通事故，保险人对每次保险事故所有受害人医疗费用所承担的最高赔偿金额。在医疗费用赔偿限额和无责任医疗费用赔偿限额下，负责赔偿医疗费、诊疗费、住院费、住院伙食补助费、必要的和合理的后续治疗费、整容费、营养费等。

（3）财产损失赔偿限额。

财产损失赔偿限额是指被保险机械发生交通事故，保险人对每次保险事故所有受害人财产损失承担的最高赔偿金额。

3. 责任免除

（1）因受害人故意造成的交通事故的损失。

（2）被保险人所有的财产及被保险机械上的财产遭受的损失。

（3）被保险机械发生交通事故，致使受害人停业、停驶、停电、停水、停气、停产、通讯或者网络中断、数据丢失、电压变化等造成的损失以受害人财产因市场价格变动造成的贬值、修理后因价值降低造成的损失等其他各种间接损失。

（4）因交通事故产生的仲裁或者诉讼费用以及其他相关费用。

（三）保险期间

除国家法律、行政法规另有规定外，交强险合同的保险期间为一年，以保险单载明的起止时间为准。

（四）投保人、被保险人义务

1. 如实告知

投保人投保时，应当向保险人如实告知重要事项，否则对保险费计算有影响的，保险人按照保单年度重新核定保险费计收。同时，投保人对重要事项未履行如实告知义务，保险人应当书面通知投保人自收到通知之日起 5 日内履行如实告知义务，否则保险人有权解除合同。

2. 不得附加其他条件

签订交强险合同时，投保人不得在保险条款和保险费率之外，向保险人提出附加其他条件的要求。同样，签订交强险合同时，保险公司不得强制投保人订立商业保险合同以及提出附加其他条件的要求。

3. 续保

投保人续保时，应当提供被保险机械上一年度交强险的保险单。而在商业三者险中，无续保时提供被保险机械上一年保险单的规定。

4. 危险程度增加

在保险合同有效期内，被保险机械因改装、加装、使用性质改变等导致危险程度增加的被保险人应当及时通知保险人，并办理批改手续，否则，保险人按照保单年度重新核定保险费计收。也就是说，保险标的危险程度增加的，保险人无权解除合同，只能重新核定保险费。而《保险法》第 37 条规定："在合同有效期内，保险标的危险程度增加的，被保险人按照合同约定应当及时通知保险人，保险人有权要求增加保险费或者解除合同。被保险人未履行前款规定的通知义务的，因保险标的危险程度增加而发生的保险事故，保险人不承担赔偿责任。"在商业三者险中，保险标的危险程度增加的，保险人可选择增加保险费或者解除合同，同时对因保险标的危险程度增加而发生的保险事故，保险人不承担赔偿责任。

（五）交强险保险合同变更与终止

1. 保险合同变更

（1）发生以下变更事项时，保险人应对保险单进行批改：在交强险合同有效期内，被保险机械所有权发生转移的，如被保险机械转卖、转让、赠送他人，或被保险机械变更作业区域或变更其他事项，投保人应当及时通知保险人，办理交通险合同变更手续。保险人应通过保险单进行批改，并根据变更事项增加或减少保险费。

（2）发生下列情形之一的，应按照保险单年度重新核定保费计收，同时保险人应对保险单进行批改：

① 投保人没有如实告知重要事项，对保费计算有影响的，并造成按照保险单年度重新定后保费上升的。

② 在保险合同法有效期内，被保险机械因改装、加装和使用性质改变等导致危险程度增加，未及时通知保险人，且未办理批改手续的。

2. 保险合同终止

交强险是法定保险，投保人在一般情况下是不能终止保险合同的，但下列情况除外：

（1）被保险机械被依法注销登记的；

（2）被保险机械办理停驶的；

（3）被保险机械经公安机关证实丢失的。

在合同终止后，投保人应当及时将保险单、保险标志交还保险人；无法交回保险标志的，应当向保险人说明情况，征得保险人同意。

（六）交强险费率

交强险在全国范围内实行统一的保险费率。为了更好地体现交强险的社会公益性，切实维护广大被保险人利益，根据《条例》规定精神，以及不营利不亏损原则，在厘定交强险费率时只考虑成本因素，不设定预期利率。

（1）交强险费率。

交强险的费率调整遵循了三个原则：一是最大限度地减轻机主负担，二是对责任限额、费率水平进行了"双调整"，三是基础费率"调低不调高"。机械交通事故责任强制保险基础费率（2008 版）如表 1-5 所示。

表 1-5 道路行驶机械交通事故责任强制保险基础费率表（2008 版）

大类	序号	明细分类	保费/元
特种机	1	特种机一	3710
	2	特种机二	2430
	3	特种机三	1080
	4	特种机四	3980

注：
特种机一：油罐车、汽罐车、液罐车、冷藏车。
特种机二：用于牵引、清障、清扫、清洁、起重、装卸、升降、搅拌、挖掘、推土等的各种专用机械。
特种机三：装有固定专用仪器设备从事专业工作的监测、消防、医疗、电视转播等的各种专用机械。
特种机四：集装箱拖头。

（2）交强险的"奖优罚劣"费率浮动机制。

"奖优罚劣"费率浮动机制是指费率水平与道路交通安全违法行为和道路交通事故挂钩，安全驾驶者可以享受优惠的费率，交通肇事者将负担高额保费。

① 交强险费率浮动比率。

交强险从第二年续保开始实行"奖优罚劣"费率浮动机制，逐步实现差异化费率。建立"奖优罚劣"的费率浮动机制，利用费率杠杆的经济调节手段可以提高驾驶人的道路交通安全法律意识，督促驾驶人安全行驶，有效预防和减少道路交通事故的发生。交强险的"奖优罚劣"费率浮动机制从 2007 年 7 月 1 日开始实施。费率浮动比率如表 1-6 所示。

表 1-6 交强险费率浮动比率

浮动因素			浮动比率/%
与道路交通事故相联系的浮动 A	A1	上一个保险年度未发生有责任交通事故	−10
	A2	上两个保险年度未发生有责任交通事故	−20
	A3	三个及以上年度未发生有责任交通事故	−30
	A4	上一个保险年度发生一次有责任不涉及死亡的道路交通事故	0
	A5	上一个保险年度发生两次及两次以上有责任道路交通事故	10
	A6	上一个保险年度发生有责任道路交通死亡事故	30

按照保监会《交通事故责任强制保险费率浮动暂行办法》的规定给予相应折扣，即根据上年度道路交通事故记录进行浮动，如表 1-7 所示。

表 1-7　机械交通事故责任强制保险费率浮动暂行办法

机械种类 ＼ 标准保费及浮动因素报价	交强险标准保费	上一个保险年度未发生有责任交通事故,浮动比率为－10％	上两个保险年度未发生有责任交通事故,浮动比率为－20％	上三个及以上年度未发生有责任交通事故,浮动比率为－30％	上一个保险年度发生一次有责任不涉及死亡的道路交通事故,浮动比率为0％	上一个保险年度发生两次及两次以上有责任道路交通事故,浮动比率为10％	上一个保险年度发生有责任道路交通死亡事故,浮动比率为30％
起重机、装卸机、清洁机等	2430	2187	1944	1701	2430	2673	3159

计算方式：交强险保险费＝交强险标准保险费×（1＋与道路事故相联系的浮动比率）

② 交强险费率与酒后驾驶联动制度。

近年来，酒后驾驶造成道路交通事故越来越多，严重危害道路交通安全、社会公共安全和人民群众生命财产安全。公安部、保险监督管理委员会联合下发通知，决定自 2010 年 3 月 1 日起，逐步实行酒后驾驶违法行为与交强险费率联系浮动制度。饮酒后驾驶违法行为一次上浮的交强险费率控制在 10％～15％，醉酒后驾驶违法行为一次上浮的交强险费率控制在 20％～30％，累计上浮的费率不得超过 60％。

因此，实施酒后驾驶与交强险费率联系浮动制度将加大酒后驾驶的违法成本，是利用法律手段、行政手段和经济手段惩处酒后驾驶违法行为的重要举措，也是建立严管酒后驾驶长效机制、预防酒后驾驶发生的重要制度。即交通违法行为的经济成本上升了，这无疑将有效地借助经济杠杆的作用，在主观层面减少机械故意违章，有利于和谐社会的构建。

③ 特殊情况的交强险费率浮动方法。

特殊情况的交强险浮动方法如表 1-8 所示。

表 1-8　特殊情况的交强险费率浮动方法

序号	内　容
1	首次投保交强险的机械费率不浮动
2	在保险期限内,被保险机械所有权转移,应当办理交强险合同变更手续,且交强险费率不浮动
3	机械临时上道路行驶或境外机械临时入境投保短期交强险的,交强险费率不浮动。其他投保短期交险的情况下,根据交强险短期基准保险费并按照费率浮动比率标准浮动
4	被保险机械经公安机关证实丢失后追回的,根据投保人提供的公安机关证明,在丢失期间发生道路交通事故的,交强险费率不向上浮动
5	机械上一期交强险保单满期后未及时续保的,浮动因素计算区间仍为上期保险单出单日至本期保险单出单日之间
6	在全国机险信息平台联网或全国信息交换前,机械跨省变更投保地时,如投保人能提供相关证明文件的,可享受交强险费率向下浮动。不能提供的,交强险费率不浮动

④ 交强险费率浮动告知书。

《交强险费率浮动暂行办法》规定："除投保人明确表示不需要的，保险公司应当在完成保险费计算后、出具保险单以前，向投保人出具'机械交通事故责任强制保险费率浮动告知书'，经投保人签章确认后，再出具交通险保单、保险标志。投保人有异议的，应告知其有关道路交通事故的查询方式"。交强险费率浮动告知单如图 1-3 所示。

交通事故责任强制保险费率浮动告知单

尊敬的投保人：

您的机械投保基本信息如下：

号牌号码： 识别代码（机架号）：

使用性质： 机械种类：

保险期间： 年 月 日零时至 年 月 日二十四时

根据中国保险监督管理委员会批准的保险费率，您的机械的基准保险费是人民币 元。

您的机械在上一年度的道路交通安全违法行为记录、道路交通事故记录情况如下：

道路交通安全违法行为记录：

	行为类别	行为次数
1	第一类违法行为	
2	第二类违法行为	
3	第三类违法行为	
4	其他违法行为	

由于道路交通安全违法行为引起的保费浮动系数为： %

道路交通事故记录：

	事故类别	不涉及人身伤亡事故次数	不涉及人身伤亡事故次数
1	负事故主要以上责任		
2	负事故同等责任		
3	负事故次要责任		

由于道路交通事故引起的保险费浮动系数为： %

或者：

您的机械在上 个保险年度内未发生有责任的交通事故，由此引起的保险费浮动系数为— %

保险费＝基准保险费×（1＋道路交通安全违法行为浮动系数）×（1＋道路交通事故浮动系数）

本次投保的应交保险费：人民币 元（大写： ）

以上告知，如无异议，请您签字（签章）确认。

投保人签字（盖章）：＿＿＿＿＿

日期：＿＿＿年＿＿＿月＿＿＿日

注：

1. 交通违法信息请向公安交通管理部门查询。

2. 交通事故记录请公安交通管理部门以及原签发保险单的保险公司查询。

第一类违法行为包括：1. 醉酒后驾驶的；2. 无证驾驶或机械驾驶证被暂扣期间驾驶的；3. 行驶超过规定时速50%的；4. 造成交通事故后逃逸，尚不构成犯罪的。

第二类违法行为包括：1. 正常道路状况下，在高速公路上低于规定最低速度的；2. 货机载物超过核定载质量超过达30%的；3. 连续驾驶超过4小时未停机休息或者停机休息时间少于20分钟的；4. 饮酒后驾驶的；5. 在高速公路上倒机、逆行、穿越中央分隔带掉头的；6. 在高速公路上试机和学习驾驶的；7. 在高速公路上不按规定停机的；8. 在高速公路上发生故障、事故停机后，不按规定使用灯光或设置警告标志的；9. 违反交通信号，闯红灯、闯禁灯的。

第三类违法行为包括：1. 驾驶与准驾机型不符的；2. 行驶超过规定时速50%以下的；3. 在高速公路上违反规定拖曳故障机、肇事机的；4. 低能见度气象条件下在高速公路上不按规定行驶的；5. 不按规定运载危险物品的。

图1-3 交强险费率浮动告知单

交通事故责任强制保险单

保险单号：

	被保险人					
	被保险人身份证号码（组织机构代码）					
	地　　址				联系电话	
被保险机械	号牌号码		种类		适用性质	
	发动机号码		识别代码（机架号）			
	厂牌型号		核定载客	人	核定载质量	千克
	排　　量		功　　率		登记日期	
责任限额	死亡伤残赔偿限额	110000元	无责任死亡伤残赔偿限额			11000元
	医疗费用赔偿限额	1000元	无责任医疗费用赔偿限额			1000元
	财产损失赔偿限额	2000元	无责任财产损失赔偿限额			100元

与道路交通安全违法行为和道路交通事故相联系的浮动比率	％
保险费合计（人民币大写）：　　　（￥：　　　元）其中救助基金（　　％）￥：　　　元	
保险期间自　　年　　月　　日零时起至　　年　　月　　日二十四时止	
保险合同争议解决方式	

代收机船费	整备质量			
	当年应缴　￥：　元	往年补缴　￥：　元	滞　纳　金　￥：　元	
	合计（人民币大写）：　　　　　　（￥：　　　　元）			
	完税凭证号（减免税证明号）		开具税务机关	

特别约定	

重要提示	1. 请详细阅读保险条款，特别是责任免除和投保人、被保险人义务。 2. 收到本保险单后，请立即核对，如有不符或疏漏，请及时通知保险人并办理变更或补充手续。 3. 保险费应一次性缴清，请您及时核对保险单和发票（收据），如有不符，请及时与保险人联系。 4. 投保人应如实告知对保险费计算有影响的或被保险机械因改装、加装、改变使用性质等导致危险程度增加的重要事项，并及时通知保险人办理批改手续。 5. 被保险人应当在交通事故发生后及时通知保险人。 6. 请在收到本保险单一周内拨打我们的24小时服务热线核实保险单资料，出险时请登录公司网站查询理赔进度。

核保：　　　　　　　制单：　　　　　　　经办：

图 1-4　交通事故责任强制保险单

（七）交强险保单及标志

1. 交强险保单

中国保监会统一规定了交通道路强制保险的保险单格式以及保险标志，如图 1-4 所示为交强险保险单的格式。

交通事故责任强制保险保险单证是各种交通事故责任强制保险保险单的总称，包括交通事故责任强制保险保险单、交通事故责任强制保险定额保险单和交通事故责任强制保险批单三种。

交通事故责任强制保险保险单和交通事故责任强制保险批单必须由计算机打印出单，而交通事故责任强制保险定额保险单可手工填写，但保险公司必须在 7 个工作日内补录到计算机系统内。

2. 交强险标志

交通事故责任强制保险保险标志则是保险公司向投保人核发的、证明其已经投保机械交通事故责任强制保险的标志，如图 1-5 所示。

交强险标志的形状为椭圆形，长为 88mm、宽为 75mm。正面涂胶，使用时将正面粘贴在机械前挡风玻璃右上角处。

经营交强险业务的保险公司应根据《关于规范交通事故责任强制保险单证和标志管理的通知》（保监发 [2006] 60）号规定，在签交强险保险单时，向投保人核发相关年度的交强险标志。

从 2011 年开始，交强险标志循环执行 2008 年、2009 年和 2010 年度到期的三套交强险标志的颜色标准，交强险标志的颜色每三年重复一次。

（八）法律责任

保险人、被保险人违反《强制保险条例》有关规定所应承担的法律责任。

（1）保险公司未经保监会批准从事机械交通事故责任强制保险业务的，由保监会责令改正，责令退还收取的保险费，没收违法所得，违法所得 10 万元以上的，并处违法所得 1 倍以上 5 倍以下罚款；没有违法所得

交通事故责任强制保险
标志正面图片

反面图片

图 1-5 交通事故责任强制保险标志

或者违法所得不足 10 万元的，处 10 万元以上 50 万元以下罚款；逾期不改正或者造成严重后果的，责令停业整顿或者吊销经营保险业务许可证。

（2）机械所有人、管理人未按照规定投保交通事故责任强制保险的，由公安机关交通管理部门扣留机械，通知机械所有人、管理人依照规定投保，处依照规定投保最低责任限额应缴纳的保险费的 2 倍罚款。上道路行驶的机械未放置保险标志的，公安机关交通管理部门应当扣留机械，通知当事人提供保险标志或者补办相应手续，可以处警告或者 20 元以上 200 元以下罚款。

（3）伪造、变造或者使用伪造、变造的保险标志，或者使用其他机械的保险标志，由公安机关交通管理部门予以收缴，扣留该机械，处 200 元以上 2000 元以下罚款；构成犯罪的，依法追究刑事责任。

八、非道路行驶机械在运输途中遭受损失的思考

值得注意的是，实际上，各种非道路行驶的工程机械尤其像挖掘机、装载机等常见机械的作业地点并不固定。根据我国道路交通安全法的相关规定，这些机械没有道路行驶证，不允许上路

行驶，因此往往需要通过平板运输车、拖车、半挂车等大型载重货车进行生产作业地点之间的转移和运输。非道路行驶机械在运输途中发生事故造成机损的情况时有发生，如平板运输车在行驶途中发生交通事故，导致所载挖掘机毁损等，这也成为实际生活中困扰机主的一大问题。

很多机主在面对上述情况时，第一时间想到向保险公司进行索赔，但得到的往往是拒赔的结果。究其原因，就要仔细分析机主所投险种的保险范围。一般而言，非道路行驶机械常见险种为机械损失险、第三者责任险和不计免赔特约条款。机械损失险的保险标的是作业中的工程机械，因此运输途中的工程机械不属于机械损失险的保险范围，而第三者责任险的保险标的也并不包括投保人或被保险人的直接财产损失，因此，机主如果仅投保常见险种，则并不能对运输途中的机械事故进行有效保障。

针对这一情况，机主作为托运人，要与机械承运人如平板运输车所有人签订机械运输合同书。根据我国合同法的相关规定，平板运输车所有人必须购买相应的车辆保险，尤其是附加在第三者责任险上的车上货物责任险，如在运输途中出现承运机械的财产损失均由承运人负责，由承运人向保险公司进行索赔。因此，机主可以向平板运输车所有人主张运输途中托运机械的损失赔偿。

另外，建议机主投保（临时）货物运输险，保险公司负责赔偿被保险机械在运输途中遭受暴风、雷电、洪水、地震等自然灾害或由于运输工具遭受碰撞、倾覆、出轨或在驳运过程中因驳运工具遭受搁浅、触礁、沉没、碰撞，或由于遭受隧道坍塌，崖崩或失火、爆炸等意外事故造成的财产损失。此险种不属于工程机械保险险种范围，在此不再赘述。

项目训练

1. 张先生于 2013 年 2 月 1 日为自己新购得的装载机通过机械销售公司购买了甲保险公司的机损险，保额为 120 万元。2 月 15 日，他又通过私人关系购买了乙保险公司的机损险，保额为 80 万元。3 月 15 日，装载机发生坠崖事故导致全损，经有关部门鉴定，装载机发生事故时的实际价值为 100 万元。若不考虑免赔情况，根据分摊原则，解答下列问题：

（1）试用三种分摊方式分别计算甲、乙两家保险公司各应赔付的金额。

（2）若张先生在购买保险时未约定重复保险的分摊方式，则根据《保险法》规定，甲、乙应按照哪种分摊方式进行赔付？

2. 小王是某建筑工地的一名搬运工人，正在考取挖掘机操作证。一夜，小王私自操作一台挖掘机用来练习，不巧撞上了未完工的建筑物，导致简易电梯吊绳断裂，电梯坠落砸断了挖掘机的小臂并致使小王严重受伤。如该挖掘机购买了机损险和机上人员险，保险公司是否对本次事故损失承担全部赔偿责任？为什么？

3. 赵某于 2011 年 2 月 1 日购买了一台价值 60 万元的挖掘机，并购买了甲保险公司的机损险，按照甲公司的保险条款，该机年折旧率为 12.5％，如不计市场价格变动情况，试计算该机 2013 年机损险的保险金额。

复习思考

1. 风险的概念和构成要素。

2. 可保风险的条件。

3. 保险的条件。

4. 保险市场主体。

5. 工程机械保险的基本原则。

6. 不定值保险合同。

7. 新机购置价。

8. 交强险。

9. 第三者责任险中的第三者。

项目二

□工程机械保险投保

【项目目标】

能够运用保险营销的特点进行保险推销；

能够根据客户的机械风险特征和保险消费需求，设计较为合理的投保方案；

能够运用工程机械保险合同的订立程序，帮助投保人完成保险合同的订立；

能够向投保人明确解释投保单的内容，并指导投保人正确填写投保单。

【单元引导】

单元一　工程机械保险营销

【单元要点】

保险展业内容；

保险营销渠道与模式。

保险营销是指以保险为商品，以市场为中心，以满足被保险人的需要为目的，实现保险公司（企业）目标的一系列活动。保险营销活动的主体是保险公司和推销者，包括保险公司、保险代理人和保险经纪人。保险营销的客体是保险产品。保险产品是保险公司之间竞争的主要载体，我国工程机械保险产品创新日益活跃，工程机械保险产品的开发与创新是工程机械保险业发展的源头和必然选择。如图 2-1 所示为机械保险营销管理体系。

一、保险展业

保险展业是保险人向客户宣传保险、介绍保险产品的过程。展业工作做得如何，直接影响保险产品的销售量，直接影响用于事故补偿的保险基金累计的多少，因此，各家保险公司都非常重视展业工作，不算提高展业人员的业务素质，利用保险代理人、经纪人拓宽服务网络，同时注重加强保险的宣传。

1. 展业准备

展业人员需要具有较高的综合素质，有较强的专业知识和技能，因此一个普通人要开展展业活动以前，必须做好以下工作。

（1）掌握与机械保险业务相关的法律、法规和地方性规定。

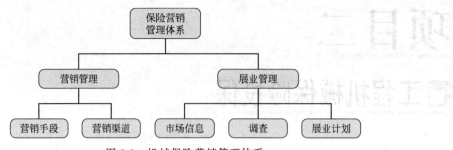

图 2-1　机械保险营销管理体系

掌握《保险法》、《合同法》，中国保监会对保险特别是机械保险的监管政策、保险机构达成的行业自律协议、本公司对机械保险经营管理的规定，以及《中华人民共和国道路交通安全法》、《交通事故处理程序规定》等与道路交通管理、交通事故处理相关的法律、法规。这是展业人员开展保险业务的前提条件。

（2）掌握保险基本原理、保险相关知识及实务操作规程。

要学习保险的基本原理，机械保险的相关条款、费率规章、承包规定以及机械基本结构、原理等方面的知识。这是展业人员顺利开展机械的要求。

（3）熟悉当地机械的特点及保险的基本情况。

对当地机械的拥有量进行调查，并分析各类机械所占的比例，保险业务开展的情况，驾驶（操作）人员的数量及特点，机械在近几年事故发生的频率、事故的规律、出险赔付的情况；熟悉市场对机械保险的要求、选择取向，客户投保的心理动态；熟悉当地保险公司的数量，各保险公司的市场占有率、承保机械的数量、保费收取及出险赔付的情况。特别应注意各保险公司为开展业务采取了哪些特别措施和方法。

（4）充分熟悉展业对象的基本情况。

充分调查展业对象的性质、规模、经营范围和经营情况，了解其拥有机械的数量、机型和用途；了解机械的性能状况、驾驶（操作）人员的技能情况（如驾龄、违章及事故的记录）的情况。了解机械管理的情况，包括安全管理的组织机构、技术力量、管理制度的完善程度、对于安全管理（人力、财力）投入的情况、以往事故发生的情况；了解理念的投保情况、投保的险种、赔付率等；了解投保的动机、信誉程度，防止一些逆向投保和道德风险，这是准确开展保险业务并保证保险质量的根本要求。

（5）充分准备各种展业宣传资料和相关材料。

充分准备各种展业宣传资料和相关资料，以便使展业对象能充分了解企业及产品的情况。

2. 展业宣传

当各项展业准备工作就绪以后，就可以制订合适的展业计划和策略，开始展业宣传了。

机械保险在我国处于起步阶段，许多客户对机械保险还了解不多，即使了解一些，也会在一些认识上存在误区，加大保险宣传对保险业务的开展、避免保险纠纷的出现具有重要作用。

保险宣传可从多种角度展开，可通过电视、电影、广播、报纸、网络、杂志和电话等多种媒体，可利用广告、新闻、保险知识讲座、大型事件理赔处理、发放宣传资料等多种方式，还可采用召开座谈会、开展公益活动、开展保险咨询活动等方式展开宣传。

宣传内容主要是本公司机构网络、偿付能力、服务优势、保险产品的保险责任免除、投保人义务、保险人义务及承保和理赔手续等。

机械保险展业宣传应着重介绍以下内容：

（1）机械保险的作用和必要性。只有更多的人了解、认识机械保险的作用和必要性，才能拓展机械的保险业务。

（2）本保险公司机险中的特色险种以及经营能力、偿付能力、机构网络、技术人才、技术服务理念等方面的优势。

（3）参加保险的条件，投保、索赔手续以及保险条款、费率规章。在介绍保险条款费率规章时，重点介绍保险责任，责任免除，投保人、被保险人义务，保险人义务以及附加险与主险在风险保障上的互补作用。在展业宣传过程中，要遵守国家有关法律、法规和中国保险监督管理委员会对财产保险特别是机械保险的监管政策和规定，不得对保险条款进行夸大或超越权限向投保人私自承诺，误导投保人投保。

二、工程机械保险营销

（一）保险营销的特点

1. 主动性

保险公司营销的是一份对合同约定事项发生所造成的被保险人的人身和财产损失给予赔偿的承诺，是一种无形商品。保险商品具有复杂性、专业性等特点，增加了购买者的理解难度，因此，在保险营销中保险商品比其他有形商品更注重推销，保险营销要求营销人员采取主动、积极的态度。另外，保险产品消费的滞后性使得人们即使面临风险也不会主动购买，这就需要保险营销人员要积极主动地与顾客接触，向顾客宣传保险商品的重要性，耐心地解答顾客的疑虑，向顾客提供所需的服务，把顾客的负需求变为正需求，将潜在需求转变为现实需求，将次要需求转变为主要需求。

2. 固定性

保险商品是一种格式性条款，该条款的内容都是固定的，其内容一般情况下不能更改，购买者只能做出接受或不接受的选择。而且保险商品价格指定的特殊性导致大多数保险商品价格都是固定的，变化的可能性小，购买者一般也不能讨价还价。

3. 异质性

不同的销售人员针对顾客的需求推荐选择的险种和条款也会有所不同，同一个被保险人面对不同的保险营销人员所做出的购买险种的决定也会存出差异。

4. 诚信性

保险原则中的一个最重要的原则就是最大诚信原则。最大诚信原则不仅是对保险公司的约束，也是对投保人的约束。最大诚信原则的基本含义是：保险双方在签订和履行保险合同时，必须以最大的诚意，履行自己应尽的义务，互不欺骗和隐瞒，恪守合同的认定与承诺，否则保险合同无效。保险公司销售的是对保险产品购买者的一份承诺，诚信在保险中显得尤为重要。

5. 以人为本

保险销售是以满足被保险人的需要为主要目的的活动，即保险营销要求营销人员必须设身处地地为顾客着想，以人为本进行营销，这就要求保险营销人员要处理好保险企业和顾客之间的关系。另外，保险产品的一个最大特点就是灵活性，不同职业、不同文化水平的顾客即使处于同一风险中，所需要的保险保障也不会相同。

（二）保险营销理念

1. 独辟蹊径理念

目前保险市场经营主体已超过六十家，经营保险产品也近千类，要成为保险行业的"老大"似乎甚难，但可以作保险细分市场的"第一"；如做不了保险细分市场的"第一"，可以考虑专注于某一种保险产品的开发和推广。一个行业只有一个"第一"，依靠价格战，不但无济于事，反而会削弱自己的财力和物力。但每个保险企业都有可能通过创新成为市场的唯一。与其赔本争第一，不如通过创新赢得某一个区域、某一个独特的保险客户群、某一个保险销售渠道、某一种新技术新产品。

2. 价值最大化理念

保险客户之所以喜欢某家保险企业的工程机械产品，是因为相信该保险企业带来的产品价值比同类竞争产品更大。保险客户遵循的原则是保险价值最大化，每个客户心目中都有一个对所购保险产品的价值期望，他们追求的是该保险产品带来的最高价值。就保险市场营销理论的发展来看，保险市场营销对价值的关注始终与客户相联系，保险企业在为客户设计、创造、提供保险价值时应该从客户导向出发，把保险客户对保险价值的感知作为决定因素。保险企业可以在为客户创造价值的过程中实现保险企业目标，客户可以在保险企业为客户创造价值的宗旨中受益，这就是双赢的模式，也是保险营销的最高境界。

3. 概念竞争理念

保险市场营销不是产品之争，而是观念之争，只有通过研究观念是如何在客户头脑中形成的，并针对这种观念形成的原因来安排保险企业自己的营销活动，才能够掌握保险营销的主动权。保险市场是由保险客户群组成的，没有保险客户就不存在保险市场，而客户购买保险产品的活动是由其观念所主宰的，因此，竞争的一切策略就应该围绕着客户的需求观念进行。时至今日，保险产品同质化严重，保险产品之间的差距微乎其微，保险客户往往根据自己的认知来选择保险企业品牌，保险市场的竞争核心已经发生了根本性的变化，即由保险产品竞争变为与客户观念竞争。

4. 拾遗补缺理念

份额较小的保险企业可以通过灵活巧妙地拾遗补缺，经过周密的市场研究和保险专业市场细分，充分了解目标市场和目标客户群，比其他较大保险企业更好、更完善地满足保险客户的需求。弱势保险企业在激烈的保险市场竞争中难以与较大保险企业相抗衡，选择在较大的保险市场上做市场的追随者则难以切入市场。但是，拾遗补缺方法却是一种有效切入市场的途径。拾遗补缺的方法有两种：一是捕捉保险客户的烦恼点；二是瞄准竞争对手的弱点。竞争对手的虚弱之点就是我们理想的攻击点。

（三）保险营销流程

保险营销是围绕保险需求、保险商品为核心展开的，保险营销流程中各环节相互联系，环环相扣。保险营销流程中任一环节发生问题，都将对整个营销造成影响。

如图 2-2 所示为保险营销的基本流程。

1. 准客户的开拓

（1）准客户的概念及其条件。

准客户是指有保险需求，但是尚未购买保险的客户群体。

准客户应具备的条件：有保险需求、有交费能力、符合核保标准、容易接近。

（2）保险准客户的开拓方法。

保险准客户开拓就是识别、接触并选择准客户的过程。准保户开拓是保险营销环节中最

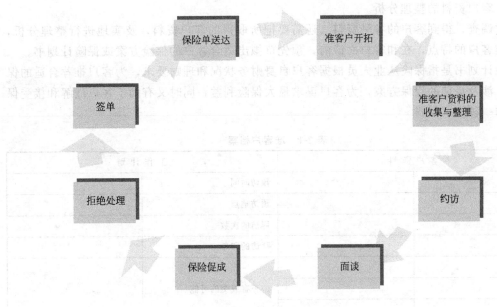

图 2-2 保险营销基本流程

重要的一个步骤，可以说，保险营销人员最主要的工作是做好准客户的开拓。

① 准客户开拓的步骤。

准客户开拓工作可以分五步进行：

- 获取尽可能多的人的姓名；
- 根据这些姓名，了解情况，即确认他们是否有可能成为保险的购买者；
- 建立准客户信息库，将准客户的资料储存起来；
- 经人引见，拜访准客户；
- 淘汰不合格的准客户。

② 准客户开拓的方式。

保险营销人员一般依据自己的个性和营销风格进行准客户开拓。开拓方式包括陌生拜访、缘故开拓、连锁介绍、邮件营销、电话营销等。

陌生拜访是一种无预约的拜访；缘故开拓是利用已有的关系，如亲朋关系、工作关系、商务关系等从熟人那里开始推销，这是准客户开拓的一条捷径；连锁介绍是让我们认识的人把我们带到我们不认识的人群中去，这是一种无休止的连锁式准客户开拓方法；邮件营销的方法是指利用事前拜访信与事后反馈信息引导准客户并与之接近；电话营销是指打电话给事先选定的准客户，了解他们感兴趣的产品，以发现他们的真正需求，从而决定是否需要面谈或约定面谈的具体时间。

2. 准客户资料的收集与整理

（1）收集客户资料。

拜访准客户的目的主要是收集客户的相关资料，然后根据准客户的具体情况，分析客户的保险需求。

客户的年龄、性别、家庭住址、工作单位等比较好收集，当你问到客户时，客户会给你一个明确的答案，但是，提问需要技巧，否则，会使客户反感。

对于了解到的客户资料，保险营销员最好整理出来，并形成准客户档案，如表 2-1 所示。这样，有助于详细地分析客户情况，更确切地制定营销拜访策略。

（2）客户资料的整理分析。

通过调查，得到客户的各种资料。还需要把所取得的客户资料，及实地进行整理分析，并针对准客户的特点，在和客户面谈前，预先草拟出适合客户的保险方案或保险计划书。

保险计划书是指保险从业人员根据客户自身财务状况和理财要求，为客户推荐合适的保险产品，涉及最佳的投保方案，为客户谋求最大保险利益，同时又有助于客户理解和接受保险产品的一种文字材料。

表 2-1　准客户档案

客 户 资 料		工 作 计 划	
姓名		预访时间	
性别		预访地点	
职业		拜访的次数	
文化		拜访的印象	
出生地			
出生日期		是否有成交的可能	
家庭成员			
家庭地址			
兴趣爱好		用什么办法促成	
性格特征			
健康状况			
工作单位		拒绝的处理	
单位地址			
职务			
工资收入			
额外收入		对保险的认识	
配偶收入			
遗产			
是否参加保险		补充内容	
参加保险的险种			
联系方式			

涉及保险计划书要遵循三个原则：保额最大，保障最全，保费适合客户能力。

3. 约访

当你准备好资料，兴冲冲地来到所要拜访的客户那里，却突然发现对方不在，这时，你是不是就像被迎面泼了一盆冷水，心里一下子凉了半截？可见，约访是相当重要的。

约访的方法主要有以下几种：

（1）电话约访。

高手不打无准备的仗。从拿起电话到成功约访，看似简单的动作，其中蕴涵的学问，却需要几天、几十天的艰苦准备。在打电话之前，保险销售人员要把钢笔、记录卡、笔记本、准客户的资料、保险条款的有关内容、费率表等有关资料和物品放在电话机旁，以做到有备无患，需要时可以随时用。打电话时，全身放松，让自己处于微笑状态。微笑说话，声音也会传递出愉快的感觉，客户听起来就感觉亲切自然。说话时言辞简洁，突出主题，不要拐弯抹角。

电话约访一般按照以下步骤进行：

① 向准客户问好及寒暄致意；

② 介绍自己取得谈话时间的确定；

③ 介绍公司服务；

④ 道明来意；

⑤ 通过"二择一"法或"封闭式提问"法确定面谈的时间，减少反对意见出现的可能性；

⑥ 重申面谈时间；

⑦ 礼貌性地挂断电话。

电话约访具有方便快捷、经济和见效快的好处。

（2）电子邮件约访。

有的人喜欢电话约访，有些人喜欢用电子邮件约访。如果能够用客户喜欢的方式与其联系，沟通起来就会方便得多。而且，很多时候，发一封电子邮件比打一个电话迅速、省钱得多。

电子邮件约访要注意的事项如下：

① 获取准客户的电子邮件地址。在根据客户的实际情况，准备了一篇动人的书信后，保险营销人员还需要知道客户的电子邮件地址。只有知道客户的邮件地址，保险营销人员才能给客户发邮件，所以，在收集客户的资料时尽可能地收集到客户的所有可能的联系方法。

② 电子邮件的主题为文件标题。收件人看到的首先是电子邮件的主题，邮件主题要有吸引力但同时也不能使收件人把邮件误认为是垃圾邮件。邮件的内容要简单明了。这一点非常重要，应加倍关注。

③ 经常打开电脑，检查是否接收到新的邮件。如果你不知道客户是否有习惯经常查收电子邮件，那么最好还是打个电话以防万一。

通过电子邮件约访具有方便快捷的好处，但是，与客户的联络相对被动，而且很难只靠电子邮件和客户建立良好关系。

（3）当面约访。

在所有的约访方法中，当面约访是最直接、见效最快的一种方法。和其他约访方法一样，当面约访也有许多要注意的地方。

① 仪容仪表。良好的仪容仪表能够给客户留下良好的第一印象，良好的第一印象可以增加客户的信赖，增加见面的机会。仪容是一个人精神外观的体现，与一个人的修养、文化程度、审美水平有很大的关系。仪表是指服饰、容貌、姿态等，保险营销人员的仪表最基本的是要干净整洁、大方自然。

② 行为态度。抬头挺胸，不卑不亢，满怀信心，和别人谈话时仔细聆听，注视对方。

③ 谈吐。说话不快不慢，轻松自然，避免滔滔不绝，满口脏话。

④ 名片接受。事先把名片准备好，放在容易拿出的地方。如上衣口袋里或专用名片夹里。单方递名片时，要用双手的大拇指和食指握住名片恭敬地递给对方。双方递名片时，要用右手递。递名片时正面要面向接受名片的人，并轻微鞠躬。接受名片时必须点头表示感谢，同时要以同样的方式递出名片，接着要花一些时间仔细阅读名片上的内容，有意识地重复名片上所列对方的职务、学位以及尊贵的头衔，以示尊敬。收到名片后应妥善保管。

⑤ 笑容。保险营销人员应该保持愉快的心情，笑容才会真诚，笑容是世界上最好的语言，也是全世界人都能够听得懂的语言。

⑥ 态度诚恳。客户要查询的问题、交代的事情，最好马上做好记录并尽快完成，给客户回复，千万不要只说不做，失去客户的信任。

（4）信函约访。

信函约访，事虽简单，靠这种方式营销的也很多，但是做得好的不多。采用信函约访的方法要事先准备以下几点。

① 特色邮票和信封。一个有特色的信封加上一枚独特、别致的邮票，往往很能吸引客户的目光。

② 一篇动人的信。保险营销人员要事先根据客户的情况，准备一封动人的书信。当然信最好是保险营销人员亲手动笔，这样会让客户看起来更亲切。书信的措辞一定要优美，入情入理，能打动人心，切忌长篇大论，尽量避免使用专业术语。内容一般以公司和险种为主，讲清楚公司的特性、服务质量等，承诺有更详细的资料及一些小礼物可以赠送。最重要的是在信中设置一个悬念，让客户对你所推荐的保险产品产生兴趣。

③ 选择最佳的邮寄时间。如果是邮寄，最好能保证客户在特殊的日子里能收到你的信件，如节日、生日、纪念日等，同时不要忘记向客户和客户的家人送上节日祝福。

4. 面谈

保险营销人员在和客户成功约访后，接下来就要和客户面谈了。保险营销人员与客户初次面谈时，一定要格外谨慎，要善于倾听，用心去听，用心去讲，千万不能在陌生的客户面前，毫无顾忌地口若悬河。在与顾客面谈时，要注意以下几条事项。

（1）不谈对方敏感的事。

首先，保险营销人员要学会尊重，在面谈时，尊重对方的职业、性别、政治、宗教信仰，以及生活习俗和个人爱好，不谈对方敏感的事，更不要冒昧询问客户不愿谈及或涉及的人和事，要理解与体谅，否则会引起对方的反感和厌恶。

（2）不谈对方的出身。

与顾客面谈时，保险营销人员千万别提顾客现在的家财万贯或卑微的过去。

（3）不和对方开过分的玩笑。

保险营销员与顾客面谈时，如果彼此不是十分熟悉，千万别开过分的玩笑，适当的幽默是需要的，但一定要高雅、温和，切忌庸俗、低级，更不能在彼此相互不了解的情况下，无所顾忌地去和对方开过分的玩笑，要把握开玩笑的尺度、幽默的分寸。

（4）不要做讲演。

保险营销人员与顾客面谈时双向沟通，不是营销人员一人说，更不是在做讲演或报告。

（5）不要与顾客争论。

保险营销人员推销保险，是为了给顾客送去保障与平安，是为了推销自己的人品和产品，而不是来参加论文答辩会的。因此，与顾客面谈时，保险营销人员切不可与顾客发生争论和争辩，记住保险营销人员是与顾客进行有效沟通的。

（6）不要坚持改变对方。

保险营销人员与顾客面谈，是取得信任和理解，增进彼此的了解，而不是试图改变对方，迫使对方改变思想，接受自己的主张，要理解、宽容，求同存异就行了。

（7）不谈对方的隐私。

保险营销人员与顾客进行面谈，不要谈对方的隐私，不能有意或无意地提示对方的隐私。

(8) 不要指责对方。

保险营销人员与顾客面谈，主要的目的之一是加强双方的友谊与感情，要允许对方有不同的见解与主张，不要指责对方。

(9) 不可忽视神态举止。

保险营销人员与顾客面谈时，千万别忽视自己的神态举止，要知道无声语言所显示的意义，要比有声语言多得多，态度冷淡会令听众失去兴趣，举止随便会让听众对你不够重视，表情卑屈会使听者产生怀疑，动作慌乱会动摇听众对你的信任，内容过于严肃会使听众感到压抑和拘谨。

(10) 不要讲大话。

保险营销人员与顾客面谈，千万不可讲大话，自我介绍，适当的赞美是需要的，自吹自擂，自我标榜不必要，要自信不要自负，要自尊不要自傲。

5. 保险促成

保险促成是保险营销中的最关键环节。保险促成就是代理人帮助和鼓励客户做出购买的决定，并协助其完成购买手续的行为和过程。

保险营销促成，是每一位保险营销人员衷心企求的，但是，很多保险营销人员在面临保险促成时，都有压力，怕这个环节做不好。这就要求保险营销人员熟练掌握促成的方法，根据不同的客户类型，选择合适的时机和合适的方法。有关保险促成的相关内容将在后面详细介绍。

6. 拒绝处理

没有拒绝的销售是不完整的销售，没有经历过拒绝的销售人员，就很难成为一个优秀的保险营销人员。真正的优秀的保险营销人员是在不断地被拒绝，又不断地再拜访中磨炼出来的。

保险营销是一个要不断面对拒绝的事业，保险营销人员不仅要面对客户的拒绝，而且还要面对自己的拒绝，一个成功的保险营销人员必须在这种拒绝中战胜自己，成就自己。

拒绝处理的关键是抓住人性，懂得分析客户拒绝背后的真正原因。

保险营销人员处理客户的拒绝时，要做到这样的几个原则：真诚赞美，寻求认同，消除戒心。

7. 签单

保险促成后，接下来就是客户和营销员签订保险投保单了。在签订保险投保单时，投保人要注意一些事项，这部分内容在后面详细介绍。

8. 保险单送达

保险单送达，不是保险销售的结束，而是真正意义上的保险服务的开始。

有很多业务员在拿到了保险公司审批下来的保险单后，看都不看一眼就急匆匆送给客户，这是不对的。一个成功的销售员一定会重视递送客户的保险单，自始至终带给客户细致周到的服务。

保险单送达的流程如下：

(1) 恭喜客户，感谢客户。

(2) 检查保险单。

认真检查保险单，细心核对是否有错误，不要给客户带来不负责任的感觉。

(3) 准备小礼品。

在给客户递送保险单时，保险营销人员可以送给一些客户喜欢的小礼品，但是，千万不要让人觉得你是在行贿。

（4）电话预约。

一切准备妥当后，保险营销员应与客户约定递送保单的时间、地点。

（5）及时递送保险单。

保险营销人员和客户约定好递送保险单的时间和地点后，保险营销人员应该遵守约定，尽快把保险单送到客户手中。

（6）请投保人签收。

在客户对保险单没有任何疑问后，保险营销人员要请投保人在回执单上签字。

（7）许下服务承诺。

保险营销人员要向客户表示你愿意为他服务，愿意将有关保险的最新信息与他分享，如果以后有任何问题都可以和你直接联系。

（四）保险营销的促成

1. 保险促成的原则

保险营销中的促成是指保险营销人员帮助及鼓励客户做出购买决定，并协助客户完成投保手续。

保险促成的原则是：掌握促成时机和运用适当的促成方法。促成的机会是处处存在的，关键在于你能否确实抓住。有了促成的机会后，还要运用适当的促成方法。

2. 保险促成准备

当发现客户发出购买信号时，应该考虑是否可以建议成交，但是，在向客户提出签单的要求前，应该先做好以下准备。

（1）坚定客户购买的信心。

有的客户在签单时会有所犹豫和担心，那么作为保险营销人员这个时候一定要先了解客户的犹豫和担心的原因，消除他们的后顾之忧，坚定客户购买的信心。

（2）事先准备好投保单、收据、笔等签单工具。

（3）承诺售后服务，让客户买得放心，买得安心。

保险签单是保险服务的开始，因此，客户买了保险之后，更希望得到的是售后服务，如节日问候等。客户要求或交办的事情，要及时完成。

3. 保险促成时机

保险交易的促成不是随时随地发生的，它需要你的努力和判断。时机往往稍纵即逝，保险营销人员要把握促成的时机。以下介绍几种常见的保险促成时机。

（1）当客户不再提问、进行思考时。

（2）当客户靠在椅子上，左右环顾突然双眼直视你，那表明，一直犹豫不决的人下了决心。

（3）当一位专心聆听、寡言少问的客户询问有关细节问题，那表明该客户有购买意向。

（4）当客户把话题集中在某一险种或某一保障，并再三关心某一险种的优点或缺点时。

（5）当客户不断点头对保险营销人员的话表示同意时。

（6）当客户对保险保障的细节表现出强烈的兴趣，并开始关心售后服务时。

（7）当客户最大的疑虑得到彻底解决，并为你的专业程度所折服时。

4. 保险促成方法

保险营销人员常用的促成方法如图2-3所示。

（1）风险分析法。

此方法旨在通过举例或提示，运用一个可能发生的改变作为手段，让准客户感受到购买保险的必要性和急迫性。

（2）激将法。

俗话说"请将不如激将"。运用适当的激励方法，可以引起准客户购买的决心。但是，激将法要看清楚对象，言辞要讲究，既要防止过，又要避免不及。

（3）推定承诺法。

即假定准客户已经同意购买，主动帮助客户完成购买的动作。但这种动作通常会让准客户做一些次要重点的选择，而不是要求他马上签字或拿出现金。

（4）以退为进法。

此类方法非常适合那些不断争辩且又迟迟不签保单的准客户。谦卑的话语往往能够缓和气氛，也可能带来意外的保单。

（5）利益驱动法。

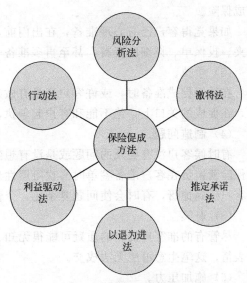

图 2-3 保险促成的方法

以准客户利益为说明点，打破当前准客户心理的平衡，让准客户产生购买的意识和行为。这种利益可以是金钱上的节约或者回报，也可以是购买保险产品之后所获得的无形的利益。对于前者如节约保费、资产保全，对于后者如购买产品后如何有助于达成个人、家庭或事业的目标等。

（6）行动法。

所谓行动法，就是当客户问到一些不重要的问题时，不用理会他，也不要和客户争辩、解释，而是低头做事，以自己的实际行动来引导客户成交。

具体的行动可以是：拿出投保单填写，签发收款收据，询问投保书上的告知事项，请客户出示身份证，先签下自己的名字，引导客户签名。

当然促成的方法还是很多，促成其实就是沟通，它本身不是销售流程的结束，而是过程，所以面对准客户进行促成时，既要把握好促成的时机，又要有良好的心态准备和促成方法。

5. 保险促成禁忌（如图 2-4 所示）

（1）急躁盲目。

在保险促成的过程中，最忌讳的是急躁盲目，面对客户时没有耐心，在时机未成熟时，催促客户签单，给客户留下不好的印象。当然，时机的掌握相当重要，虽无须依循旧制，一成不变，但必须注意，促成绝对是水到渠成的，而

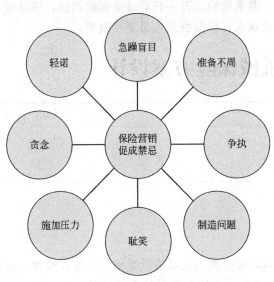

图 2-4 保险营销促成禁忌

不能有一丝一毫勉强的意味。否则，保单签发将产生更难收拾的后果。

(2) 准备不周。

在保险促成前，营销人员不论在内在的心理和外在的物资准备上，必须十分周到，方能促成保险。

如果觉得客户已有心理准备，在出门前，要仔细检查自己的配备是否齐全，纸、笔、名片夹、投保单、详细的资料，甚至再多准备一份建议书。

(3) 争执。

在做好促成准备时，或许客户还没有做好心理准备，也许他还有些许的疑问。一定要注意，在促成的关口上，绝不能和客户起争执，否则前功尽弃。

(4) 制造问题。

有时候客户没有提及的问题或是没有想到的问题，保险营销员自己提出来了。比如，有些保险营销员在客户准备签单时喜欢习惯性地冒出一句："您还有问题吗?"这个问题反倒令准客户感到惊讶，有时会使问题复杂化，令营销过程再添变数。

(5) 耻笑。

尽管有的准客户提出的质疑可能很无知、很可笑，一旦流露出对其言谈不屑，甚至耻笑的表情，这笔生意可能无法成交。

(6) 施加压力。

在买卖的过程中，消费者最不愿面对"被推销"的情况，也很容易令人产生反感而断然拒绝。因此，不要给客户太大的压力，否则，易招致反效果。

(7) 贪念。

保险促成并非一朝一夕的事情，在多次的往来沟通中，相信保险营销人员已经和准客户建立了一定的共识与默契。必须一步步踏实地经营。

如果一心只想到佣金的多寡，想要促成，成功几率微乎其微。一旦不顾客户的真正需求，只想到自己的奖金、佣金及报酬时，贪念一生，即使生意做成，恐怕也是仅此一次。

(8) 轻诺。

在促成的前夕，准保户最关切的是理赔的种种权利问题。作为保险营销人员切莫为了争业绩而对客户轻然许诺，夸张了理赔的额度，避重就轻。万一日后发生理赔纠纷，将导致客户的不满甚至退保。诚实告知，不仅仅在于投保人，保险营销人员更要做到。

单元二　工程机械保险方案设计

【单元要点】

机械保险方案组合设计；

机械保险投保渠道选择。

一、选择合适的险种

(一) 机械保险选择的基本原则

应了解自身的风险特征，并结合自身的风险承受能力及经济承受能力来选择险种，只有适合自己需求的险种组合才是最好的。如图 2-5 所示为险种选择的考虑要点。

1．道路行驶机械必须投保交强险

交强险属于强制保险，道路行驶不投保交强险属于违法行为。按照交强险的相关规定，对未按规定投保交强险的道路行驶机械，相关管理部门不得予以登记，机械安全技术检验机构不得予以检验，公安交通管理部门将扣机并处以两倍保费的罚款。

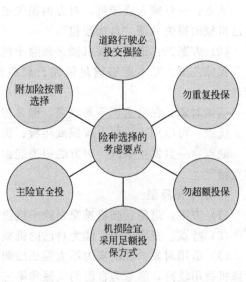

图 2-5　险种选择的考虑要点

2．千万不要重复投保

有些投保人自以为多投几份保险，就可以使被保险机械多几份赔款。按照《保险法》规定：重复保险的保险金额总和超过保险价值的，各保险人的赔偿金额的总和不得超过保险价值。除合同另有约定外，各保险人按照其保险金额与保险金额总和的比例承担赔偿责任。

因此，即使投保人重复投保也不会得到超额赔偿。无论是交强险还是商业险，该原则都是适用的。

3．机损险不要超额投保

按照《保险法》规定，保险金额不得超过保险价值，超过保险价值的，超过的部分无效，有些机主，新机购置价是 30 万元却偏要投保 35 万元的保险，认为多花钱就能多赔付。

其实，即使投保人超额投保也不会得到额外的利益。

4．机损险最好采用足额投保方式

若采用不足额投保，当标的全部损失时则按保险金额补偿，而当标的部分损失时则按比例责任方式补偿。即：

$$补偿金额＝保险金额/保险价值×损失额$$

因此，对新机而言，机械无论是发生全损还是部分损失均得不到足够的保障。而对于旧机而言，由于大多数的机损事故中只是部分损失，而机械发生部分损失时也得不到保障，除非机械发生全损事故。

5．主险最好能保全

机损险和商业三者险这两个主险一定要保，因为这两个险种是机械出险后，人和机的损失能够得到赔偿的基本保证。

6．附加险要按需购买

主险和附加险大多数有免赔率规定，免赔率的比例大多在 5%～20%，如果客户投保了不计免赔特约险，相当于把被保险人自己应该承担的部分又转嫁给了保险公司，所以，它是附加险中最有用、最必要的险种。是否需要购买的唯一因素是经济承受能力。

（二）常见的险种组合方案

1．最低保障型

（1）方案一：道路行驶机械只投保交强险。

保障范围：只能在道路行驶机械交强险的责任范围内对第三者的损失负赔偿责任。

适用对象：那些怀有侥幸心理认为上保险没有什么用的人，急于上牌照或通过年检的个人。

优点：保费最便宜。

缺点：一旦撞人或撞机，对方的损失主要由机主自己承担而保险公司只承担少量损失，自己机械的损失只能"自掏腰包"。

（2）方案二：道路行驶机械交强险＋机损险。

保障范围：基本能够满足道路行驶机械一般事故对机械本身和第三者的损失负赔偿责任。

适用对象：保险意识不是很强，但又担心自己不小心对他人造成损失的。

优点：可以用来应付上牌照或年检；机械本身和第三者的保障基本能满足。

缺点：一旦发生事故，对方的损失能得到保险公司的少量赔偿，且赔偿限额只能说"基本宽裕"。

2. 基本保障型

（1）方案：道路行驶机械交强险＋机损险＋商业三者险。

（2）特点：费用适中，能为自己的机械和别人的损失提供最基本的保障。

（3）适用对象：经济实力不太强或短期资金不宽裕的机主。这部分机主一般认识到事故后修机费用较高，愿意为自己的机械和第三者责任寻求基本保障，但又不愿意多花钱寻求更全面的保障。

（4）优点：必要性最高。

（5）缺点：有一定的免赔率。

3. 经济保障型

（1）方案：道路行驶机械交强险＋机损险＋商业三者险＋不计免赔特约险。

（2）特点：投保最必要、最有价值的险种。

（3）适用对象：有一定经济实力和机械使用经验的机主，是个人精打细算的最佳选择。

（4）优点：投保最有价值的险种，保险性价比最高，人们最关心的机械丢失和100%赔付等大风险都有保障，保费不高但包含了比较实用的不计免赔特约险。

4. 全面保障型

（1）方案：道路行驶机械交强险＋机损险＋商业三者险＋不计免赔特约险＋起重、装卸扩展损失险＋地面突然塌陷责任险＋外界物体倒塌或坠落责任险＋第三者碰撞责任险＋碰撞、倾覆责任险。

（2）特点：保险险种对于经济实力较为雄厚的个人或公司而言已非常全面。

（3）适用对象：经济条件好的个人或企业事业单位用机。

（4）优点：几乎与机械有关的常见的事故损失都能得到赔偿，不用承担投保决策失误的损失。

（5）缺点：险种多但保费高，某些险种出险的概率非常小。

二、机械保险投保渠道选择

（一）机械保险投保渠道选择

1. 投保渠道

（1）专业代理机构。

专业代理机构是指主营业务为代卖保险公司的保险产品的保险代理公司。

（2）通过兼业代理。

兼业代理是指受保险人委托，在从事自身业务的同时，指定专人为保险人代办保险业务的单位。

（3）通过经纪人投保。

经纪人是指基于投保人的利益，为投保人和保险人订立保险合同、提供中介服务并依法收取佣金的保险经纪公司。

（4）柜台（上门）投保。

柜台投保是指投保人亲自到保险公司的对外营业窗口投保。

（5）电话投保。

电话投保是指通过拨打保险公司的服务电话进行投保。

（6）网上投保。

网上投保是指客户在保险公司设立的专用网站（电子商务平台）上发送投保申请，保险公司在收到申请后电话联系客户进行确认的一种投保方式。

2. 投保渠道比较（如图 2-6 所示）

（1）专业代理。

优点：

① 专业代理公司一般提供多家保险公司的保险产品，可为客户提供较多的产品设计方案；

② 服务积极，能上门办理手续；

③ 出险理赔时有人帮助。

缺点：

① 投保成本高；

② 保险代理公司选择不当会有风险。

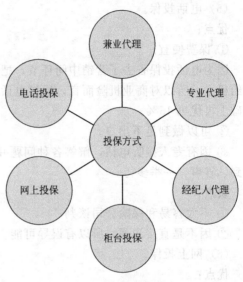

图 2-6　投保渠道

注意事项：

我国目前的保险市场较为庞杂，专业代理公司的竞争也较为激烈，客户通过专业代理公司购买保险时，一定要仔细挑选可靠的公司，并要验看许可证、代理合同、代理人资格证书。

（2）兼业代理（以工程机械 4S 店为例）。

优点：

保险及理赔可以在一起办；有 4S 店做后盾，不管是代理理赔的便捷性，还是维修质量、配件质量，都能得到保障。

缺点：

① 由于兼业代理机构代卖保险产品属于副业，所以不够专业；

② 需要客户有讨价还价的本领且费口舌，所以保费不一定便宜；

③ 选择不当时会有风险。

注意事项：

① 应选择实力强，品牌好的工程机械经销商；

② 代理商高度推荐的保单，可能是对代理商佣金最高的保单，但不一定是最适合客户的保单；

③ 如果是新机投保，考虑到理赔和维修时的便捷性，除非客户在保险公司有熟人，最好还是在经销商那里购买。

（3）通过经纪人投保。

优缺点与专业代理较接近，但经纪人在中国保险市场还处于初级阶段，而且较少涉及机械保险领域。

（4）柜台（上门）投保。

优点： 因保单不会有假，所以投保最可靠；因节约了保险公司的经营成本，所以保险费便宜。

缺点： 需要投保人自行办理，手续繁琐。

（5）电话投保。

优点：

① 保费便宜。

因为电话投保省去了营销中间环节，把保险公司支付给中间人或中介机构的佣金直接让利给机主，所以对商业机险而言，通过电话营销方式，可根据不同机型，在最高七折优惠的基础上再优惠 15%。

② 可以做到足不出户。

③ 因有专人接听电话，解答各种问题并协助办理投保手续，且保单送上门，所以安全、周到、省事，一举多得。

缺点：

① 不太容易和保险公司谈判；

② 因不是直接沟通，所以有误导可能。

（6）网上投保。

优点：

① 是目前最方便、快捷的投保方式；

② 保单送上门。

缺点：

① 客户必须对保险较熟悉；

② 对于不经常使用网络的客户来讲，可能不太方便。

（二）机械保险投保保险公司选择

1. 选择保险公司应考虑的因素

（1）要有合法资格且经营机械保险业务。

（2）信誉及口碑良好。

（3）服务网络是否全国化。当在异地出险时，只有在全国各地建立了服务网站的保险公司才能实现全国通赔（就地理赔），这样可省去客户的不少麻烦。

（4）机械保险产品的"性价比"。客户应比较保险公司产品之间的差异，找出能针对自身风险的保险产品，从而达到在最省钱的状态下获得最有用、最安全的保障。

（5）费率优惠和无赔款优待的规定。尽管保监会有最高限价 7 折的规定，但实际的费率和无赔款优待方面的规定在各保险公司之间仍存在差异。

（6）增值和个性化服务。例如，人保财险的拖机救援服务、代送燃油服务、代驾服务等；有的保险公司还建立了保险会员俱乐部，为机主提供全方位的服务；又比如北京一些地区性保险公司推出了全天候出单服务，全年 365 天，投保机险的客户均可以拿到正式保单。

2. 如何选择保险公司

衡量一个保险公司的好坏牵涉很多因素，不仅要看其资本实力是否雄厚，更要看其服务水平的品质，而且要看是否适合自己的判断标准。

(1) 根据自身的风险特点，机主自行选择投保项目；

(2) 查阅各公司的险种，并仔细阅读条款，分清其保障范围；

(3) 根据实际保障范围和最终保险公司的价格进行对比，并结合所提供的服务质量，初步选定保险公司；

(4) 根据自身的特点，结合保险公司推出的个性化服务，最终确定适合自身要求的保险公司。

单元三　机械保险合同

【单元要点】

机械保险合同的概念；

机械保险合同的特点；

机械保险合同的形式；

机械保险投保单的填写；

机械保险合同订立的程序。

一、工程机械保险合同的概述

(一) 工程机械保险合同的概念

合同是作为平等主体的自然人、法人、其他组织之间设立、变更、终止民事权利义务关系的协议。

保险合同是投保人与保险人约定保险权利义务关系的协议。合同是保险关系得以设立、变更、终止的根本依据。

机械保险合同是合同的一种，是机械投保人和机械保险人之间关于保险权利义务的协议。投保人和保险人双方协商后在合同中约定，投保人向保险人支付保险费，保险人在保险标的遭受合同约定的保险事故时承担经济补偿责任。

(二) 工程机械保险合同的一般法律特征

工程机械保险合同与其他经济合同一样，依据合同建立起来的保险关系是属于民事法律关系的范畴。机械保险合同一经成立即受法律保护，对合同各方具有约束力，从而使机械保险合同能有效履行，保护合同各方当事人的利益。因此，机械保险合同具有一般合同的特征。

(1) 机械保险合同是双方的法律行为，不是单方的法律行为。

机械保险合同是投保人和保险人双方意思表示一致的直接结果。这就是说，当事人双方不仅要有明确订立机械保险合同的意思表示，而且还要意思表示一致，否则合同不能成立。

(2) 机械保险合同是双务合同，不是单务合同。

双务合同是合同当事人双方必须互相承担义务和享受权利的合同，单务合同是合同一方当事人只承担义务，另一方当事人只享有权利的合同，如赠与合同。

作为双务合同的机械保险合同，投保人和保险人相互都承担义务，投保人的主要义务是向保险人缴纳保险费，保险人的主要义务是承担合同约定的保险责任。一方承担的义务也是对方享有的权利。

（3）机械保险合同当事人之间的法律地位平等。

机械保险合同当事人之间的法律地位平等，是双方当事人订立保险合同时真实表示意思的前提。任何一方均不能把自己的意思强加于对方，在此基础上订立的合同使双方的权利义务是对等互利的。

（4）双方当事人订立机械保险合同的行为必须是合法行为。

（三）机械保险合同的特殊属性

1. 机械保险合同是最大诚信合同

诚信合同即以诚信原则为基础制订的合同。诚信原则是任何经济合同都应该遵守的原则，然而保险合同对当事人的诚信要求更高、更严，因此把机械保险合同称为最大诚信原则为基础的合同。

2. 机械保险合同是射幸合同

"射幸"即"侥幸"，意思是碰运气。保险事故发生的偶然性，决定了机械保险合同具有射幸性质。在机械损失保险中，投保人缴纳了少量的保险费，当发生了保险事故造成机械损失时，可以从保险人处得到赔偿，赔偿额往往高于当时缴纳的保险费。反之，如果在保险合同有效期内没有发生保险事故，那么投保人只有缴纳保险费的义务，没有获得"报酬"的权利。保险人的情况正好相反。

射幸性质是针对单个保险合同而言的。从全部保险合同的层面观察，保险人收取的保险费扣除了合理的管理费用和销售费用后与赔付相当。所以在全部保险合同的层面上不存在射幸性质。

3. 机械保险合同是格式合同

格式合同是指合同一方当事人事先拟制好标准合同条款，以供另一方当事人考虑接受还是拒绝的合同。格式合同往往由制订合同的一方当事人事先印制成固定格式。

机械保险合同是典型的格式合同。投保人对这些条款只能表示接受与否，当投保人有特殊的要求时，也只能在保险人提供的附加条款中选择。

由于机械保险投保人对机械保险需求雷同，因此保险人完全可以在充分调查研究的基础上了解投保人的需要，以此为依据指定格式合同。如果一定要与每一个投保人在协商的基础上共同订立保险条款，对保险人来说工作量不堪重负，而且这部分工作量的费用必然以保险费的组成部分转嫁到投保人身上，保险费因此而上升。目前，各家保险公司认识到不同投保人群体具有不完全相同的风险状况，因此针对不同投保人群体制定不同的格式合同，以更加切合不同投保人的实际需求。

4. 机械损失保险合同是不定值保险合同

不定值保险合同是保险当事人在订立保险合同时对保险标的不约定保险价值的合同。合同中只列明保险金额，作为赔偿的最高限额。保险事故发生时，需要核定保险标的当时实际价值，作为保险价值。

在不定值保险中，保险金额与保险价值确定的时间不一致，客观上可能造成保险金额与保险价值的不一致。发生保险事故时，分析保险金额与保险价值的差异对赔付十分重要，足额保险应该足额赔偿；不足额保险应该以保险金额为限度进行赔偿；如果是超额保险，那么只能以保险价值为赔偿上限。

机械损失保险之所以确定为不定值保险，其依据是"损失补偿原则"。机械在使用过程中的折旧，以及机械价格的波动，使机械的价值无法在投保时完全确定。对于价格下跌中的受损机械按照投保时的价值赔偿，被保险人实际获得的赔偿就会超过该机械的实际价值，显然这是违背损失补偿原则的。

（四）机械保险合同的主要内容

《保险法》第十九条规定："保险合同应当包括下列事项：①保险人名称和住所；②投保人、被保险人名称和住所，以及人身保险的受益人的名称和住所；③保险标的；④保险责任和责任免除；⑤保险期间和保险责任开始时间；⑥保险价值；⑦保险金额；⑧保险费以及支付办法；⑨保险金赔偿或者给付办法；⑩违约责任和争议处理；⑪订立合同的年、月、日。"因此，有关这些内容的条款属于法定条款。

1. 当事人的姓名和住所

当事人是保险合同权利和义务的直接享有者和承担者，他们的行为使保险合同得以产生，所以保险合同应该首先载明当事人（保险人和投保人）的名称和住所。投保人如是单位，则载明单位全称（与公章名称一致），如是个人则载明姓名。

2. 保险标的

保险标的是作为保险对象的财产及其有关利益，是保险利益的载体。机械保险的基本险种是机械损失险和第三者责任险。机械损失险的保险标的是保险机械，第三者责任险的保险标的是被保险人或其允许的驾驶（操作）人员在使用保险机械过程中给他人造成财产损失或人身伤害，依法及保险合同规定应当承担的经济赔偿责任。

3. 保险责任

保险责任指保险人承担赔偿义务的风险。只要发生合同约定的保险责任范围内的事故或事件，造成经济损失，保险人都应该承担赔偿保险金的责任。

机械保险合同的保险责任采用列明方式，具体列明保险人承担哪些保险（责任）事故引起的损失赔偿（或责任赔偿），以及施救、救助、诉讼等费用负担的规定。

4. 责任免除

责任免除也称除外责任，是指根据法律规定或合同约定，保险人对某些风险造成的损失补偿不承担赔偿保险金的责任。责任免除条款适当限制了保险人承担的保险责任范围，意味被保险人也要对某些风险自行承担责任。在保险合同中明确列出责任免除条款，对保险人和被保险人都十分重要。保险人在与投保人订立保险合同时，应当以十分明确的语言向投保人指明和解释责任免除条款，不得隐瞒或含糊其辞。《保险法》第十八条明确规定："保险合同中规定有关保险人责任免除条款的，保险人在订立保险合同时应当向投保人明确说明，未明确说明的，该条款不产生效力"。

机械保险合同中的责任免除一般包括特殊风险、道德风险和保险机械内在缺陷等。

5. 保险期限和保险责任开始的时间

保险合同的保险责任开始时间和终止时间是保险合同的起讫期限，保险责任开始到保险责任终止的期间叫做保险期间。保险人对保险期间内发生的保险事故承担责任。

保险责任开始时间也称保险合同生效时间，即保险人开始负责对被保险人发生的保险事故引起的损失赔偿的时间。比如，2013 年 1 月 1 日签订的保险合同，生效时间定于 2013 年 1 月 1 日 0 时 0 分，保险人从这个时间开始承担保险责任，在保险责任终止前发生的保险事故引起的损失，保险公司负责赔偿；如果没有发生保险事故，保险公司不必赔偿，然而也承担了保险责任。

机械保险的保险期间一般是一年，如 2013 年 1 月 1 日 0 时整生效的保险合同，终止时间一般为 2013 年 12 月 31 日 24 时整。如另有约定，保险期间也可以长于一年或短于一年。

6. 保险价值

保险价值属于财产保险范畴的概念，指保险标的以货币表示的估算金额。在一般财产保险中，投保人和保险人订立保险合同同时以保险标的价值作为确定保险金额的基础。发生保险事故引起保险标的损失时，保险人向被保险人赔偿的最高限额为保险价值。

机械损失保险有其特殊性，为不定值保险，因此不能在订立保险合同时确定保险价值，只能在发生保险事故时以当时的实际价值作为保险价值。

机械第三者责任险属于责任保险范畴，不存在保险价值的概念，而以保险人承担的赔偿限额作为保险责任。

7. 保险金额

保险金额是保险合同约定的保险人承担赔偿的最高限额。一般的财产保险中，保险金额由投保人与保险人协商，以保险价值为基础确定。由于机械损失保险是不定值保险，所以机械损失保险金额可以由投保人和保险人协商确定，但不能超过机械的实际价值。由于第三者责任险可能涉及人身伤害事故赔偿的处理，而人的生命价值其实无法用货币度量，因此只能由投保人与保险人在订立第三者责任险时协商确定保险金额，作为发生保险事故时保险人赔偿（第三者人身伤亡和财产毁损）的限额。

8. 保险费以及支付办法

保险费是投保人向保险人支付的、用以换取保险人承担保险责任的代价。保险人向投保人收取保险费，建立起保险基金，使保险人能够承担起保险责任，即对被保险人发生保险事故的损失进行赔偿。因此，保险人必须用科学的方法计算保险费，使保险费的多少与保险人承担的责任匹配。投保人向保险人支付保险费，是投保人与保险人订立保险合同应尽的首要义务，在保险合同中要明确规定保险费的数目，并明确投保人与保险人订立保险费的方式，是一次付清还是分期支付，是现金支付还是用其他手段支付。

9. 保险金的赔偿办法

保险金赔偿办法指在保险合同中约定的、当发生保险事故时保险人向被保险人赔付保险金的计算方法。

10. 违约责任和争议处理

违约责任指合同当事人违反合同义务时应当承担的民事责任。我国《合同法》第一百零七条规定："当事人一方不履行合同义务或者履行合同义务不符合规定的，应当承担继续履行、采取补救措施或者赔偿损失等违约责任。"因而，当事人一方违约，另一方没有违约的当事人有权要求违约方继续履行合同义务，或者要求采取其他补救措施，或者要求损失赔偿。争议处理指合同当事人双方对保险合同发生争议或纠纷时的处理解决方式，主要有协商、调解、仲裁、诉讼等方式。一般情况下，双方当事人发生争议或纠纷时应该先采取协商的办法，在互谅的基础上寻找共同可以接受的条件，以达成和解的协议，消除争议。在协商不成的情况下，可以请第三方出面调解，请仲裁机构仲裁，或者进行法院诉讼。

11. 订立合同的日期

订立合同的日期是指保险合同双方就主要条款达成一致协议，标志着保险人认可投保人对保险标的具有保险利益、了解被保险人的风险状况、确认其符合保险条件，投保人接受保险人提出的保险条件，从而确定合同成立的具体时间。保险合同成立的日期并不等于合同生效的日期，保险合同的生效还要以某些附加条件的满足为依据。

（五）机械保险合同的形式

保险合同形式主要有投保单、保险单、暂保单、保险凭证和批单五种。

1. 投保单

投保单是投保人向保险人购买保险的书面要约，是由投保人填写、用以表明愿意与保险人订立保险合同的书面申请。投保单上载明了保险合同所涉及的主要内容，其中保险费条款是投保单的主要内容。投保单经过保险人的核保后就成为保险合同的一个重要组成部分。

投保单由投保人填写，由保险人事先以统一格式印制，列有投保人必须了解的各个项目，投保人应该据实一一填写，保险人将以此为依据考虑是否愿意承保，或者以此为依据确定合适的保险费率。投保单不得由保险人或保险人的代表代投保人填写，如果发生代写的情况，则意味着投保人没有表示，至少没有亲自表示要约的意愿，保险合同的成立缺乏依据。

投保单不是正式的保险合同，然而保险人一经接受投保人的投保申请，投保人在投保单上写明的内容即成为保险合同内容的一部分。投保单上记载的内容即使没有出现在保险单上，其效力与记载在保险单上一样。只有投保人在投保单上告知不实，又没有在保险单上如实修正，保险人才能追究投保人的不诚信，以此为依据解除保险合同。

机械保险人要求投保人在投保单上填写以下基本内容。

(1) 投保人。

该项填写投保单位或个人的称谓。单位填写全称（与公章名称一致），个人填写姓名。使用人或所有人的称谓与道路行驶证或购买发票上的称谓不相符，应该在投保单特别约定栏内注明，以便显示在保险单上。

(2) 厂牌型号。

(3) 机械类型。

如果投保单上未设立此栏目，则应在投保单厂牌型号栏内加注。

(4) 号码牌号。

道路行驶机械填写相关管理部门核发的号牌号码，并要注明号牌底色。

(5) 发动机号码及机架号。

填写生产厂在发动机缸体及机架上打印的号码。

(6) 吨位或座位。

道路行驶机械根据相关管理部门核发道路行驶证注明的吨位或座位填写。

(7) 行驶证初次登记年月。

道路行驶机械按相关管理部门核发的道路行驶上"登记日期"年月填写。初次登记年月是理赔时确定保险机械实际价值的重要依据。

(8) 保险价值（新机购置价）。

由于机械损失保险是不定值保险，因此在投保单中填写的保险价值不是严格意义上的保险价值。在实务操作中，按保险合同签订时、在合同签订地购置与保险机械同类型的新机价格与机械购置附加税之和填写。

免税机、易货贸易、赠送机械的保险价值比照合同签订地同类机型新机价格与机械购置税之和计算。但须与投保人约定机械实际价值，实际价值按该机购买时的发票价格为计算基础，并在特别约定栏内约定。

(9) 机械损失险保险金额的确定方式。

填写"按照保险价值确定"或"按照实际价值确定"，或按保险人与投保人商定的方式确定，但不应超过投保时的保险价值。

(10) 第三者责任险的赔偿限额。

(11) 附加险的保险金额或赔偿限额。

（12）机械总数。

投保人投保的机械较多时，除写明机械总数外，还应该加填"机械投保单附表"，在附表上逐辆填写所有投保机械的有关内容，并在投保单特约栏处填写"其他投保机械详见附表"字样。

（13）保险期限。

（14）地址、邮政编码、电话、联系人、开户银行、银行账号。

（15）特别约定。

此栏注明保险合同的未尽事宜，由保险人和投保人协商后填写。特别约定内容不得与法律法规相抵触。

（16）投保人签章。

如表 2-2 所示为某公司的投保单。

2. 保险单

保险单是投保人与保险人之间订立保险合同的正式书面凭证，记载有保险合同的主要内容，如保险项目、保险责任、责任免除、附注条件等。

（1）保险项目。保险项目包括保险合同当事人及关系人（如被保险人、受益人）的姓名或名称，保险标的的种类，保险金额、保险期限、保险费的确定和支付方式，以及有关其他承保事项的声明等。

（2）保险责任。

（3）责任免除。

（4）附注条件。附注条件指保险合同双方当事人履行享有的权利和应尽的义务的规定，例如保险人的义务、被保险人的义务和保险单的变更、转让、终止，以及索赔期限、索赔手续、代为追偿、争议处理等。

3. 暂保单

暂保单又称"临时保险书"，是保险人在签发保险单或保险凭证之前，发出的临时单证。暂保单的内容较为简单，仅表明投保人已经办理了保险手续，并等待保险人出立正式保险单。暂保单具有和正式保险单同等的法律效力。暂保单的有效期通常不超过 30 天。当正式保险单出立或暂保单有效期满后，暂保单自动失效。如果保险人最后考虑不向投保人签发保险单时，也可以终止暂保单的效力，但必须提前通知投保人。

4. 保险凭证

保险凭证也称保险卡、保险证，是保险人发给投保人以证明保险合同已经订立或保险单已经签发的一种签证。由于机械保险的标的具有流动性大、出险概率较高的特点，一旦出险需要出示保险合同。然而，被保险人与其允许的驾驶（操作）人员往往不止一人，尤其是单位投保人同时投保多台机械，不便也不可能随身携带保险单，因此保险人在签发保险单时还向被保险人签发机械保险凭证，便于被保险人或其允许的驾驶（操作）人员随身携带，证明保险合同的存在。保险凭证的法律效力与保险单相同，保险凭证上未列明的事项以保险单为准。

5. 批单

在保险合同有效期间，可能发生需要部分更动的情况，这时要求保险单进行批改。保险单的批改应该根据不同的情况采用统一和标准措词的批单，见表 2-3。批单的内容通常包括：批改申请人、批改的要求、批改前的内容、批改后的内容、是否增加保险费、增加保险费的计算方式、增加的保险费，并明确除本批改外原合同的其他内容不变。

表2-2 ××财产保险股份有限公司机械保险投保单

No：

　　欢迎您到××财产保险有限责任公司投保！在您填写本投保单前请先详细阅读《交通事故责任强制保险条款》及我公司的机动车辆保险条款，阅读条款时请您特别注意各个条款中的保险责任、责任免除、投保人义务、被保险人义务等内容并听取保险人就条款（包括责任免除条款）所做的说明。您在充分理解条款后，再填写本投保单各项内容（请在需要选择的项目前的"□"内画√表示）。为了合理确定投保机动车的保险费，并保证您获得充足的保障，请您认真填写每个项目，确保内容的真实可靠。您所填写的内容我公司将为您保密。本投保单所填内容如有变动，请及时到我公司办理变更手续。

投保人	投保人名称/姓名		投保机械数	台
	联系人姓名	固定电话	移动电话	
	投保人住所		邮政编码	
被保险人	□自然人姓名：	身份证号码		
	□法人或其他组织名称：			
	组织机构代码		职业	
	被保险人单位性质	□党政机关、团体 □事业单位 □军队（武警）□使（领）馆 □个体、私营企业 □其他		
	联系人姓名	固定电话	移动电话	
	被保险人住所		邮政编号	
投保机械情况	被保险人与机动车的关系	□所有 □使用 □管理	行驶证车主	
	号牌号码		号牌底色	□蓝 □黑 □黄 □白 □白蓝 □其他颜色
	厂牌型号		发动机号	
	VIN码		车架号	
	核定载客	人 核定载质量 千克	排量/功率 L/kW 整备质量 千克	
	初次登记日期	年 月 日 已使用年限 年	年平均行驶里程 公里	
	机械种类	□货车 □客货两用车 □挂车 □特种车（请填用途）：_____。		
	上年是否在本公司投保商业保险		□是 □否	
	行使区域	□中国境内 □省内行驶 □场内行驶 □固定路线 具体路线：_____。		
	是否为未还清贷款的机械	□是 □否	上一年度交通违法纪录	□有 □无
	上次赔款次数	□交强险赔款次数_____次	□商业保险赔_____次	

投保主险条款名称			
指定驾驶员	姓名	驾驶证号码	初次领证日期
驾驶人员 1		□□□□□□□□□□□□□□□□□	
驾驶人员 2		□□□□□□□□□□□□□□□□□	
保 险 期 间	_____年___月___日零时起至_____年___月___日二十四时止		

投保险种		保险金额/责任限额/元	保险费/元	备注
□机械损失险,新机购置价　　　元				
□商业第三者责任险				
□机上人员责任险	投保人数____人	/人		
□盗抢险				
□附加起重、装卸扩展损失险				
□附加地面突然塌陷险				
□附加碰撞、倾覆险				
□外界物体倒塌或坠落险				
□附加不计免赔率特约	适用险种 □机械损失险			
	□第三者责任险			
□附加可选免赔额特约		免赔金额:		
保险费合计　(人民币大写):(¥　　　　元)				

续表

特别约定	
保险合同争议解决方式选择	□诉讼　　□提交＿＿＿＿＿＿＿＿＿＿仲裁委员会仲裁

投保人声明：保险人已将投保险种对应的保险条款（包括责任免除部分）向本人作了明确说明，本人已充分理解：

上述所填写的内容均属实，同意以此投保单作为订立保险合同的依据。

投保人签名/签章：

＿＿＿＿＿年＿＿＿＿月＿＿＿＿日

验机验证情况	□已验机　　□已验证 查验人员签名：＿＿＿＿年＿＿月＿＿日＿＿时＿＿分	
初审情况	业务来源：□直接业务 □个人代理 □专业代理 □兼业代理 □经纪人 □网上业务 □电话业务 代理（经纪）人名称： 上年度是否在本公司承保：□是　　□否 业务员签字：　　　　　　年 月 日	复核意见 复核人签字：　　　　　　年 月 日

注：阴影部分内容由保险公司业务人员填写

保险〈投保须知〉回执

××财产保险有限责任公司：

本人（单位）已对保险人所提供之投保须知内容，有保险条款、费率、责任免除、加退保规定、投保人和被保险人的义务等事项，经由说明已充分理解。本人（单位）将据实按照投保须知内容及要求，提供真实、合法、齐全的投保数据，并配合保险人办理投保手续。

被保险人（或代理人）签名/签章：

年 月 日

批单应该加贴在原保险单正本和副本背面上，并加盖骑缝章，使其成为保险合同的一部分。

在多次批改的情况下，最近一次批改的效力优于之前的批改，手写批改的效力优于打字的批改。

表 2-3　商业机械保险批单

保险单号		批单号	
被保险人		批改日期	
批文：			
			保险人签章： 年　月　日
注：			
核保	制单		经办

二、工程机械保险合同订立

（一）工程机械保险合同订立的程序

工程机械保险合同是投保人与保险人与稳定保险权利与义务关系的协议。机械保险合同的订立应当遵循公平互利、双方自愿、协商一致的原则，不得损害社会公共利益。除法律、行政法规规定必须保险的以外，保险公司和其他单位不得强制他人订立保险合同。

工程机械保险合同的订立和其他商业合同一样，采取要约与承诺的方式订立。

在初次订立机动保险合同的过程中，通常由投保人提出要约申请，投保人的要约必须采取书面形式，即填写保险投保单，投保人填写投保单是机械保险合同订立的一个必须程序。保险人在接到投保人的要约申请后，如果赞同则签发正式的保险合同。如果保险人对投保人的要约不是完全赞同，而是有修改、部分或者有条件地接受，则不能认为是承诺，而是拒绝原要约，提出新的要约，这时候的要约人是保险人，承诺人则是投保人。由此可见，机动保险合同的订立有时候要经历一个甚至几个要约和承诺的循环才能够完成。

（二）机械保险合同订立的当事人

1. 投保人

（1）投保人的资格条件。

投保人又称要保人，是对保险标的具有可保利益，向保险人申请订立保险合同，并负有缴付保险费义务的人。

投保人必须具备以下基本条件：

① 具有缴费能力，愿意承担并能够支付保险费。

② 18 周岁以上，具有完全的民事权利能力和行为能力的自然人或法人。无民事行为能力或限制行为能力的人签订的机械保险合同无效。

③ 具有投保所在地户口。

④ 非本地户口，但在投保所在地工作，有稳定收入和固定居所，必要时能提供有关证明。有关证明指身份证、户籍证明、当地暂住证、劳动用工合同、工商营业执照等。

⑤ 对保险机械具有保险利益（可保利益）。必要时能够提供有关保险利益关系证明。

（2）保险利益。

保险利益是指投保人对保险标的具有的法律上承认的与投保人或被保险人具有利害关系的经济利益。财产保险的投保人在投保和索赔时都要有保险利益，人身保险要求投保人在投保时对保险标的具有保险利益。机械保险合同的有效成立，必须建立在投保人或被保险人对保险机械具有保险利益的基础上。

机械保险的保险利益来源于以下几个方面：

① 所有关系。机械的所有人对该机械具有保险利益，机械的所有人可以作为投保人和被保险人。

② 租赁关系。机械的承租人对租赁的机械在租赁期内具有保险利益，在租赁期内可以作为投保人和被保险人。

③ 雇佣关系。受雇佣的人对其使用的机械具有保险利益，可以作为投保人和被保险人。

④ 委托关系。机械运输人对所承运的机械具有保险利益，可以作为投保人和被保险人。

⑤ 借贷关系。如果机械作为抵押物或担保物，债权人对该机具有保险利益，可以作为投保人和被保险人。

（3）投保人投保时需要携带的证件。

投保人购买机械保险时，务必带好以下所需证件：

① 道路驾驶证，道路驾驶证必须在有效期内。

② 道路行驶证。道路行驶证必须在有效期内。

③ 续保机械，需带上年度保单正本（交强险）。

④ 新保机械，需带齐机械合格证及购机发票。

⑤ 本人的身份证复印件。

⑥ 如果是单位法人的话还需要营业执照复印件。

⑦ 新机保险需要机械合格证。

2. 保险人

保险人又称承保人，是指与投保人订立保险合同，在保险事故发生时，对被保险人或受益人承担赔偿损失或给付保险金责任的保险公司。

（三）机械保险投保单的填写

1. 机械保险投保单填写的一般规则

投保单内容是保险合同的重要组成部分。如果投保人填写的投保单不符合要求，保险公司将该投保单做退单处理。因此，投保人在填写投保单之前有必要知道保险公司投保单的一些填写规则。

（1）投保单须使用黑色钢笔或黑色签字笔填写。

（2）投保单填写一律用简体字，不得使用繁体字和变体字。

（3）投保单要求保持整洁，不得随意折叠、涂改和使用修改液，否则视为无效，需要更换投保单。

（4）投保单填写时应字迹清晰、字体工整、字与字之间保持一定间距。内容要求填写完整、不能有空项，不可遗漏、不能涂改。如有更改，应让投保人或被保险人在更改处签字盖章。

投保人认真填写好投保单并确认无误后，在投保人签章处签章。

2. 机械保险投保单填写的具体规则

（1）初次登记年月。

机械的初次登记年月用来确定机龄。初次登记年月是理赔时确定保险机械实际价值的重要依据。初次登记年月应按照机械行驶证上的"登记日期"填写。

（2）机械购置价。

机械购置价是确定机械保险金额的重要依据。机械保险是足额保险。机械的购置价包括裸机价格和购买机械所缴纳的机械购置税。

（3）机械使用性质。

机械的使用性质与保险费挂钩，所以投保人要仔细填写。如果投保人的机械作业区域发生改变，则被保险人要通知保险公司，办理保险合同内容的变更，否则，在发生保险事故时，容易遭到保险公司的拒赔。

（4）保险费。

① 交强险保险费。

② 机损险保险费与第三者责任险保险费。

③ 机损险与第三者责任险的附加险保险费。

（5）特别约定条款。

特别约定条款往往是保险合同成立、生效或者保险公司承担赔偿责任的前提条件，但是通常，被保险人在拿到保险单之后，不大会留意保险单中的特别约定条款，因此，由特别约定条款引起的保险纠纷也很多。

（四）投保人在保险公司承保前变更投保单的处理

投保人在公司同意承保前要求变更投保要约的（不得变更投保人、被保险人。如变更投保人、被投保人的做撤单处理，退单退费，重新进单），根据情况分别做如下处理：

（1）如变更投保险种、保险金额，须重填投保单，同时在新填投保单上注明原投保单号（客户忘记的，接单人员可协助查询）。

（2）其他情况，投保人填写《保险要约内容补充更正申请书》，并签名确认，涉及被保险人权益的（受益人的指定）需要被保险人签名确认。

三、机械合同的生效、变更与解除

（一）机械保险合同的生效

1. 机械保险合同的生效条件

保险合同是否生效，取决于合同是否符合法律规定的签订合同的条件，具体包括保险合同的主体资格、合同内容的合法性、当事人意思表示真实，以及合同双方约定的其他生效条件等。

（1）主体资格。

机械保险合同的主体主要是保险合同的当事人，即投保人、被保险人或保险人。

（2）合同内容合法。

保险合同条款必须符合法律规定，这是保险合同生效的基本条件。

作为保险标的机械必须是合法的，不能是非法所得。

其保险金额必须合法。机械保险的保险金额不能超过机械本身价值，超过部分无效。

（3）保险人与投保人的意思表示一致。

机械保险合同的订立必须建立在当事人自愿的基础之上，且双方如实履行了告知义务。

（4）机械保险合同生效的其他条件。

如果保险合同是附条件生效，则保险合同只有在该条件满足后才生效。

2. 机械保险合同生效的时间

机械保险合同的生效时间是保险人开始履行保险责任的时间。我国的机械保险合同期限为一年。我国保险法规定："保险合同成立后，投保人按约定缴纳了保险费后，保险人按照约定的时间开始承担保险责任，保险合同开始生效。"

缴纳保险费是投保人的义务。虽然投保人办理了保险手续，但是我国投保人没有按照约定如数缴纳保险费，机械保险合同也没有法律效力，即使被保险人发生了事故，保险人也有理由拒绝承担赔偿责任。

机械保险合同的具体生效时间是机械保险合同的一个重要内容。我国保险实务中普遍实行"次日零点起保"，如机械保险合同 2013 年 2 月 1 日承保，2013 年 2 月 2 日零点起保。

（二）机械保险合同的变更

机械保险合同的变更是指在保险合同期满之前，当事人根据情况的变化，依照法律规定的条件和程序，对保险合同的某些条款内容进行修改或补充。

机械保险合同一般是一年期的合同，在保险合同的有效期限内，投保人、被保险人或机械的情况难免发生一些变化，因而投保人或被保险人有变更保险合同的要求。

我国保险法规定，保险合同的变更须经合同双方协商同意，依照法律规定的条件和程序，采取书面的形式。变更的内容由保险人在原保险单上批注或附贴批单，或者投保人与保险人订立书面的变更协议。

1. 机械保险合同的变更形式

机械保险合同的变更必须采用书面的形式，由合同双方协商一致。可以采用保险人事先准备好的附加条款，或者由保险人在原保险单上批注或者附贴批单，也可以由投保人和保险人双方就保险合同的变更问题签订专门的书面协议书。

保险合同经过变更后，变更部分的内容取代了原合同中被变更的内容，变更内容与原合同中未变更的内容构成了一个新的完整合同，合同双方当事人以变更后的合同履行各自的权利和义务。

2. 机械保险合同的变更内容

（1）机械保险合同主体的变更。

机械保险合同主体的变更包括保险人的变更和被保险人的变更。当保险人发生破产倒闭、分立或合并时，被保险人可以要求变更保险人。在合同有效期内，被保险机械发生转让、转卖或赠送时，该机保险合同是否有效取决于被保险人申请批改的情况，如果被保险人提出申请批改，保险人经过审核，签发批单同意，则原机械保险合同继续有效，如果被保险人没有申请批改，则原机械保险合同失效。

（2）机械保险合同内容的变更。

机械保险合同的变更除了主体的变更情况外，更多的情况是机械保险合同内容的变更，主要包括以下事项：

① 保险金额的变更。如保险金额的增加或减少。

② 险种的变更。如增加或减少投保某种附加险等。

③ 保险机械作业区域的变更。保险机械危险程度的增加或减少。

④ 保险期限的变更。

⑤ 机械种类或厂牌型号变更。

3. 机械保险合同的变更流程

机械保险合同上面载明："在保险期限内，如果被保险人要变更机械保险合同的相关内容，则被保险人应当事先书面通知保险人并办理申请批改手续，否则，本保险合同无效。"机械保险合同变更采取书面的形式。

被保险人办理机械保险合同变更的程序如图 2-7 所示。

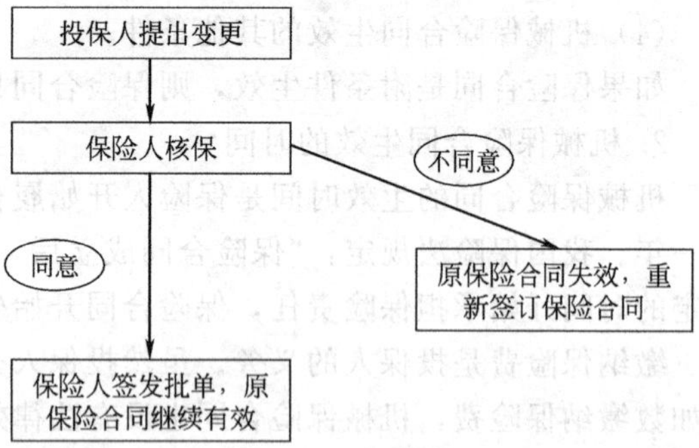

图 2-7　被保险人办理保险合同变更的程序

（三）机械保险合同的解除与终止

1. 机械保险合同的解除

机械保险合同的解除是指保险合同生效后、有效期满之前，合同一方当事人根据法律规定或当事人双方的约定行使解除权，从而提前结束合同效力的法律行为。

（1）交强险合同解除的情况。

交强险是我国强制性险种，一般情况下，投保人不得解除机械交通事故责任强制保险合同。

交强险合同解除时，保险公司可以收取自保险责任开始之日起至合同解除之日止的保险费，剩余部分的保险费退还投保人。

（2）商业机械保险合同解除的情况。

投保人或被保险人可以在保险责任开始前和保险责任开始后提出提前解除合同。被保险人在保险责任开始后要求解除保险合同的，如果已经发生了保险事故，应该在保险人赔偿之日起 30 天内提出。

① 投保人解除保险合同的条件。

在保险实务中，投保人可就因以下原因提出解除保险合同：

- 保险标的灭失；
- 保险合同中约定的保险事故肯定不会发生；
- 保险标的的价值减少；
- 保险标的危险程度明显减少甚至消失。

我国保险法规定：投保人解除保险合同的，合同效力自解除之日起失效。

保险责任开始前，投保人要求解除合同的，应当向保险人支付手续费，保险人应当退还投保人所缴纳的保险费。保险责任开始后，投保人要求解除合同的，保险人可以收取自保险责任开始之日起至合同解除之日期间的保险费，剩余部分保险费保险人应该退还给投保人。

② 保险人解除保险合同的条件。

我国保险法规定："除本法另有规定或者保险合同另有约定外，保险合同成立后，保险人不得解除保险合同。"由此可见，与投保人相比，法律对保险人行使合同解除的限制相对多一些，并对保险人解除保险合同应具备的法定条件做了规定。我国商业险保险合同除了合同中另有约定外，保险人可以依据以下法定条件行使合同的解除权。

在保险合同的有效期内，被保险人以欺诈等非法手段故意制造保险事故骗取保险赔偿时，保险人可以解除合同。

　　投保人故意隐瞒事实，不履行如实告知义务的，保险人对于保险合同解除前发生的保险事故，不承担赔偿责任，但要退还被保险人所缴纳的保险费。

　　根据合同的规定，发生了保险人有权解除合同的情况。

　　2. 机械保险合同的终止

　　机械保险合同的终止，即机械保险合同双方权利义务的灭失。机械保险合同终止有以下几种情况。

　　（1）自然终止。

　　自然终止即机械保险合同的期限届满，保险人承担的责任终止。自然终止是保险合同终止最普遍、最基本的原因。

　　（2）解除终止。

　　因解除终止的合同从解除合同的书面通知送达对方当事人时开始无效。机械保险合同双方解除合同的情况在前面已经阐述过了。

　　（3）义务履行终止。

　　当保险人的赔偿金额达到保险金额时，保险人的保险责任终止，保险合同终止。

　　（4）协议终止。

　　机械保险合同有效期内，合同双方当事人协商一致后提前终止合同。机械所有权发生改变后，被保险人可以提出中途终止保险合同。

项目训练

　　1. 某市政公司分期付款新购了一台混凝土搅拌车，是否需要购买保险？如需购买，请根据工程机械保险的主要险种向该公司推荐较为经济合适的险种选择方案。

　　2. 小李有一台小型挖掘机，该机目前已全部还清银行贷款，且有尚未到期的机损险。近日，小李欲在二手机市场转让该机，但对于机损险的处理非常迷茫，请向小李提出可行的建议。

　　3. 甲公司于2013年3月1日上午为一台压路机向保险公司投保第三者责任险，并缴纳了全部保费。该压路机于3月1日晚上施工时由于光线昏暗，将一名现场工作人员压伤，遂向保险公司提出索赔要求。保险公司是否对本次事故损失承担赔偿责任？为什么？

复习思考

　　1. 工程机械保险合同的主要内容。

　　2. 工程机械保险合同的主要形式。

　　3. 保险人可以解除保险合同的条件。

项目三

■ 工程机械保险承保

【项目目标】
能够熟知工程机械保险承保的基本流程；
能够正确厘定保险费率与计算保险费；
能够开展保险核保与签发单证工作；
能够开展保险合同的批改、终止、续保等工作。

【单元引导】

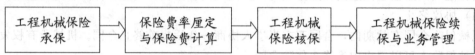

单元一 工程机械保险承保流程与内容

【单元要点】
承保的流程；
承保的内容；
缮制保险单。

工程机械投保是投保人向保险人表达缔结保险合同意愿的过程；而工程机械承保是指保险人提出投保要求，保险人经审核认为符合承保条件，即同意接受投保人申请，承担保单合同规定的保险责任的行为。投保与承保均是投保人与保险人双方签订保险合同的过程，是保险业务得以进行的基础。

由于工程机械保险合同的特殊性，各保险公司都将保险合同简化为保险单的形式。

工程机械保险是通过业务承保、收取保费、建立保险基金进行的。保险公司雄厚的保险基金的建立，给付能力的加强，有赖于高质量的业务承保。因此，承保是工程机械保险经营中的首要问题。

工程机械承保包括业务争取（即展业）、业务选择（即核保）、做出承保决策及缮制保险单、收取保险费的全过程。

一、工程机械保险承保的基本要求

1. 业务选择

提高业务"量"的同时，更要重视业务"质"的提升。不能为了争取保险业务故意诱导投保人。保险业务员的选择是为了使保险人在承担危险责任时主动、有利，因此，业务选择对工程机械保险业务来说是非常重要的环节。

2. 作出承保决策

保险承保人员对承保资料加以整理，经过承保选择和承保控制之后做出承保决策。

（1）正常承保。对于属于标准风险类别的保险标的，保险人按标准费率予以承保。

（2）优惠承保。对于属于优质风险类别的保险标的，保险人按低于标准费率的优惠费率予以承保。

（3）有条件承保。对于低于正常承保标准但又不构成拒保条件的保险标的，保险人通过增加限制性条件或加收附加保费的方式予以承保。

（4）拒保。如果投保人投保条件明显低于保险人的承保标准，保险人就会拒绝承保。对于拒绝承保的保险标的，要及时向投保人发出拒保通知。

（5）续保。保险合同接近期满时，保险人会征询投保人意愿，是否继续办理保险事宜，即续保。

二、工程机械保险承保工作流程

工程机械保险承保是保险人与投保人签订保险合同的过程，一般如图3-1所示。

具体过程是，从事展业的人员向客户宣传保险产品，帮助客户分析风险种类及相应管理方法，并制订出完善的保险方案；而客户根据自身情况以及展业人员的介绍，产生购买保险的愿望，并填写投保单；然后，保险人审查投保单，向投保人询问有关保险标的和被保险人的各种情况，从而决定是否接受客户的投保。如果保险人接受客户的投保，则收取保险费、出具保险单和保险证，保险合同即告成立，并按约定时间生效。如果保险人根据当前的客户条件尚不能确定，则可向客户提出需要补充的事项，或表明可以接受投保的附加条件。当然，保险人也可以直接拒绝承保。

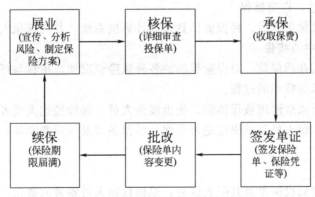

图 3-1 工程机械承保工作流程图

在保险合同有效期内，如果保险标的的所有权发生改变，或者投保人因某种原因要求更改或者取消保险合同，则需要进行批改单证。

保险合同接近期满时，保险人会征询投保人意愿，是否继续办理保险事宜，即续保。

综上所述，工程机械承保的工作流程，可以包括以下内容：

（1）保险展业人员向投保人介绍保险条款、履行明确说明义务；

（2）保险展业人员协助投保人计算保险费、制订保险方案；

（3）保险展业人员提醒投保人履行如实告知义务；

（4）投保人填写保险单；

（5）保险展业人员查验保险标的，确保真实性；

（6）保险展业人员将投保信息录入业务系统，系统产生投保单号，复核后提交核保人员核保；

（7）保险核保人员根据公司核保规定，将核保意见反馈给承保公司，核保通过后，业务人员收取保费、出具保险单，需要送单的由送单人员递送保险单及相关单证；

（8）承保完成后，客服人员适时进行客户回访。

三、承保环节的核心内容

（一）展业人员初核

1. 验证

展业人员结合投保机械的有关证明，进行详细审核。

（1）检查投保人的身份证明，投保人称谓与其签章是否一致。如果投保人称谓与投保机械的所有者标明不符，投保人需要提供其对投保机械拥有可保利益的书面证明。

（2）检验投保机械的购买合同是否与保险标的相符，投保机械是否合格。核实投保机械的合法性，确定其使用区域。检验机械的铭牌号码是否与该机械的购买合同一致等。

2. 查验机械设备

根据投保单、投保单附表和机械购买合同，对投保机械进行实际查验。

（1）确定机械是否受损，是否有安全操作说明事项等。

（2）机械本身的铭牌号码、机械型号等是否与投保单一致。

（3）机械的操作安全性与可靠性是否符合操作要求，查看操作台显示数据是否正常。

（4）检查机械的实际运转的技术状况。

根据检验结果，确定投保机械的新旧成数。

3. 录入投保信息，提交核保

展业人员拿回投保单之后，将投保信息录入计算机系统，并交核保人员进行审核。

（二）业务处理中心核保

核保是指保险人在承保前，对保险标的的各种风险情况加以审核与评估，从而决定是否承保、承保条件与承保费率的过程。

核保工作原则上采取两级核保体制。先由展业人员、保险经纪人或者保险代理人等进行初步核保，然后由核保人员复核决定是否承保、承保条件及保险费率等。

（三）签发单证

1. 缮制保险单

业务内勤人员接到投保单及其附表以后，根据核保人员签署的意见，即可开展缮制保险单工作。

保险单原则上应由计算机出具，暂无计算机设备而只能由手工出具的营业单位，必须得到上级公司的书面同意。

计算机制单的，将投保单有关内容输入保险单对应栏目内，录入完毕检查无误后，打印出保险单。

保险单必须是保监会统一监制的保险单，保险单上的印制流水号码即为保险单号码。将投保单的有关内容填写在保险单对应栏内，要求字迹清晰、单面整洁。如有涂改，涂改处必须有制单人签章，但涂改不能超过3处。制单完毕后，制单人应在"制单"处签章。

此外，缮制保险单时应注意以下事项：

××财产保险股份有限公司机械保险单（正本）

No：
保险单号：

鉴于投保人已向保险人提出投保申请，并同意按约定交付保险费，保险人依照承保险种及其对应条款和特别约定承担赔偿责任。

被保险人						
保险机械情况	号牌号码		厂牌型号			
	VIN码		车架号		机械种类	
	发动机号			核定载客 人	核定载质量 千克	已使用年限 年
	初次登记日期		年平均行驶里程 公里		使用性质	不区分营业非营业
	行驶区域				新机购置价	元

承保险种	费率浮动(±)	保险金额/责任限额(元)	保险费(元)

保险费合计(人民币大写)： （￥： 元）

保险期间自 20 年 月 日 0 时起至 20 年 月 日 24 时止

特别约定	1. 保险条款已由客户签收。 2. 保险费一次付清，保险费交付前发生的保险事故，保险人不承担赔偿责任。 3. 保险机械发生全部损失的，遭受损失后的残余部分，经双方协商后进行处理。如折归被保险人的，由双方协商确定其价值，从赔款中扣除。
保险合同争议解决方式	1. 本保险合同由保险条款、投保单、保险单、批单和特别约定组成。
重要提示	2. 收到本保险单、承保险种对应的保险条款后，请立即核对，如有不符或疏漏，请在48小时内通知保险人并办理变更或补充手续；超过48小时未通知的，视为投保人无异议。 3. 请详情阅读承保险种对应的保险条款，特别是责任免除、投保人被保险人义务、赔偿处理和附则。 4. 被保险机动车应改装、加装、改变使用性质等导致危险程度显著增加以及转卖、转让、赠送他人的，应书面通知保险人并办理变更手续。 5. 被保险人应当在交通事故发生后及时通知保险人。
保险人	公司名称： 联系电话： 公司地址： 网址： 手机 wap 网站： 邮政编码： 签发日期： (保险人签章)

核保： 制单： 经办：

图 3-2 某保险公司工程机械保险单

（1）双方协商并在投保单上填写的特别约定内容应完整地载明到保险单对应栏目内，如果核保有新的意见应该根据核保意见修改或增加。

（2）特约条款和附加条款应印在或加贴在保险单正本背面，加贴的条款应加盖骑缝章。应注意：责任免除、被保险人义务和免赔等规定的印刷字体应与其他内容的字体不同，以提醒被保险人注意阅读。

保险单缮制完成后，制单人应将保险单、投保单及其附表一起送复核人员复核。

2. 复核保险单

复核人员接到保险单、投保单及其附表后，应认真对照复核。复核无误后，复核人员在保险单"复核"处签章。

3. 收取保费

收费人员经复核保险单无误后，向投保人核收保险费，并在保险单"会计"处和保险费收据的"收款人"处签章，在保险费收据上加盖财务专用章。

只有被保险人按照约定缴纳了保险费，该保险单才能产生效力。

4. 签发保险单证

投保人缴纳保险费后，展业人员必须在保险单上注明公司名称、详细地址、邮政编码及联系电话，加盖保险公司业务专用章。如图 3-2 所示为某保险公司工程机械保险单。

签发单证时，交由被保险人收执保存的单证有保险单正本、保险费收据（客户留存联）等。

5. 保险单证的清分与归档

对投保单及其附表、保险单及其附表、保险费收据应由业务人员清理归类。

投保单的附表要加贴在投保单的背面，保险单及其附表需要加盖骑缝章。清分时，应按照送达的部门清分。

（1）业务部门留存的单证：保险单副本、投保单及其附表、保险费收据（业务留存联）。

（2）财务部门留存的单证：保险单副本、保险费收据（会计留存联）。

留存的单证应由专人保管并及时整理、装订、归档。每套承保单证应按照保费收据、保险单副本、投保单及其附表、其他材料的顺序整理，按照保险单流水号码顺序装订成册，并在规定时间内移交档案部门归档。

单元二　工程机械保险费

【单元要点】

工程机械保险费率厘定；

保险费计算。

一、工程机械保险费率厘定

1. 保险费率的构成

保险费是保险人向被保险人提供保险服务的价值反映，一般于保险责任开始时收取，且通常在保险合同中作出明确规定。保险费率由纯保险费率和附加费率两部分组成。

纯保险费率是指用来建立保险补偿或给付保险金的费率，也叫基本费率。被用于补偿经济损失，用于将来赔付和其他用途的准备金。附加费率是用于保险人支付或给付保险补偿金之外的费用的补偿，如保险公司的工资、管理费、中介费、税金、利润等。附加费率是保险费率中不可缺少的构成要素。

2. 工程机械保险费率的确定原则

（1）公平合理原则。

公平合理原则的核心是确保每一个被保险人的保费负担基本上反映保险标的的危险程度。这种公平合理的原则应在两个层面加以体现。

① 在保险人和被保险人之间。

在保险人和被保险人之间体现公平合理的原则，是指保险人的总体收费应当符合保险价格确定的基本原则，尤其是在附加费率部分，不应让被保险人负担保险人不合理的经营成本和利润。

② 在不同的被保险人之间。

在被保险人之间体现公平合理的原则是指不同被保险人的保险标的的危险程度可能存在较大的差异，保险人对不同的被保险人收取的保险费应当反映这种差异。保险人不但要根据工程机械使用用途、机械型号的不同划分不同机械的保险费率档次，还要体现同样的机械在不同地区、不同时间和不同主体使用上所具有的风险差异性。

（2）保证偿付原则。

保证偿付原则的核心是确保保险人具有充分的偿付能力。工程机械保险的最基本的功能是损失补偿，而损失补偿功能是通过建立机械保险基金来实现的。工程机械保险基金主要由开业资金和保险费两部分构成。保险费是保险标的的损失偿付的基本资金，是机械投保人为获得保险人的保险补偿而支付的费用。

因此，厘定的保险费率应保证保险公司具有相应的偿付能力，这是由保险的基本功能决定的。保险费率过低，直接影响保险基金的实际规模，势必削弱保险公司的偿付能力，从而影响对被保险人的实际保障。

保证偿付能力是保险费率确定的关键原则，保险公司是否具有足够的偿付能力，不仅仅影响到保险业的经营秩序和稳定，同时，也对广大的被保险人，乃至整个社会产生直接的影响。

（3）相对稳定原则。

相对稳定原则是指保险费率厘定之后，应当在相当长的一段时间内保持稳定，不能轻易地变动。经常变动的费率势必增加保险公司的业务工作量，导致经营成本上升。同时也会给投保人带来很多不便，投保人需要不断适应新的费率，从而会影响机械保险业务的开展。

费率的确定具有一定的稳定性，而稳定性是相对的，一旦经营的外部环境发生了较大的变化，保险费率就必须进行相应的调整，以符合公平合理的原则。

（4）促进防损原则。

防灾防损是工程机械保险的一项重要功能，其内涵是保险公司在经营过程中应协调某一风险群体的利益，积极推动和参与针对这一风险群体的预防灾害和损失的活动，减少或者避免不必要的灾害事故的发生，这样不仅可以减少保险公司的赔付金额和减少被保险人的损失，更重要的是可以保护社会财富，稳定企业经营，安定人民生活，促进社会经济发展。为此，保险人在厘定保险费率的过程中应将防灾防损的费用列入成本，并将这部分费用用于防灾防损工作，在工程机械保险业务中防灾防损功能显得尤为重要。

3. 工程机械保险费率确定模式

在不断地统计和分析研究中，人们发现影响工程机械保险索赔频率和索赔幅度的危险因子很多，而且影响的程度也各不相同。每一台机械设备的风险程度是由其自身风险因子综合影响的结果，因此，科学的方法是通过全面综合地考虑这些风险因子后确定费率。

通常保险人在经营机械保险的过程中将风险因子分为两类：一是与机械相关的风险因子，主要包括机械的型号、使用情况和使用区域等；二是与操作人员相关的风险因子，主要包括操作人员的性格、年龄、经验、身体状况等。

由此工程机械保险的费率模式基本上可以划分为两大类，即从机械设备费率模式和从操作人员费率模式。

（1）从机械设备费率模式。

从机械设备费率模式是以被保险机械的相关风险因子作为确定保险费率主要依据的费率确定模式。目前，我国工程机械保险费率的确定以该模式为主。

现行工程机械保险费率体系中影响费率的主要风险因子是机械设备的类型、使用年限、业务类型和作业区域等。

从机械设备费率模式的缺点比较明显，因为工程机械的运行过程是"人—机械—环境"相互结合的过程，三方因素共同产生影响，交互发生作用，而且人的因素是导致机械风险的核心因素。片面地强调机械自身的风险因素，忽视了"人"的作用，将影响费率厘定的科学性，使通过费率对风险进行识别，进而对风险进行防范和控制的作用难以实现。

（2）从操作人员费率模式。

从操作人员费率模式是指在确定保险费率的过程中以被保险机械设备驾驶操作人员的风险因子作为确定保险费率主要依据的模式。目前，操作人员的风险因素也逐渐被大多数保险经营公司所考虑，从操作人员费率具有更加科学和合理的特点。因此，我国当前已经逐渐开始采用"从机械设备费率模式"与"从操作人员费率模式"兼顾使用的复合费率模式。

4. 工程机械保险费率表

以某财产保险股份有限公司所规定的工程机械各险种费率为例介绍。

（1）机械设备分类说明。

A类：挖掘机、钻机、塔吊、压桩机（用于高风险施工环境）等，使用风险相对较高；

B类：推土机、装载机、叉车、拖泵、压路机、摊铺机等，水平施工为主，使用风险相对较低。

上述未提及的机械设备，根据实际使用风险确定分类。

（2）工程机械设备保险费率（见表3-1）。

表3-1 工程机械设备保险费率

机械设备类别	A类	B类
工程机械设备险	0.35%～0.45%	0.25%～0.35%

（3）工程机械附加基准费率（见表3-2）。

表3-2 工程机械附加基准费率

机械设备类别	A 类	B 类
附加碰撞、倾覆保险	0.55%～0.9%	0.45%～0.8%
附加自燃损失保险	0.1%～0.3%	0.1%～0.3%
附加第三者责任保险	0.8%～2.0%	0.5%～1.6%
附加全机盗抢保险	0.1%～0.6%	0.1%～0.6%
附加工程机械设备操作人员责任保险	0.2%～0.6%	0.15%～0.5%

（4）设备使用年限调整系数（见表 3-3）。

表 3-3 设备使用年限调整系数

使用年限	调整系数
5 年以内	0.9%～1.3%
5 年以上	2.0%以上

（5）风险管理调整系数。

根据操作人员的素质和技术水平、被保险人的风险管理水平和业务类型、作业区域等因素进行风险调整，调整系数的范围为 0.7%～2.5%。

（6）经验/预期赔付率调整系数（见表 3-4）。

表 3-4 经验/预期赔付率调整系数

经验/预期赔付率	调整系数
(0,20%]	0.50～0.65
(20%,40%]	0.65～0.80
(40%,60%]	0.80～1.00
(60%,80%]	1.00～1.40
80%以上	1.40 以上

（7）免赔额（率）。

① 工程机械设备保险免赔设定有两种，可择其一：

- 绝对免赔率10%或绝对免赔额1500元，以高者为准；
- 绝对免赔率20%。

② 当免赔额（率）不同于上述标准时，应根据风险的变化适当调整基准费率。

③ 上述免赔额（率）适用于主险和附加碰撞、倾覆保险。

（8）其他说明。

在费率表中，凡涉及分段的陈述都按照"含起点不含终点"的原则来解释。

例如："5 年以内"不包含 5 年；

"80%以上"包含 80%。

二、保险费的计算

（1）保险费=各险别基准保险费之和×风险调整系数

（2）主险基准保险费=保险金额×基准费率

（3）附加碰撞、倾覆基准保险费=保险金额×基准费率

（4）附加自燃损失保险基准保险费=保险金额×基准费率

（5）附加第三者责任保险基准保险费=赔偿限额×基准费率

（6）附加全机盗抢保险基准保险费=保险金额×基准费率

（7）附加工程机械设备操作人员责任保险基准保险费=赔偿限额×基准费率

（8）交强险保险费=交强险标准保险费×基准费率

单元三　工程机械保险核保

【单元要点】
　　核保的基本流程；
　　核保的具体操作。

一、核保的概述

　　保险核保是指保险人对投保人的投保申请进行审核，对可保风险进行评判与分类，决定是否接受承保这一风险，并在接受承保风险的情况下，确定承保费率和条件的过程。

　　保险核保是保险承保工作的核心，核保工作的好坏直接关系到保险合同能否顺利履行，关系到保险企业的承保盈亏和财务稳定。

　　核保工作的目的，在于对不同风险程度的风险业务进行识别，按不同标准进行承保、指定费率，从而保证承保业务质量，保障保险当事人的合法权益，保证保险经营的稳定性。核保人必须对业务人员拿回的投保单进行详细审核。

二、核保的原则与作用

　　1. 核保的原则

　　核保工作原则上采取两级核保体制。先由展业人员、保险经纪人或者保险代理人进行初步核保，然后由核保人员复核决定是否承保、承保条件及保险费率等。

　　2. 核保的作用

　　（1）防止逆选择，排除经营中的道德风险。

　　在保险公司的经营过程中始终存在信息问题，即信息的不完整、不精确和不对称。尽管最大诚信原则要求投保人在投保时应履行充分告知的义务。但是，事实上始终存在信息的不完整和不精确的问题。保险市场信息问题，可能导致投保人或被保险人的道德风险和逆向选择，给保险公司经营带来巨大的潜在的风险。保险公司建立核保制度，由资深人员运用专业技术和经验对投保标的进行风险评估，通过风险评估可以最大限度地解决信息不对称的问题，排除道德风险，防止逆向选择。

　　（2）确保业务质量，实现经营稳定。

　　保险公司是经营风险的特殊行业，其经营状况关系到社会的稳定。保险公司要实现经营的稳定，关键的一个环节就是控制承保业务的质量。但是，随着国内保险市场供应主体的增多，保险市场竞争日益激烈，保险公司在不断扩大业务的同时，经营风险也不断扩大。其主要表现为：一是为了扩展业务而急剧扩充业务人员，这些新的工作人员业务素质有限，无法认识和控制承保质量；二是保险公司为了扩大保险市场占有率，稳定与保户的业务关系，放松了拓展业务方面的管理；三是保险公司为了拓展新的业务领域，开发了一些不成熟的新险种，签署了一些未经过详细论证的保险协议，增加了风险因素。保险公司应通过建立核保制度，将展业与承保相对分离，实行专业化管理，严格把好承保关。

　　（3）扩大保险业务规模，与国际管理接轨。

　　目前，国外的保险中介机构正在逐步进入中国保险市场；同时，我国保险的中介力量也在不断壮大，现已成为推动保险业务的重要力量。在看到保险中介组织对于扩大业务的积极作用的同时，也应注意到其可能带来的负面影响。由于保险中介组织经营目的和价值取向的差异以及人员的良莠不齐，保险公司在充分利用保险中介机构进行业务开展的同时，也应对保险中介组织业务加强管理，核保制度是对中介业务质量控制的重要手段，是建立和完善保险中介市场的必要前提条件。

（4）实现经营目标，确保持续发展。

在市场经济条件下，企业发展的首要条件是对市场进行分析，并在此基础上确定企业的经营方针和策略，包括对企业的市场定位和选择特定的业务和客户群。同样，在我国保险市场的发展过程中，保险公司要在市场上争取和赢得主动，就必须确定自己的市场营销方针的政策，包括选择特定的业务和客户作为自己发展的主要对象，确定对各类风险承保的程度，制订承保业务的原则、条款、费率等。而这些市场营销方针和政策实现的主要手段是核保制度，通过核保制度发挥其对风险选择和控制的功能，从而保险公司能够有效地实现既定的目标，并保持业务的持续发展。

3. 核保的依据

核保是根据机械保险业务和公司经营的特点确定的，其核心应当体现权限管理和过程控制的目的，各公司应当根据核保制度的精神，结合自身的具体情况确定合适的核保方案。

4. 核保的组织体系

核保工作的组织体系是指保险公司内部运行的以核保为主要目的的组织体系，其建立的核心应当体现权限管理和过程控制的目的。目前，在我国工程机械保险业一般采取分级设置的核保组织体系，各级核保组织根据各自的核保权限，开展核保工作。全国性的保险公司主要采用的是以总公司、省分公司、地市分公司为各级的三级核保组织体系。

三、核保的运作

1. 核保的方式

核保的具体方式应根据公司的组织结构和经营情况进行选择和确定，通常可以将核保分为标准业务核保和非标准业务核保，计算机智能核保和人工核保，集中核保和远程核保，事先核保和事后核保等。各保险公司往往并非采用某一确定的核保方式，而是结合投保业务的特点将多种核保方式交叉使用，充分发挥不同方式的特点和优越性。

（1）标准业务核保和非标准业务核保。

标准业务是指常规风险的工程机械保险业务，这类风险的特点是基于符合工程机械保险险种设计所规定的风险情况，按照核保手册能够对其进行核保。非标准业务是指风险具有较大特殊性的业务，这种特殊性的主要体现为高风险、风险特殊、保险金额巨大等需有效控制的业务，而核保手册对于这类业务没有明确规定。

非标准业务无法完全依据公司有关的核保规定进行核保，须由核保人运用保险的基本原理，相关法律、法规和自己的经验，通过研究分析来解决，必要时核保人应当向上级核保部门进行请示或组织专家进行论证。

工程机械保险业务中的非标准业务主要有：

① 保险价值浮动超过核保手册规定的范围；

② 特殊机型业务；

③ 特殊作业区域业务；

④ 价值巨大机械设备的盗抢险业务；

　　⑤ 统保协议；

　　⑥ 代理协议。

　　（2）计算机智能核保和人工核保。

　　计算机智能核保指利用计算机，运用特定的程序进行核保工作，这种方法可以减少人员的工作量，提高劳动效率及计算精度，但是计算机不能完全代替人工，因此，还需要与人工核保的方式相结合。

　　（3）集中核保和远程核保。

　　集中核保是一种趋势，可以有效地解决统一标准和业务规范问题，实现技术和经验最大限度的利用。

　　远程核保是建立区域性的核保中心，利用互联网技术，集中区域内的核保专家对辖区内的所有业务进行集中核保。这种核保方式较以往任何一种核保方式均具有不可比拟的优势，不仅可以利用核保中心人员技术的优势，还可以利用中心庞大的数据库，实现资源的共享。同时，远程核保还有利于对经营过程中的管理疏漏，甚至道德风险实行有效地防范。

　　（4）事先核保和事后核保。

　　事先核保是核保人员在接受承保之前对标的的风险进行评估和分析，决定是否接受承保。

　　事后核保是在决定承保之后再对标的的风险进行评估和分析，主要是针对标的金额较小、风险较低、承保业务技术比较简单的业务。这些业务往往是由一些偏远的经营机构或者代理机构承办，保险公司从人力和经济的角度难以做到事先核保的，可以采用事后核保的方式。因此，事后核保是对未进行事先核保的一种补救措施。

　　2. 核保人员的等级和权限

　　目前一般分三个等级，根据核保人员的不同等级，授予不同的权限。

　　一级核保人主要负责审核特殊风险业务，包括巨额价值机械的核保、特殊机型业务的核保、机械团队业务的核保，以及下级核保人员无力核保的业务。同时，还应及时解决其管辖范围内出现的有关核保技术方面的问题。

　　二级核保人主要负责审核非标准业务，即在核保手册中没有明确指示核保条件的业务，如保险金额、赔偿限额及免赔额等有特殊要求的业务。

　　三级核保人主要负责对常规业务的核保，即按照核保手册的有关规定对投保单的各个要素进行形式上的审核，也称投保单审核。

　　3. 核保的基本流程

　　核保工作一般是由保险展业人员、保险代理人或者保险经纪人在展业的过程中进行初步审核，然后将初步接受的业务交由专业核保人员根据各级核保权限进行审核，超过本级核保权限的，报上级公司核保，进而决定是否承保、承保条件以及保险费率等。如图 3-3 所示为机械保险核保的基本流程。

四、核保的具体操作

　　核保的具体操作包括审核投保单、查验机械设备、核定保险费率、核算保险费、两级核保展开等。

（一）审核投保单与查验机械设备

　　业务人员在接到投保单后，首先根据保险公司内部制订的承保方法，决定是否接受此业务。如果不属于拒保业务应加盖公章，载明收件日期。

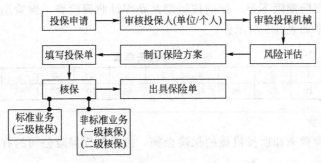

图 3-3　机械保险核保的基本流程

1. 审查投保单

首先审查投保单所填写的各项内容是否完整、清楚、准确。

2. 验证

结合投保机械的有关证明，进行详细审核。首先检查投保人的身份证明，投保人称谓与其签章是否一致。如果投保人称谓与投保机械的所有者标明不符，投保人需要提供其对投保机械拥有可保利益书面证明。同时，检验投保机械的购买合同（发票）是否与保险标的相符，投保机械是否合格，核实投保机械的合法性。最后，查验投保单信息，检验机械的投保单标的是否与该机械的购买合同一致，确定投保机械设备的使用区域等。验证工作内容如图 3-4 所示。

3. 查验机械设备

根据投保单、投保单附表和机械购买合同，对投保机械进行实际查验。查验内容主要如下：

（1）确定机械是否受损，是否有安全操作说明事项等。

（2）机械本身的铭牌号码、机械型号等是否与投保单一致。

（3）机械的操作安全性与可靠性是否符合操作要求，查看操作台显示数据是否正常。

（4）检查机械的实际运转的技术状况。

根据检验结果，确定投保机械的新旧成数。验机工作内容如图 3-5 所示。

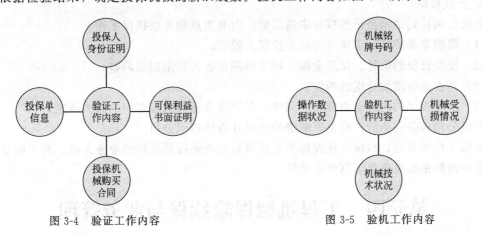

图 3-4　验证工作内容　　　　　　图 3-5　验机工作内容

（二）核定保险费率

工程机械的保险费率应根据投保单上所列的机械情况，根据所投保保险公司的工程机械保险费率表及有关规定，确定投保机械的保险费率。

（1）工程机械保险基本险费率表和工程机械保险附加险费率表适用于保险期限为一年保险费率计算，但投保标的如果通过贷款、融资租赁等信用方式购买，则保险期限与信用期限一致。

（2）投保时，保险期限不足一年的按短期月费率计收保险费，保险期限不足一个月按整月计算。短期月费率如表 3-5 所示。

表 3-5　短期费率表

保险期间/月	1	2	3	4	5	6	7	8	9	10	11	12
按年费率/%	10	20	30	40	50	60	70	80	85	90	95	100

（三）核算保险费

根据核定的保险费率和所投机械的保险金额，按照所投保险公司的有关规定，确定投保机械的保险费。

（四）全面核保

核算保险费工作完成后，应进行两级全面核保展开。

1. 本级核保

（1）审核保险单是否按照规定内容与要求填写，有无错漏，审核保险价值与保险金额是否合理。对不符合要求的，退给业务人员指导投保人进行相应的更正。

（2）审核业务人员或代理人是否验证和查验机械，是否按照要求向投保人履行了告知义务，对特别约定的事项是否在特约栏内注明。

（3）审核费率标准和计收保险费是否正确。

（4）对于高保额和投保盗抢险的机械，审核有关证件、实际情况是否与投保单填写一致，是否按照规定存档。

（5）对高发事故和风险集中的投保单位提出限制性承保条件。

（6）对费率表中没有列名的机械设备，视风险情况提出厘定费率的意见。

（7）审核其他相关情况。

核保完毕后，核保人应在投保单上签署意见。对超出本级核保权限的，应上报上级公司核保。

2. 上级核保

上级公司接到请示公司的核保申请以后，应有重点地开展核保工作。

（1）根据掌握的情况考虑可否接受投保人投保；

（2）接受投保的险种、保险金额、赔偿限额是否需要限制与调整；

（3）是否需要增加特别的约定；

（4）协议投保的内容是否准确、完善，是否符合保险监管部门的有关规定。

上级公司核保完毕后，应签署明确的意见并返回请示公司。

核保工作结束后，核保人在投保单上签署意见并将投保单转交业务人员。对于同意承保的，业务内勤根据投保单缮制保险单证。

单元四　工程机械保险续保与业务管理

【单元要点】

工程机械保险续保；

工程机械保险批改；

工程机械保险的业务管理。

一、工程机械保险续保

续保是指保险期满后，投保人在同一保险人处重新办理工程机械保险事宜。工程机械保险业务中有比较大的比例是续保业务，做好续保工作对于巩固保险业务来源非常重要。

续保工作流程如图 3-6 所示。

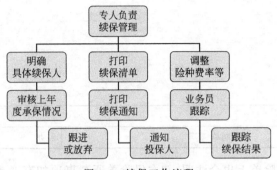

图 3-6 续保工作流程

在工程机械保险实务中，续保业务一般在原保险期到期前一个月开始办理，保险业务人员可视情况需要通过上门、电话、信件等方式向投保人或被保险人及时发出续保通知，督促投保人或被保险人按时办理续保手续。为了防止续保开始至原保险单到期期间发生保险责任事故，在续保通知书内应注明："出单前，被保险机械设备如有保险责任事故发生的，应重新计算保险费；全年无保险事故发生的，可享受无赔款优待"。

二、保险过户

保险过户即变更被保险人。当工程机械设备所有人发生变化时，就需要办理机械保险过户手续以确定新的被保险人。

（1）机械保险过户申请书，注明保险单号码、机械铭牌号码、新旧机主的姓名及过户原因，并签字或盖章。

（2）须提供相关过户证明，留存复印件。

（3）若被保险人风险没有变化，则保险人出具一张变更被保险人的批单，批单上写明被保险人的变化情况。

（4）批改申请书和正文批文增加："从机械设备办理过户手续之日起至在我司办理保险合同批改之日期间发生的保险事故，保险人不予承担保险责任"，申请人签章确认。

（5）保险过户的日期注明从办理之日起生效。

三、工程机械保险批改

在保险单签发以后，因保险单需要进行修改或增删时，所签发的一种书面证明称为批单。工程机械保险批单参照机械保险批单，如表 3-6 为商业机械保险批单。

1. 批改事项

保险机械在保险有效期内发生转卖、转让、赠送他人，变更使用区域，增加危险程度，调整保险金额或每次事故最高赔偿金额，增加或减少投保机械，终止保险责任等，都需要申请办理批改单证，填写批改申请书送保险公司。保险公司审核同意后，出具批改单给投保人。投保人应将其贴于保险单正本背面，同时批改变动保险单上的内容，并在变动处加盖保险业务人员的业务专用章。

表 3-6　商业机械保险批单

保险单号		批单号	
被保险人		批改日期	
批文：			
			保险人签章： 年　月　日
注：			
核保		制单	经办

同时，一般机械保险单上也会注明："本保险单所载事项如有变更，被保险人应立即向本公司办理批改手续，否则，如有任何意外事故发生，本公司不负赔偿责任。"

批改事项一般有如下几点：

(1) 投保人或被保险人变更；

(2) 保险金额或保险责任的调整；

(3) 保险种类增减或变更；

(4) 保险区域变更；

(5) 保险费变更；

(6) 保险期限变更。

2. 办理批改

保险机械设备在有效期内办理变更手续，一般应遵循流程如图 3-7 所示。

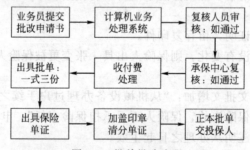

图 3-7　批单批改流程

办理批改时，批单上主要有如下内容：

(1) 保险单号码。录入原保险单号码。

(2) 批单号码。以年度为周期进行连续编号。

(3) 被保险人。应与原保单一致。

(4) 批文。按规定的格式填写，其内容通常包括变更的要求、变更前的内容、变更后的内容、增减保险费的情况、增减保险费的计算公式、增减保险费的具体金额、变更起始时间等以及明确除本变更外原合同的其他内容不变。

涉及保险费需要增收或退还手续的，应由经办人员填写保险费收据，一式三联，随批单一起送财务部门核收或退还保险费。变更申请、批单、保险费收据等有关单、证的清分和归档与保险单、证的清分和和归档的方法以及要求相同。

【例】客户张先生投保工程机械保险后，所投保挖掘机的作业区域于 2013 年 2 月 20 日发生变化，由省内变为中华人民共和国境内（除港澳台），保费增加 1000 元。请根据张先生的申请和保险公司的有关规定填写批单。

解决方案如表 3-7 所示。

表 3-7 商业机械保险批单

保险单号	××××××	批单号	××××
被保险人	张××	批改日期	2013 年 2 月 20 日

批文：

　　根据被保险人张××申请，因其所投保××型号挖掘机的作业区域已由省内变更为中华人民共和国境内（除港澳台），变更时间为 2013 年 2 月 20 日，变更期间自 2013 年 2 月 20 日零时起至保险期满，应增收保险费（大写）壹仟元整。其他事项不变。

　　　　　　　　　　　　　　　　　　　　　　　　　　　　　保险人签章：
　　　　　　　　　　　　　　　　　　　　　　　　　　　　　　年　月　日

注：					
核保		制单		经办	

四、工程机械保险无赔款优待

无赔款优待是指保险机械设备在上一保险期限内未发生赔款，在下一年续保时可以享受减收保险费的优惠待遇。主要是为了鼓励被保险人及其操作人员严格遵守安全操作规程和相关法律、法规，认真履行防灾减损义务，避免和减少保险事故的发生。

工程机械保险条款规定：保险机械设备所投保的险种，在上一保险年度或连续的保险年度内无赔款，续保时可享受无赔款奖励，奖励标准及方法以投保时经保险监督机构批准的费率及规章为准。

（1）无赔款优待的条件。

工程机械保险的被保险人要享受无赔款优待，就必须符合以下条件：

① 保险期限必须满一年；

② 保险期限内无赔款；

③ 保险期限届满前办理续保，续保的险种与上一年投保的险种相同。

但有以下任何情况之一的除外：

① 如果机械设备同时投保机械设备险、第三者责任险以及其他附加险，只要任意险种发生赔偿，被保险人续保时就不能享受无赔款优待。

② 被保险机械设备未按规定续保。

③ 保险机械设备发生保险事故，续保时案件未决，被保险人不能享受无赔款优待。但事故处理后，保险人无赔款责任，则退还无赔款优待应减收的保险费。

④ 一年期限内，发生所有权转移的保险机械设备，续保时不享受无赔款优待。

⑤ 年度投保而未续保的险种和本年度新投保的险种，均不享受无赔款优待。

（2）无赔款优待金额的计算。

无赔款优待的金额为本年度续保险种应交保险费的10％，而且不论机械设备连续几年无事故，无赔款优待的额度不变。

无赔款优待金额的计算是以保险标的的数量为依据，即一台机械设备无论投保什么险种，都只能享受一次无赔款优待。若投保人的被保险机械设备不止一台，则无赔款优待分别按机械设备计算。针对续保时的实际情况，在计算无赔款优待金额时应注意以下问题：

① 续保险种与投保金额与上一年度完全相同，无赔款优待即以本年度应缴纳的保险费为计算基础。

② 如果续保的险种与上一年度不完全相同，无赔款优待则以险种相同部分应缴纳的保险费为计算基础。

③ 如果续保的险种与上一年险种相同，投保金额不同，无赔款优待则以本年度保险金额对应的应交保险费为计算基础。

五、工程机械保险退保

退保是指投保人在保险合同成立后，要求解除保险合同的事宜。保险公司在接到解除合同的书面申请之日起，接受退保申请，保险责任终止。

1. 退保的主要原因

（1）机械设备报废、全部灭失；

（2）机械设备的全部购买款项已经付清；

（3）机械设备转让他人；

（4）重复保险，为同一台机械设备投保了两份相同的保险；

（5）对保险公司不满，想换保险公司。

2. 办理退保的机械设备的条件

（1）机械设备的保险单必须在有效期内；

（2）在保险单有效期内，该机械设备没有向保险公司报案或索赔的可以退保。从保险公司得到过赔偿的机械设备不能退保；仅向保险公司报案而未得到赔偿的机械也不能退保。

退保时要向保险公司递交退保申请书，说明退保的原因和从什么时间开始退保，签字或盖章，交给保险公司的业务管理部门。保险公司业务管理部门对退保申请进行审核后，出具退保批单，批单上注明退保时间及应退保费金额，同时收回机械设备保险单。然后退保人持退保批单和身份证，到保险公司的财务部门领取应退给的保险费。

保险公司计算应退保费是用投保时实缴的保险费金额，减去保险已生效的时间内保险公司应收取的保费，剩下的余额就是应退的保险费。

3. 退保时被保险人应提供的证件

（1）退保申请书。写明退保原因和时间，退保人签字或盖章。

（2）保险单原件（正本）。若保险单丢失，则需事先补办。

（3）保险费发票。一般需要原件。

（4）被保险人的身份证明。

六、保险业务管理

1. 业务档案管理

在业务管理上，单证装订和档案管理参照保险公司有关规定执行。

工程机械保险合同的装订顺序：

（1）保费发票业务联；

（2）保险单副本；

（3）投保单（附件附贴于投保单背面）；

（4）投保人身份证明复印件；

（5）批改申请书；

（6）批单副本。

2. 监控管理

监控管理包括内部监控和外部监控。内部监控主要是对承保业务的各工作环节进行监控，并根据监控情况及时合理地调整人力调控、业务流程、业务岗位、业务培训等；外部监控主要依靠社会力量、网络等监控管理，如图 3-8 所示。

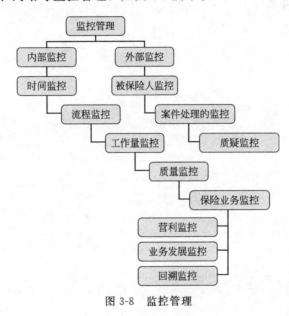

图 3-8　监控管理

3. 承保管理

承保是保险经营的一个重要环节。承保质量如何，关系到保险企业经营的稳定性和经济效益的好坏，同时也是反映保险企业经营管理水平高低的一个重要标志。

（1）选择风险。

根据大数法则，保险经营需要承揽尽可能多的业务。但更应注重业务的质量，否则，承保了大量高风险业务将导致保险公司经营的亏损。业务质量的保证需要对投保风险进行选择，尽量淘汰那些超出可保风险条件或范围的保险标的。

保险人选择风险的方式有事先选择和事后选择两种。事先选择是指保险人在承保前考虑决定是否接受投保。此种选择包括对"人"和"物"的选择，"人"是指投保人和被保险人，"物"是指保险标的。对不符合可保风险条件的，保险人应实行有条件的承保或拒保。事后选择是指保险人承接业务后发觉保险标的的风险超出核保标准而对保险合同做出淘汰的选择。淘汰的方式有两种：一是等待保险合同期满后不再续保；二是按照保险合同约定或法律规定解除合同。

（2）控制保险责任。

承接业务后，为避免道德风险或心理风险发生，同时为增强投保人或被保险人的责任心，应对保险责任适当进行控制。常见方法有：附加特别约定条款承保、设定免赔率或免赔额、避免超额承保和实行不足额承保等。

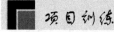 **项目训练**

　　张某于 2012 年 9 月 1 日分期付款购买了一台装载机，2013 年 3 月 10 日，张某提前还清了所有贷款，遂向保险公司提出退保。保险公司以该机在保险期间发生过事故为由拒绝退保，而张某认为尽管该机发生过事故，但未曾向保险公司报案，更谈不上索赔，应该给予退保。双方就退保事宜发生了争议。请问，保险公司拒绝退保的理由是否成立？为什么？

复习思考

　　1. 工程机械承保的工作流程。
　　2. 工程机械保险批改事项。
　　3. 无赔款优待的条件。
　　4. 退保的条件。

项目四

▢ 工程机械保险理赔

【项目目标】

能够熟知工程机械保险理赔的流程；

能够熟知接报案流程，对报案进行询问，并及时录入客户报案信息；

能够运用沟通技巧，获取保险标的发生事故的时间、经过，并详细记录查勘记录；

能够基本查明出险机械的情况，验证相关证件，判断事故机械与证件的真实性；

能够掌握现场拍照、录音等查勘技能，能够真实反映事故现场；

能够通过现场查勘确定损失项目；

能够运用理赔流程处理人身伤亡案件的理赔；

能够运用法律知识对人身伤亡案件进行核赔。

【单元引导】

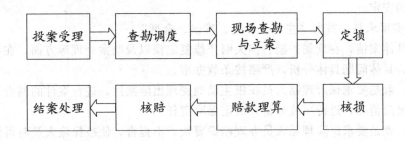

一、工程机械保险理赔的意义

工程机械保险理赔是指保险人依据工程机械保险合同的约定，对被保险人提出的给付赔偿金的请求进行处理的行为和过程。工程机械保险理赔工作是保险政策和保险职能的具体体现，是保险人执行保险合同，履行保险人义务，承担损失补偿责任的实现形式。

理赔是保险人依据保险合同履行保险责任、被保险人享受保险权益的实现形式。因此，保险理赔涉及投保人（或被保险人）和保险人的各自利益，做好理赔工作对双方都有积极意义。

1. 保险理赔对投保人（或被保险人）的意义

保险理赔对投保人（或被保险人）来说，能及时恢复其生产或安定其生活。因为工程机械保险的基本职能是损失补偿，当被保险机械设备发生事故后，被保险人就会因产生损失向保险人索赔，保险人则根据合同对被保险人的损失予以补偿，从而实现对被保险人生产和生活的保障。

2. 保险理赔对保险人的意义

首先，工程机械保险理赔可以发现和检验承保业务质量。例如，通过赔付额度或赔付率等指标，保险人可以发现保险费率、保险金额的确定是否合理，防灾减损工作是否有效，从而进一步改进保险企业的经营管理水平,以提高其经济效益。

其次,是保险公司向社会各界宣传企业形象、推广公共关系的窗口。理赔工作作为保险产品售后服务环节,其理赔人员的服务态度是否主动热情、真诚周到,服务质量是否令人满意,将直接影响保险公司在公众心目中的形象,进而影响潜在的投保人是否愿意购买机械保险,同时,这也将影响公众对保险公司其他财产保险的接受程度。因此,保险理赔对社会公众正确认识保险、接受保险至关重要。

3. 识别保险欺诈

保险欺诈的最终目的是获得赔偿,该目的只有通过理赔才能实现。理赔人员通过加强查勘、定损和核赔等工作环节,可有效识别保险欺诈,为保险公司减少经济损失。

二、工程机械保险理赔的原则

1. 树立为保户服务的指导思想

树立服务意识是保险人在整个理赔工作过程中应该始终贯穿的主导思想,要坚持"客户就是上帝"、"服务至上"的基本原则。当发生工程机械保险事故后,保险人要急被保险人之所急,迅速赶赴事故现场,千方百计避免扩大损失,尽量减轻因灾害事故造成的影响,及时安排损失财产的修复,并保证基本恢复其原有性状,使之尽快发挥经济效益。

另外,要简化程序,及时处理赔案,支付赔款,以保证被保险人生产、经营的持续进行和人民生活的安定。

2. 坚持实事求是,贯彻"主动、迅速、准确、合理"

要结合具体案情,在现场查勘、损失财产修复定损以及赔案处理等方面,在尊重客观事实的基础上,具体问题具体分析,严格按条款办事。

"主动",就是要求保险理赔人员积极主动地受理出险案件,进行案件的调查了解和现场查勘,掌握出险情况,进行事故分析,确定保险责任;

"迅速",就是要求保险理赔人员办理赔案要快,不拖沓,使被保险人及时得到赔付;

"准确",就是要求保险理赔人员对出险案件从查勘、核损、定责到赔款计算等,都力求准确无误,不发生错赔、滥赔现象;

"合理",是指保险理赔人员根据保险合同的规定,本着实事求是的原则,分清责任,合理定损,合情合理地处理赔案。

综上所述,可概括为理赔工作的"八字"方针,如图4-1所示。

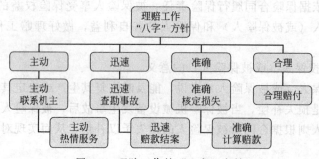

图 4-1　理赔工作的"八字"方针

3. 重合同、守信用、依法办事

保险人同被保险人之间的权责关系,是通过保险合同建立起来的。保险人和被保险人的权利和义务，在保险合同中均有明确规定。在具体理赔工作中，理赔人员要严格按照保险合同中的约定处理好每一桩赔案。保险人在评估保险事故的损失时，既不夸大，也不缩小；在赔款理算时严格按照保险合同条款和赔款的标准及规定执行；拒赔部分要讲事实、重证据。要依法、依约理赔，坚持重合同、守信用，只有这样才能树立保险的信誉，扩大保险的积极影响。

综上所述，可概括为理赔工作的"四不"原则，如图 4-2 所示。

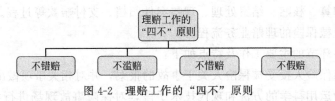

图 4-2　理赔工作的"四不"原则

三、工程机械保险理赔的特点

1. 工程机械作业时间长且作业环境差

工程机械作为一种工程生产资料，是工程建设不可缺少的重要设备，这就导致工程机械发生事故的时间不确定，发生事故的地点较为偏僻和危险，所面临的风险难以全面预测。保险公司必须拥有全天候的报案受理机制和庞大而高效的查勘定损网络来支持其理赔服务，做到随时随地都能接受报案并予以及时处理。

2. 损失频率高且损失幅度大

工程机械由于作业时间长，作业环境恶劣，发生事故的频率较高；而且，工程机械的造价非常高，零配件比较昂贵，一旦发生事故所产生的损失比较严重。保险公司在经营过程中需要投入的精力和费用较大，这就要求对每个案件均应做到准确合理赔偿，不能因为事故赔款数额大就惜赔，积少成多将失去保户的信任，对保险公司产生不利影响。

3. 道德风险普遍

欺诈现象是工程机械保险管理的一大难题。这与工程机械投保人法制观念不强、保险信息不对称、保险条款不完善、相关法律环境不健全等有关，给了一些不法之徒可乘之机。同时，保险公司对条款的说明不到位，投保人对保险欺诈的错误认识或认识不足也是导致道德风险出现的较为普遍的原因。

4. 与工程机械销售和维修企业联系密切

目前在工程机械销售中，如果用户通过融资租赁或是银行按揭等信用方式购买设备，那么购买保险是通过信用审查的必要条件。一般情况下由工程机械的销售（租赁）企业为用户代买保险，且保险期限与融资期限一致。也就是说用户在购机过程中一般也同时随设备购买一份保险，保险费通常由客户在缴纳购机款的同时一并支付。另一方面，工程机械保险对设备损失的赔偿方式多以维修为主，所以，机械维修企业在理赔环节也扮演着重要角色。大多被保险人认为保险公司与机械销售、维修企业有相关协议，一旦因为理赔出现纠纷，会直接认为保险公司的服务质量有问题。

5. 被保险人逐渐增多

随着工程机械市场的日益火爆，工程机械的所有人尤其是通过信用方式购买机械设备的被保险人逐渐增多。由于众多被保险人文化、知识、修养等差异较大，以及对保险、事故处理、设备维修等方面知识较为匮乏，使得众多被保险人购买保险具有较大的被动性。另外，由于利益驱动，使得查勘定损和理赔人员在理赔过程中与之交流存在一些困难。因此，要求保险人对每个案件都要提供较高的服务质量，不仅是技术上的，还包括条款解释、行为举止、业务咨询等方面。

四、工程机械保险理赔的流程

工程机械保险理赔工作一般都要经过报案受理、现场查勘、确定保险责任、立案、定损、核损、赔款理算、核赔、结案处理、理赔案件归档、支付赔款等过程。如图 4-3 所示为某保险公司工程机械保险的理赔业务流程。

理赔流程中各环节的主要工作及特点如下：

接受报案是指保险人接受被保险人关于事故的报案，并对相关事项做出安排。

现场查勘是指运用科学的方法和现代技术手段，对保险事故现场进行实地勘察和查询，将事故现场、事故原因等内容完整而准确地记录下来的工作过程。这是查明保险事故真相的重要手段，是分析事故原因和认定事故责任的基本依据。

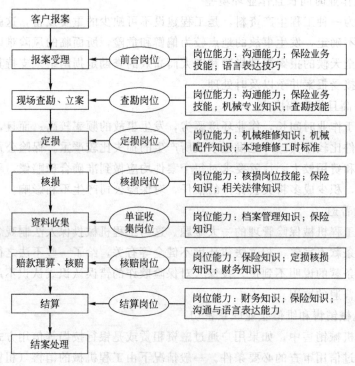

图 4-3　理赔流程

确定保险事故责任是指理赔人员根据现场查勘记录和有关证明材料，依据保险条款的有关规定，全面分析主客观原因，确定事故是否属于保险责任范围。这是保险人对被保险人的事故损失是否给予赔偿的依据。

立案是指对符合保险赔偿的案件，业务人员在机械保险业务处理系统中进行正式确立，并对其统一编号和管理。这是保险人对案件进行有效管理的必要手段。

定损、核损是指理赔人员根据现场查勘情况，认真检查受损机械设备、受损财产和人员受伤情况，确定损失项目和金额，并取得公司核损人员或医疗审核人员的许可。这是确定保险事故损失数额的必需环节。

赔款理算是指保险公司按照法律和保险合同规定,根据保险事故的定损、核损结果,核定和计算应向被保险人赔付金额的过程。这决定保险人向被保险人赔偿数额的多少与准确性。

缮制赔款计算书是指制作赔款理算过程与结果的文件。

核赔是指在保险公司授权范围内独立负责理赔核查工作的人员,按照保险条款及公司内部有关规章制度对赔案进行审核的工作。这是保证保险人进行准确合理赔偿的关键环节,能够有效控制理赔风险。

结案处理是指业务人员根据核赔的审批金额,向被保险人支付赔款后,对理赔的单据进行清分并对理赔案卷进行整理的工作。这是理赔案件处理的收尾环节。

支付赔款是指业务人员根据核赔的审批金额,通知被保险人凭有效身份证明领取赔款。这是体现保险损失补偿职能的环节。

对于由第三者引起的保险事故,当保险人向被保险人赔款后,可以获得向第三者追偿的权利,而被保险人应协助保险人追偿。

单元一　报案受理

【单元要点】

报案受理的流程;

报案受理的内容。

报案是指被保险人在发生事故之后以各种方式通知保险人,要求保险人进行事故处理的行为,及时报案也是被保险人履行合同义务的一项重要内容。

报案受理是指被保险人发生保险事故必须及时向保险公司报案,保险公司应受理报案,并将事故情况登记备案。

根据合同规定,投保人、被保险人或者受益人在保险事故发生后,必须及时通知保险人,否则有关权利人应承担由于通知迟延致使保险人增加的查勘、检验等各项费用。报案是被保险人(或其权益相关人)向保险公司提请索赔申请的第一步,也是索赔申请成功与否必需的一步,报案受理是保险人受理申请的关键。

目前,各保险公司大都建立了后援服务中心,开通了全国统一服务热线,包括报案、投诉、建议、咨询等服务。各保险公司的保险条款都约定被保险人的报案时限的规定,在不存在不可抗力的情况下,一般要求出险后48小时内报案。

需要指出的是,保险公司报案受理的行为并不构成理赔的依据。

如表4-1所示为国内保险行业部分保险公司客服电话。

表 4-1　国内保险行业部分保险公司客服电话

公司名称	客服电话	公司名称	客服电话
中国人保财险公司	95518	永安财险公司	95502
中国平安财险公司	95512	大地保险公司	95590
太平洋财险公司	95500	阳光财险公司	95519

一、接报案的形式

通常被保险人可以通过电话、上门、传真等方式向保险人的理赔部门进行报案，主要是电话报案与上门报案两种方式。

1. 电话报案

电话报案是指客户直接拨打投保公司客服电话进行报案，这是目前最普遍的报案方式。各保险公司大都建立全国统一的客服电话。

2. 上门报案

上门报案是指客户亲自到保险公司报案，由于电话报案的普及，此种情况目前已经不经常出现了。

二、报案受理的内容

（1）确认客户的身份，了解客户保单信息及保障范围。

（2）了解出险机械设备情况，确认案件经过并详细记录。

（3）对可能存在的风险点进行相关信息的合适确认，并做好记录。

（4）对客户进行必要的理赔服务提醒。

三、报案受理流程

保险人接受被保险人报案后，需要开展询问案情、查询与核对承保信息、调度安排查勘人员等工作。

受理报案工作流程图如图4-4所示，主要是进行报案记录。报案记录工作主要有以下几项内容：询问案情；查询出险机械设备承保及理赔情况；生成对应的报案记录；确定案件类型。

1. 询问案情

主要询问以下几点信息：

（1）报案人信息。

报案人姓名、联系电话等（为防止机械修理企业背着客户制造现场，查勘时必须核实报案人身份，同时与投保人联系，向其通报情况）。

（2）保险机械设备的有关信息。

保险单号码、被保险人姓名、身份证号码、厂牌型号、铭牌号码等。

（3）出险信息。

出险时间、出险地点、出险原因、驾驶（操作）员姓名、事故经过和事故涉及的损失等。

其中，事故涉及的损失按"本机损失"、"本机操作人员伤亡"、"第三者人员伤亡"、"第三者其他财产损失"和"其他"的分类方式进行询问。

2. 查询承保信息

根据报案人提供的保险单号码、机型、铭牌号码等关键信息，查询出险机械的承保情况和批改情况。特别注意承保险别、保险期限以及是否通过可选免赔额特约条款约定免赔额。

无承保记录的，按无保单报案处理。

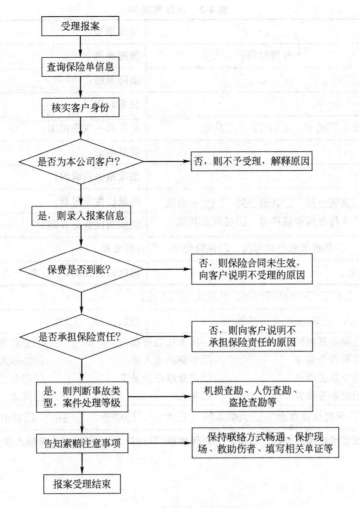

图 4-4 案件受理流程图

3. 查询历史出险、赔付信息

查询出现机械设备的本年度出险、报案信息，核实是否存在重复报案。

对两次事故出险时间相近的案件，如对连续两起以上事故的出现时间在 10 天以内的案件，应认真进行核查，并将有关情况通知查勘人员进一步调查。

4. 生成报案记录

根据出险机械设备的承保情况生成报案记录，报案记录与保险单号一一对应。

5. 指导填写有关单证，说明后续理赔安排

接报案人员在登记报案信息后，应向被保险人说明索赔程序以及注意事项。现场报案的，应向被保险人提供"出险报案表"和"索赔申请书"，并指导其据实详细填写。

（1）若接报案人员在现场接受报案，应向被保险人提供"出险报案表"和"索赔申请书"，并指导其据实详细填写。

（2）若被保险人非现场报案，应在查勘现场时请被保险人及时填写"出险报案表"和"索赔申请书"，并指导其据实详细填写。

如表 4-2～表 4-4 所示分别为工程机械保险出险报案表、工程机械保险索赔申请书和工程机械保险索赔须知。

表 4-2　出险报案表　　　　　　　　　　　　　　　　　报案编号：

被保险人：			保险单号：	
厂牌型号：	号牌号码：	牌照底色：		机械种类：
出险时间：		出险原因：		
报案人：		报案时间：		
报案方式：□电话　□传真　□上门　□其他		是否第一现场报案：　□是　□否		
联系人：		联系电话：		
出险地点：		出险地邮政编码：		
出险地点分类	□高速公路　□普通公路　□城市道路 □乡村便道和机耕道　□场院及其他	机械已作业时数：		已使用年限：
		机械初次登记日期：		
处理部门：□交警　□其他事故处理部门　□保险公司　□自行处理			排量/功率：	

驾驶人员情况	驾驶人员姓名：		初次领证日期：　　　年　　月　　日		
	驾驶证号码：□□□□□□□□□□□□□□□□□□				
	准驾机型：□A　□B　□C　□其他		性别：□男　□女		年龄：
	职业分类	□职业驾驶员	□国家社会管理者	□企业管理人员	
		□私营企业主	□专业技术人员	□办事人员	
		□个体工商户	□商业服务业员工	□产业工人	
		□农业劳动者	□军人	□其他	
	文化程度	□研究生及以上　□大学本科　□大专　□中专　□高中　□初中及以下			

事故经过：(请您如实填报事故经过。报案时的任何虚假、欺诈行为，均可能成为保险人拒绝赔偿的依据)

　　　　　　　　　　　　　　　　　　　　　　　　　　报案人签字：

　　　　　　　　　　　　　　　　　　　　　　　　　　　　　年　　月　　日

事故处理结果：

　　　　　　　　　　　　　　　　　　　　　　　　　　查勘人员签字：

　　　　　　　　　　　　　　　　　　　　　　　　　　　　　年　　月　　日

表 4-3 索赔申请书

保险单号： 报案编号：

重要提示：请您如实填写以下内容，任何虚假、欺诈行为，均可能成为保险人拒绝赔偿的依据。		
被保险人：	号牌号码：	号牌底色：
厂牌型号：	发动机号：	机架号（VIN）：
报案人：	报案时间：	是否第一现场报案：□是　□否

_____公司：

_____年_____月_____日_____时，驾驶人_____（姓名），驾驶证号□□□□□□□□□□□□□□□□□□，初次领证日期_____年_____月_____日，驾驶（操作）机械设备_____（号牌号码），行至_____（出险地点），因_____

_____（出险原因），发生_____

_____的事故，造成_____

___损失。

　　你公司已将有关索赔的注意事项对我进行了告知。现按照保险合同的约定，向你公司提出索赔申请。

　　本被保险人声明：以上所填写的内容和向你公司提交的索赔材料真实、可靠，没有任何虚假和隐瞒。如有虚假、欺诈行为，愿意承担由此产生的所有法律责任。

被保险人（法人）签章：

年　　月　　日

身份证号码：□□□□□□□□□□□□□□□□□□

联系电话：	地址：	邮政编码：

表 4-4　索赔须知

（被保险人名称/姓名）：

　　为确保您的合法权益得到充分保障，请您认真阅读本索赔须知，并按保险人的要求提供相关索赔单证和材料。

　　索赔提示：

　　（一）按照我国交通事故处理相关法律法规，对于交通事故造成的损失，应当通过交通事故责任强制保险进行赔偿处理；超过交通事故责任强制保险责任限额的部分，保险人根据商业机械保险合同的约定进行赔偿处理。

　　（二）我公司自收到您提供的证明和资料之日起 5 日内，对是否属于保险责任作出核定，属于保险责任的，我公司在与您达成赔偿保险金的协议后 10 日内，赔偿保险金。

　　请您尽早提交下列经保险人确认的单证，以便于您及时获得保险赔偿。

　　理赔单证：

　　1.□《机械保险索赔申请书》

　　2.□商业机械保险单正本　　　□交通事故责任强制保险单正本　　　□交通事故自行协商处理协议书

　　3.事故处理部门出具的：□交通事故责任认定书　　□调解书　　□简易事故处理书
　　　　　　　　　　　　　　□其他事故证明（　　　　　　　　）

　　4.法院、仲裁机构出具的：□裁定书　　□裁决书　　□调解书　　□判决书　　□仲裁书

　　5.涉及机械损失还需提供：□《机械保险损失确认书》及《修理项目清单》和《零部件更换项目清单》

　　□机械修理的正式发票（即"工程机械维修业专用发票"）□修理材料清单　　□结算清单

　　6.涉及财产损失还需提供：□《机械保险财产损失确认书》　　□设备总体造价及损失程度证明　　□设备恢复的工程预算　　□财产损失清单　　□购置、修复受损财产的有关费用单据

　　7.涉及人身伤、残、亡损失还需提供：

　　□县级以上医院诊断证明　　□出院通知书　　□需要护理人员证明

　　□医疗费报销凭证（须附处方及治疗、用药明细单据）

　　□伤、残、亡人员误工证明及收入情况证明（收入超过纳税金额的应提交纳税证明）

　　□护理人员误工证明及收入情况证明（收入超过纳税金额的应提交纳税证明）

　　□残者须提供法医伤残鉴定书　　□亡者须提供死亡证明

　　□被抚养人证明材料　　□户籍派出所出具的受害者家庭情况证明　　□户口　　□丧失劳动能力证明

　　□交通费报销凭证　　□住宿费报销凭证　　□参加事故处理人员工资证明

　　□向第三方支付赔偿费用的过款凭证（须由事故处理部门签章确认）

　　8.涉及机械盗抢案件还需提供：

　　□道路行驶证（原件）　　□出险地县级以上公安刑侦部门出具的盗抢案件立案证明

　　□已登报声明的证明　　□全套机钥匙

　　□机辆购置附加费缴费凭证和收据（原件）或机辆购置税完税证明和代征机辆购置税缴税收据（原件）或免税证明（原件）□机动机登记证书（原件）　　□机械停驶手续证明　　□机械来历凭证

　　9.被保险人索赔时，还须提供以下证件原件，经保险公司验证后留存复印件：

　　□保险机械《道路行驶证》　　　　□肇事驾驶（操作）人员的《驾驶证》（操作证）

　　领取赔款所需单证：

　　10.被保险人领取赔款时，须提供以下材料和证件，经保险公司验证后留存复印件：

　　□领取赔款授权书　　□被保险人身份证明　　□领取赔款人员身份证明

　　11.需要提供的其他索赔证明和单据：

　　（1）　　　　　　　　　　　　　　　　　　　　　（2）

　　（3）　　　　　　　　　　　　　　　　　　　　　（4）

　　敬请注意：为确保您能够获得更加全面、合理的保险赔偿，我公司在理赔过程中，可能需要你进一步提供上述所列单证以外的其他证明材料。届时，我公司将及时通知您。感谢您对我们工作的理解与支持！

　　服务专线电话：×××××

被保险人：	保险公司：
领到《索赔须知》日期：　　年　　月　　日	交付《索赔须知》日期：　　年　　月　　日
确认签字：	经办人签字：
提交索赔材料日期：　　年　　月　　日	收到索赔材料日期：　　年　　月　　日
确认签字：	经办人签字：

单元二　查勘调度

【单元要点】
　　调度派工的流程。

　　查勘调度是受理报案结束后，保险人安排查勘人员对人员伤亡情况及机械、财产损失等进行查勘跟踪和定损的过程。调度对时效要求非常高，一般在几分钟内完成，以确保查勘人员能及时与客户联系，告知客户相关注意事项。

　　由于查勘人员在收到任务未查勘之前无法判断事故的情况及相关风险点，所以调度人员是受理报案与查勘员连接的桥梁，调度人员根据报案提供的信息转告知查勘人员，并提示相关风险点，以便查勘人员能准确高效处理案件。

一、查勘调度的分类

（一）按调度级别分类

　　保险公司普遍都由本公司自己查勘人员进行查勘定损，调度人员只需直接调度给查勘人员；而在目前工程机械保险市场，大部分保险公司将其查勘定损工作委托给保险公估公司，调度人员直接把任务派工给公估公司，由公估公司派给其查勘员，如图4-5所示。

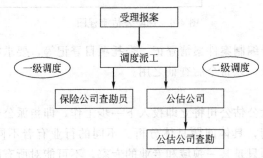

图 4-5　按调度级别分类

　　1. 一级调度

　　一级调度是指调度人员将案件直接派工给本公司查勘人员处理。

　　2. 二级调度

　　二级调度是指调度人员将案件派给委托的保险公估公司，由公估公司再次调度给其查勘人员。

　　保险公估公司为了能够很好地完成理赔公估工作，必须将业务核心细化，通过明确责任、完善自身的业务流程来实现理赔公估的业务要求，满足客户即保险公司的需求。因而，必须明确保险理赔公估工作程序。在接受委托之后，保险公估公司所要进行的理赔公估操作的工作程序主要分以下几步，见图4-6。

　　① 登记立案。

　　保险公估公司在接受委托时，首先应该对所委托案件进行立案登记，决定是否受理，对于不在本公司专业范围的业务，原则上不予受理。对于决定受理的案件，保险公估公司

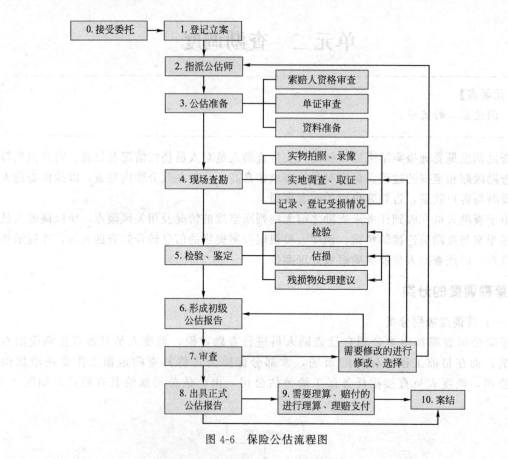

图 4-6 保险公估流程图

应根据本公司的业务编号编制案件案情登记、委托项目登记等，要求根据保险公司的陈述或书面的文件，做详细记录，以备今后查证之用。

② 指派公估师。

立案受理之后，保险公估公司将立即投入下一步工作，即指派公估师负责本案。在指派公估师时，应该根据案情，具体问题具体分析。不同的行业有着不同的专业技能和专业特点，从理论上讲，公估师只是某一领域和专业的专家，不可能对所有的案件都精通。因而指派公估师是一个严肃的问题，不能随意而为。指派相应的、适当的专业公估师前去处理问题将是公估工作成功的一半。当然，保险公估公司将各种专业人才集于麾下显然是不经济的，因而通常的做法是：确立公估师小组，通过保险公估公司的公估师与外界的专家的组合，来共同完成预定的公估任务。

③ 公估准备。

公估前的准备工作是必不可少的。首先，保险公估师小组需要集中研究案情，分析理赔公估中的难点、突破点，针对理赔公估中的主要问题安排相应的人员。同时，对保险标的进行重点研究，熟悉标的的特性，所在行业的有关规定、标准等，并对相关资料进行收集整理。当然，公估准备必须是在短时间内完成。这样就对保险公估师小组提出了更高的要求：既要准备充分，又要节省时间以保证及时赶到第一现场，收集第一手资料。

④ 现场查勘。

现场查勘是理赔公估中的关键环节之一，要求公估师小组及时赶到现场，进行实物拍照和录像，收集第一手资料。公估师小组应该按照事前的分工，迅速进入角色，在实地对受损保险标的进行全方位，多方面的调查取证工作。由于理赔公估的最重要的依据就是现场所反映的实际情况，所以，公估师小组必须仔细查勘，不放过任何一个细节，对于受损标的的有关情况，如：受损数量、受损的大致程度、受损大致金额等做详细记录，并画下现场图示说明。现场查勘不能只是简单看一看，公估师小组的专家、技术人员应该根据职业敏感、专业技术对现场情况进行客观、真实反映。只有这样才能保证理赔公估的公正、公平、科学和合理。

⑤ 检验、鉴定。

保险理赔公估业务的核心在于判定责任及确定损失程度和损失金额。因此，检验，鉴定就成为保险公估公司工作的重点，这也是体现公估质量，公估水平的关键环节。为查明致损原因、损失程度，公估师小组可以依据现场查勘的详实记录，对每一个细节，在经过整理之后，进行抽制样本、化学分析、物理试验等一系列相关分析，加之一定的逻辑推理、检验、鉴定以确定损失原因，判定损失责任划分，同时更为详细、确切地确定受损标的的损失程度、金额等情况，列出损失明细。最后，依据损失程度，保险公估人员还可以对残损标的物的处理提供处理建议。

⑥ 形成初级公估报告。

查勘、检验之后，公估师小组应该用书面的形式将整个现场查勘的经过加以说明，将检验手段、方式、经过、结果等详细过程加以记录整理，写出公估报告的初稿报上审查，2000年1月出台的《保险公估人管理规定》第39条规定："保险公估公司出具的保险公估报告至少应包括以下内容：1. 保险公估事项发生的时间、地点、起因、过程、结果等情况；2. 保险公估标的简介；3. 进行保险公估所依据的原则、定义、手段和计算方法；4. 标的理算以及其他费用的计算公式和金额；5. 保险公估结论。"可以说，《保险公估人管理规定》给出了保险公估师小组出具公估报告的基本形式，在不同的情况下，公估师还可以具体问题具体分析，体现不同案件的特殊性问题。

⑦ 审查。

初级公估报告报上审查是由公司经理室审查公估报告初稿，审查结果如果没有问题，就可以向保险公司出具正式的公估报告。如果存在问题，则需要进行修改。根据问题的严重程度，诸如公估人员与委托方共谋欺骗保险公司和公估公司的情况，则要重新指派公估师、重新调查、重新处理此案。而如果公估报告存在问题的原因是由于现场查勘取证不足，或者检验，估损不能令人满意，则可以相应地采取措施进行补救。

⑧ 出具正式公估报告。

在审查无误或经过修改审查通过之后，保险公估人员就可以出具正式的理赔公估报告。要求文路清晰，资料详实，数字准确，并且一般需要两个以上公估师签字（签章）并对其负有相关责任。同时，根据《保险公估人管理规定》第38条规定："保险公估报告必须由持有《资格证书》的保险公估公司经理或副总经理签署生效。"因此，保险理赔公估报告需经保险公估公司总经理或副总经理签署方能生效。当正式生效的理赔公估报告交给委托保险公司时即可结案。不过，如果保险公司进一步要求保险公估公司进行理算，理赔支付工作，则保险公估公司可以增加服务项目和领域，在完成上述工作后宣布结案。

（二）按损失类型分类

对于不同类型的案件需要不同专业背景的查勘人员处理，调度人员应根据案件损失情况派工。人伤查勘与机损查勘区别较为明显，机损与物损一般为同一人处理，如图4-7所示。

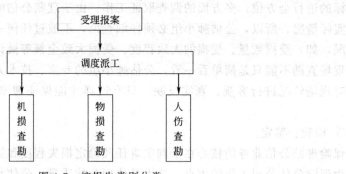

图 4-7　按损失类别分类

1. 机损查勘

机损查勘是指仅对投保的机械设备损失进行现场查勘。

2. 物损查勘

物损查勘是指仅对保险事故相关的财产损失进行查勘。

3. 人伤查勘

人伤查勘是指仅对事故造成的人员伤亡进行查勘跟踪。

二、查勘调度的流程

查勘调度的流程，如图 4-8 所示。

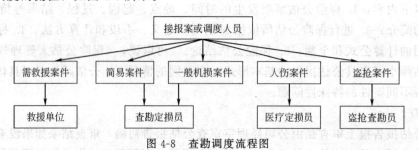

图 4-8　查勘调度流程图

（1）及时调度查勘人员进行现场查勘。

调度原则：就近调度、一次调度。同一保险机械的一起事故，不论生成几条报案记录，只生成一项查勘任务，进行一次查勘调度。

对属于保险责任范围内的事故和不能明确确定拒赔的案件，应立即调度查勘人员赶赴现场开展查勘工作，打印或传送保险报案记录（代抄件）或非机险报案记录（代抄件）给查勘人员。

同一保险机械的一起事故存在多个报案记录的，应将所有报案记录和承保信息完整告知查勘人员。

如图 4-9 所示为某保险公司工程机械保险报案记录（代抄单）。

（2）对于需要提供现场救援的案件，应立即安排救援工作。

（3）事故涉及人员伤亡的，应及时通知医疗救援人员。

对于客户需要提供救助服务的案件，确认其参保了相应救助服务特约条款的，应立即实施救助调度，按救助案件处理；对于未加保相应救助服务特约条款的客户，可协助其与救助单位取得联系。在客户同意支付相关费用的前提下，可以调度救助协助单位赶赴现场实施救助。

工程机械保险报案记录（代抄单）

保险单号： 报案编号：

被保险人：		号牌号码：		号牌底色：
厂牌型号：		报案方式：		
报案人：	报案时间：	联系人：	联系电话：	
出险时间：	出险原因：		是否是第一现场报案：	
出险地点：		驾驶（操作）人员名称：		准驾机型：
驾驶（操作）证初次领证日期：		驾驶（操作）证号码：		
处理部门：		承保公司：	客户类别：	
VIN码：	发动机号：		车架号：	
被保险人单位性质：		车辆初次登记日期：	已使用年限：	
新机购置价：			核定载客　人 核定载质量　千克	
保险期限：		机械作业区域：	机械种类：	
基本险条款类别：		争议解决方式：		

约定驾驶人员	主驾驶人员姓名：	驾驶证号码：	初次领证日期：
	从驾驶人员姓名：	驾驶证号码：	初次领证日期：

序号	险别（代码）	保险金额/责任限额	序号	险别（代码）	保险金额/责任限额
1	交通事故强制责任保险（BZ）		5	不计免赔特约（M）[A、B、D3]	
2	机械损失保险（A）		6		
3	第三者责任保险（B）		7		
4	机上人员责任险（D3）		8		

机械出险信息	
特别约定	
双方约定	

本单批改次数：	机械出险次数：	赔款次数：	赔款总计：

被保险人住址：		邮政编码：

联系人： 固定电话： 移动电话：

签单人： 经办人： 核保人： 抄单人： 抄单日期：　　年　　月　　日

图 4-9　工程机械保险报案记录（代抄单）

单元三 交通事故的责任认定

【单元要点】
> 交通事故的认定；
> 逃逸案件的处理。

一、交通事故的基本含义

交通事故是指公安机关在查明交通事故原因后，根据当事人的违章行为与交通事故之间的因果关系，以及违章行为在交通事故中的作用，对当事人的交通事故责任加以认定的行为。

二、交通事故的责任划分

公安机关交通管理部门应当根据当事人的行为对发生道路交通事故所起的作用以及过错的严重程度，确定当事人的责任。

(1) 因一方当事人的过错导致道路交通事故的，承担全部责任；

(2) 因两方或者两方以上当事人的过错发生道路交通事故的，根据其行为对事故发生的作用以及过错的严重程度，分别承担主要责任、同等责任和次要责任；

(3) 各方均无导致道路交通事故的过错，属于交通意外事故的，各方均无责任。

一方当事人故意造成道路交通事故的，他方无责任。

省级公安机关可以根据有关法律、法规制定具体的道路交通事故责任确定细则或者标准。

三、交通事故的认定

1. 交通事故认定的原则

坚持"以事实为论据，以法律为准绳"的原则。这是我国司法工作的基本原则之一，也是我们认定交通事故责任的基本原则。所谓"以事实为依据"，是指在概述事故基本情况和当事人主要违章情节时，要以调查的客观事实作基础，如实反映交通事故情况，既不能扩大，也不能缩小，从而认定交通事故全部事实，使交通事故的责任认定工作真正建立在客观的基础上，任何时候都经得起检验。所谓"以法律为准绳"，是指在查清交通事故事实的基础之上，以国家公布的交通法规和其他有关法律规定为标准，运用有关条文，依法对交通事故作出正确的责任认定。"以事实为依据，以法律为准绳"是相互联系的一个事物的两个方面。没有查清交通事故事实或事实认定有错误，就无法正确适用交通法规，同样，交通事故的事实查得清楚，如果没有准确运用交通法规的规定，仍然不可能得到正确的责任结论。所以两方面都不能忽视，任何只顾一个方面，忽略另一个方面的认识都是错误的，只有两者充分兼顾，互相统一，才能真正准确地认定交通事故责任。

2. 交通事故认定的方法

坚持"全面分析，综合评断"的方法。对事故责任认定首先要从各个角度、各个方面分析交通事故发生的原因，把造成交通事故的各种相关的因素都找出来，不管这种因素是直接的还是间接的，必然的还是偶然的，主观上的还是客观上的，都要认真加以分析，研究判断每一因素与交通事发生之间的内在联系及各个因素之间的具体联系，然后抓住矛盾，严格按照交通事故责任的构成，从是否有违反交通规则的行为存在，违章行为和损害后果之间是否有因果关系等综合进行考虑，从而作出准确的责任认定。

3. 交通事故认定的实施

公安机关交通管理部门应当自现场调查之日起十日内制作道路交通事故认定书。交通肇事逃逸案件在查获交通肇事车辆和驾驶人后十日内制作道路交通事故认定书。对需要进行检验、鉴定的，应当在检验、鉴定结论确定之日起五日内制作道路交通事故认定书。

发生死亡事故，公安机关交通管理部门应当在制作道路交通事故认定书前，召集各方当事人到场，公开调查取得证据。证人要求保密或者涉及国家秘密、商业秘密以及个人隐私的证据不得公开。当事人不到场的，公安机关交通管理部门应当予以记录。

道路交通事故认定书应当载明以下内容，如图 4-10 所示：

(1) 道路交通事故当事人、车辆、道路和交通环境等基本情况；

(2) 道路交通事故发生经过；

(3) 道路交通事故证据及事故形成原因的分析；

(4) 当事人导致道路交通事故的过错及责任或者意外原因；

(5) 作出道路交通事故认定的公安机关交通管理部门名称和日期。

道路交通事故认定书应当由办案民警签名或者盖章，加盖公安机关交通管理部门道路交通事故处理专用章，分别送达当事人，并告知当事人向公安机关交通管理部门申请复核、调解和直接向人民法院提起民事诉讼的权利、期限。

交通事故责任认定，应自交通事故发生之日起按下列时限作出，即：轻微事故 5 日内，一般事故 15 日内，重大、特大事故 20 日内。因交通事故情节复杂不能按期作出认定的，须报上一级公安交通管理部门批准，按上述规定分别延长 5 日、15 日、20 日。

4. 交通事故认定书的写作方法

道路交通事故责任认定书属制作式文书，主要由首部、认定内容、尾部三部分组成。

(1) 首部

① 标题。

在文书顶端正中写明"道路交通事故责任认定书"字样。

② 编号。

在标题正下方注出案件编号"第××号"。

③ 责任认定的时间及地点。

如："时间：2012 年 10 月 28 日下午 2 时 30 分

地点：××市××街南段"

④ 案由过渡语

继时间和地点之后，另起一行写明下一段文字：

"对于 20××年×月×日×时×分发生在××（写明事故发生的路段）的×××（事故一方人姓名）和×××（事故另一方人姓名）交通事故，经本机关现场调查，分析研究后，做出如下责任认定。"

××市公安交通警察大队

道 路 交 通 事 故 认 定 书

×公交认字〔××〕第××号

交通事故时间：　年　月　日　时　　　　　　　天气： 交通事故地点：
当事人、车辆、道路和交通环境等基本情况：
道路交通事故发生经过：
道路交通事故证据及事故形成原因分析：
当事人导致交通事故的过错及责任或者意外原因：   交通警察： 　　　　　　　　　　　　　　　　　　　　　　　　　年　月　日

　　当事人对交通事故认定有异议，可自本认定书送达之日起三日内，向上一级公安机关交通管理部门提出书面复核申请，复核申请中应当载明复核请求及其理由和主要证据。对交通事故损害赔偿的争议，当事人可以请求公安机关交通管理部门调解，也可以直接向人民法院提起民事诉讼。交通事故损害赔偿权利人、义务人一致请求公安机关交通管理部门调解赔偿的，应当在收到道路交通事故认定书或者上一级公安机关交通管理部门维持原道路交通事故认定的复核结论之日起十日内向公安机关交通管理部门提出书面调解申请。

图 4-10　道路交通事故认定书

（2）认定内容。

这是该责任认定书的关键项目，应用分条分项的方式——写明分析认定的具体内容。分析应依据交通现场勘查、询问见证人及车辆检验等情况进行推论，说明负有责任的一方因何原因，违反了交通管理法规的哪一条，以致造成了该交通事故，据此应负此起事故的什么责任。分析应入情入理，合理公正，提出的违章依据与后面的责任认定结果要紧密关联，互为因果。

继认定结果之后用"特此认定"公文落款语结尾，右下角加盖认定机关公章，并注明承办人姓名、年月日，并加盖承办单位公章。

（3）尾部。

根据交通法规有关规定，当事人对交通事故责任认定书不服的，有权向做出该责任认定书的上一级交警部门申请重新认定。据此在尾部应写明"此认定书，已于××××年×月×日向当事人各方宣布，当事人不服的，可在接到认定书后15日内向××交警大队申请重新认定"。

最后写明本责任认定书分送的形式：（一式两份，一份交当事人，一份存档）。

四、特殊交通事故的处理

1. 逃逸交通事故的处理

逃逸交通事故尚未侦破，受害一方当事人要求出具道路交通事故认定书的，公安机关交通管理部门应当在接到当事人书面申请后十日内制作道路交通事故认定书，并送达受害一方当事人。道路交通事故认定书应当载明事故发生的时间、地点、受害人情况及调查得到的事实，有证据证明受害人有过错的，确定受害人的责任；无证据证明受害人有过错的，确定受害人无责任。

2. 无法查清事故的处理

道路交通事故成因无法查清的，公安机关交通管理部门应当出具道路交通事故证明，载明道路交通事故发生的时间、地点、当事人情况及调查得到的事实，分别送达当事人。

五、交通事故认定的复核程序

1. 交通事故认定的复核程序

当事人对道路交通事故认定有异议的，可以自道路交通事故认定书送达之日起三日内，向上一级公安机关交通管理部门提出书面复核申请。

复核申请应当载明复核请求及其理由和主要证据。

2. 不予受理情形

上一级公安机关交通管理部门收到当事人书面复核申请后五日内，应当作出是否受理决定。有下列情形之一的，复核申请不予受理，并书面通知当事人。

（1）任何一方当事人向人民法院提起诉讼并经法院受理的；

（2）人民检察院对交通肇事犯罪嫌疑人批准逮捕的；

（3）适用简易程序处理的道路交通事故；

（4）在道路以外通行时发生的事故。

公安机关交通管理部门受理复核申请的，应当书面通知各方当事人。

3. 复核结论

上一级公安机关交通管理部门自受理复核申请之日起三十日内，对下列内容进行审查，

并作出复核结论:

    (1) 道路交通事故事实是否清楚,证据是否确实充分,适用法律是否正确;

    (2) 道路交通事故责任划分是否公正;

    (3) 道路交通事故调查及认定程序是否合法。

    复核原则上采取书面审查的办法,但是当事人提出要求或者公安机关交通管理部门认为有必要时,可以召集各方当事人到场,听取各方当事人的意见。

    复核审查期间,任何一方当事人就该事故向人民法院提起诉讼并经法院受理的,公安机关交通管理部门应当终止复核。上一级公安机关交通管理部门经审查认为原道路交通事故认定事实不清、证据不确实充分、责任划分不公正、或者调查及认定违反法定程序的,应当作出复核结论,责令原办案单位重新调查、认定。

    上一级公安机关交通管理部门经审查认为原道路交通事故认定事实清楚、证据确实充分、适用法律正确、责任划分公正、调查程序合法的,应当作出维持原道路交通事故认定的复核结论。

    上一级公安机关交通管理部门作出复核结论后,应当召集事故各方当事人,当场宣布复核结论。当事人没有到场的,应当采取其他法定形式将复核结论送达当事人。

    上一级公安机关交通管理部门复核以一次为限。

单元四　现场查勘与立案

【单元要点】

    现场查勘的流程与内容;

    立案处理。

    现场查勘是对事故现场进行实地、仔细、深入的调查,是理赔工作的重要环节,是保险案件赔付的基础。现场查勘工作质量的好坏,直接影响保险合同双方当事人的利益。

    通过现场查勘采集与事故有关的物证,为保险责任认定准备证据。查明出险原因,掌握第一手资料,取得处理赔案的依据。

    查勘工作是保险理赔承上启下的重要环节,是确定保险责任的关键步骤,是开展核损工作的主要依据,也是保险公司控制风险的前沿阵地。

    在实际工作中,一些客户在出现保险事故后,会首先通知机械销售公司,因此工程机械保险现场查勘可能还会有工程机械销售公司专业的销售或售后服务人员参与。掌握现场查勘技术、掌握必要的现场查勘判断与分析方面的有关知识非常必要。

一、现场查勘的目的

    现场查勘是证据收集的重要手段,是准确立案、查明原因、认定责任的依据,也是保险赔付、案件诉讼的重要依据。因此,现场查勘在事故处理过程中具有非常重要的意义。

    1. 查明事故的真实性

    通过客观、细致的现场查勘,证明案件是否为普通单纯的保险事故,是否为骗保而伪造事故,以确定事故的真实性。

    2. 确定标的机械设备在事故中的责任

    通过对现场周围环境、设施条件的查勘,可以了解视距、视野、地形、地物等对事故发生的客观影响；对事故经过进行分析调查，查明事故的主要情节和违反安全操作规程的因素，分析标的设备在事故中所承担的责任。

3. 确定事故的保险责任

通过现场的各种痕迹物证，对当事人和证明人的询问和调查，对事故经过进行分析调查，查明事故发生的主要情节，结合保险条款和相关法规，确定事故是否属于保险责任范围。

4. 确认事故的损失

通过对受损机械的现场查勘，分析损失形成的原因，确定该起事故中造成的标的机械及第三者的损失范围。通过对第三者受损财物的清点统计，确定受损财物的受损情况，为核定损失提供基础资料，损失较小者可以现场确定事故损失。

二、现场查勘的要求

1. 及时迅速

现场查勘是一项时间性很强的工作。要抓住案发不久、痕迹比较清晰、证据未遭破坏、证明人记忆犹新的特点，取得证据。反之，到案不及时，就可能由于人为和自然的原因，使现场遭到破坏，给查勘工作带来困难。所以，事故发生后查勘人员要用最快的速度赶到现场。

2. 细致完备

现场查勘是事故处理程序的基础工作。现场查勘一定要做到细致完备、有序，查勘过程中，不仅要注意发现那些明显的痕迹证物，而且，特别要注意发现那些与案件有关的不明显的痕迹证物。切忌走马观花、粗枝大叶的工作作风，以免由于一些意想不到的过失使事故变成复杂化，使事故处理陷于困境。

3. 客观全面

在现场查勘过程中，一定要坚持客观、科学的态度，要遵守职业道德。在实际中可能出现完全相反的查勘结论，要尽力防止和避免出现错误的查勘结果。

4. 遵守法定程序

在现场查勘过程中，要严格遵守相关查勘规定。要爱护公私财物，尊重被询问、访问人的权利，尊重当地群众的风俗习惯，注意社会影响。

三、现场查勘的工作流程

现场查勘工作一般由两名左右查勘定损人员共同进行，并视情况通知有关部门参与。现场查勘基本工作流程如图 4-11 所示。

接报案中心调度派工，查勘员做好查勘准备，立即与当事人联系并赶赴现场，抵达现场做好记录准备，核实当事人相关证件，对现场进行详细查勘，并进行现场拍照，分析事故原因，编写查勘报告，整理单证后上报案件资料。

四、接受调度

（1）查勘人员接到调度任务时，应及时记录出险地点、客户姓名、联系电话、机械型号及报案号，并了解该案简单事故经过等案件相关信息。然后在 5 分钟内与客户电话联系，了解事故详细地点及简单经过，告知客户预计到达现场的时间，对客户做初步的事故处理指导。

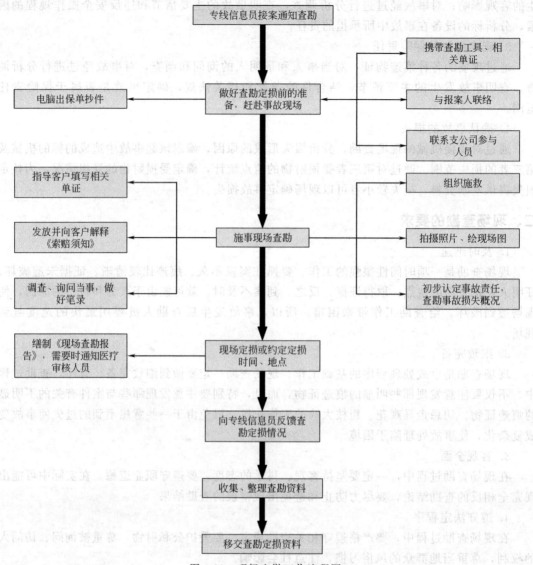

图 4-11 现场查勘工作流程图

（2）查勘人员如果正在另一事故现场勘查过程中，正在处理的事故现场在短时间内能处理完毕，并预计能够按时或稍晚些时候可以赶到下一个事故现场的，查勘人员应及时记录好案件信息并在 5 分钟内与客户联系，说明情况，安抚客户情绪，消除客户的急躁心态，最好能够给予客户一些保护现场、减少损失的提醒事项，让客户心中有数，并把情况向调度中心反馈。

事故现场在短时间内不能处理完毕并预计不能够按时赶到下一事故现场的，查勘人员应及时与调度中心进行沟通，取得调度中心支持，另行调度。

（3）查勘人员在赶赴现场遇到道路严重堵塞、停滞不前或查勘机发生故障不能前往等特殊情况，导致不能按时到达事故地点时，应立即向调度中心反馈，取得客服中心的支持，另行调度，并向客户说明。

（4）查勘人员接案后无法联系客户或经联系客户所掌握的案件信息与报案信息有严重出入的情况，应即刻反馈调度中心进行核实。

五、现场查勘的准备工作

在赶赴现场之前，查看人员必须携带必要的查勘工具和救护用具，准备好查勘单证及相关资料。需要准备的用品及用具如下：

1. 查勘设备

相机、录音笔、手机等，重大案件需携带录像机；相应的电池及备用电池的电量是否充足够用，携带充电器；测量使用的钢卷尺、皮尺等；记录用的签字笔、书写板、三角板、印泥、名片、事故现场所在地地图等文具；夜间查勘需准备手电筒；雨雪天查勘需准备雨伞、雨衣、胶鞋、手套等。

2. 常用药具

为备发生意外情况的不时之需，可常备创可贴、跌打损伤药膏、碘酒、风油精、正气水、药棉、纱布、绷带等常用药具。

3. 作业资料

现场查勘报告单、定损单、索赔指导书、出险通知书、索赔申请书、索赔指引、赔款收据、事故处理书和其他委托单位要求在现场派发或收集的资料。

4. 检查查勘用车

出发前，应仔细检查开赴现场的车辆车况。检查外观是否完好，胎压是否正常；公里数及油量是否与"车辆使用登记表"记录情况相符；车上工具（方向盘锁、备胎、工具箱、警示牌、反光背心、物品箱、安全锤等）是否齐全可用；检查行驶证及油卡（油量不充足时，油卡能否加油）、驾驶证是否携带；启动车辆并测试其转向性、制动性、启动性是否正常等。

六、现场查勘工作

查勘人员到达事故现场后，应先将查勘车辆停放在不影响通行的安全位置，携带好查勘工具下车，立即进行现场查勘工作。

查验相关信息可以简要概括为"机械"、"单证"、"人员"和"区域"，如图 4-12 所示。

图 4-12 现场查勘主要内容

1. "机械"

（1）主要查验事故机械是否属于承保标的。

通过比较事故现场的机械类型、型号与保险单承保的机械类型、型号是否相同，以便查验出险机械是否为保险公司所承保的机械标的。

（2）查看该保险标的是否经过改装、加装，如挖掘机的铲斗换装破碎锤，确定是否属于保险合同事先约定或事后补充的内容。否则，因保险机械危险程度增加而发生的保险事故，保险人不承担赔偿责任。

2. "单证"

（1）验证保险单。主要查验承保事故机械的保险单是否为本公司所出，保险单的承保时间是否到期，保险单上注明的保险标的是否与事故机械的信息一致，保险单是否有涂改痕迹等。

（2）验证操作证。目前，我国工程机械行业各类机型并没有统一的操作证，但保险公司对挖掘机一类的主流机型的操作证都有要求，目的是为了控制保险责任风险，确保持证施工。但各保险公司对哪种类型操作证的认可也没有统一标准，查勘人员要根据保险公司对操作证的规定验证事故机械的操作员是否有操作证，注意操作证是否与操作员一致，是否在有效期内。

3. "人员"

（1）核验操作员。机械出险后，查勘人员要尽快确定操作员的身份，是否为保险公司认可持证的操作员，是否为被保险人许可的操作员，操作员操作机械是否为准操作机械，操作员是否出现违规操作情况，操作员陈述事实经过是否有隐瞒或谎报等。

（2）核实人员伤亡情况。如果出险人员伤亡情况，要迅速组织和参与救援，核实伤亡人员的身份、数量和基本伤亡情况，并做好详细记录。

4. "区域"

主要查验事故机械所在地。保险公司出具的保单中一般会载明承保的工程机械地址为限定区域（例如某省份、某地市、某具体区域），查勘人员要按照保险单约定的内容查验事故机械的出险地是否属于保险公司的承保区域，如果被保险人的机器设备跨出该限定区域施工，是否及时通知保险公司并办理批单，否则，保险公司可以不承担保险责任。

七、现场取证工作

现场查勘的确证过程，实际上是查清损失原因和损失情况的过程，查勘人员现场取证可以通过"问"、"看"、"摄"、"思"等方式开展，如图4-13所示。

1. 问

查勘人员到达事发现场之后，应当向当事人和目击者询问事故的相关情况。

（1）出险时间。应该仔细询问当事人的陈述，如有人员伤亡、盗抢情况的，还应仔细核对公安部门的证明与当事人的陈述时间是否一致。对于有疑问细节，要详细了解机械的启动时间、作业时长、作业区域、伤者住院治疗时间等情况。如果发现确有不一致的情况，要及时向公安部门核

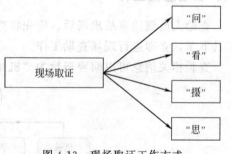

图4-13 现场取证工作方式

实或者向其他当事人、目击者了解情况。对于接近保险起讫期出险的案件，应特别慎重，认真查实，谨防虚假事故或故意事故的出现。

（2）出险地点。确定出险地点的目的是为了确定出险机械是否超出了保单所列明的作业区域，是否属于在责任免除地（如经营性修理场所）发生的损失。

（3）出险原因。根据保险事故的认定原则，造成损失的原因必须是"近因"。如有公安、消防等部门的证明材料，应作为重要认定依据。

（4）出险经过。叙述出险经过与原因时，一般要求操作员填写，操作员本人不能填写的，要求被保险人或相关当事人填写。

（5）财产损失情况。主要包括保险机械损失情况、第三者财产损失情况。仔细确定财产的损失部件和损失程度，应当注意各项损失是否与本次事故具有因果关系，不是由于本次事故造成的财务损失不属于保险责任范围。

（6）人员伤亡情况。查勘人员伤亡情况时，首先要明确本机伤亡人员的相关信息：姓名、性别、年龄、与被保险人之间的关系、受伤人员的受伤程度。其次要明确第三者伤亡的相关信息：姓名、性别、年龄、受伤人员的受伤程度。这些信息将为医疗核损人员查勘、核损时提供有力的原始依据。

（7）施救费用。工程机械施救费用相对较高，如在山区作业倾覆翻入山沟的施救费用。查勘人员应该在施救结束后及时了解施救费用的实际发生额度，并查明是否属于保险责任的承担范围，但救人等必要费用应由保险公司承担。

2. 看

查勘人员来到事发现场后，要自己观察机械及周围情况，仔细发现能够查明事故原因的痕迹或现象。

（1）观察操作员。是否存在神色慌张，叙述矛盾，前后不一致等情况，是否存在掩盖某些事实的迹象，是否存在称报的操作员并非实际操作员的可能。

（2）观察作业环境。保险机械实施作业的环境，如土质松软、地基塌陷、建筑物坍塌、视野狭窄等是否可以造成已经发生了损失的保险事故。是否属于意外情况、不可抗力等排除保险责任的情况。

（3）观察受损机械。机械状况是否符合正常操作的要求，机械所在位置是否在事故发生后被人为更改过。

如果发生侧翻、倾覆，要观察侧翻、倾覆的痕迹和损失情况，是否符合报案人的叙述过程。

如果发生火灾，要寻找起火部位，观察烧损情况，初步界定机械是否属于自燃。

如果发生水损，要观察事发地是否会造成已经发生了的损失，发动机等要害部位是否进水，是否属于保险责任。

3. 摄

为了如实反映事故现场的真实情况，需要保留相应的证据，以备定损研究和事后核审所用，现场查勘人员应当十分注重通过摄影记录损失情况。因为，现场拍摄的照片不仅是赔款案件的第一手资料，而且也是查勘报告的旁证材料，应予以充分的重视，防止出现技术失误。

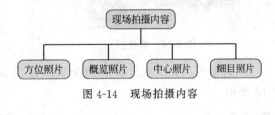

图 4-14　现场拍摄内容

（1）现场拍摄内容，如图 4-14 所示。

① 方位照片：根据事故现场为中心的周围环境采用不同的方位，拍摄现场的不同位置、事故全貌。

② 概览照片：适当距离采用平视角度拍摄事故现场相关标的物的相对位置及相互之间的关系。

③ 中心照片：在近距离拍摄事故现场中心、重要局部、痕迹位置及相关物体之间的关系。

④ 细目照片：使用近距离拍摄事故现场机械、环境、物体痕迹及相关物体的特征。如发动机号、铭牌号码；事故机械与其他物体接触面、人员伤亡血迹、机械故障遗留痕迹、其他受损物体痕迹等。

（2）摄影要求。

① 拍摄第一现场的全景照片、痕迹照片、物证照片和特写照片。

② 拍摄能够反映局部受损的特写照片。

③ 拍摄的照片是固定、记录事故证据的重要资料，照片的内容应与现场事故记录相关内容一致。

④ 应该客观、真实、全面反映拍摄对象。

⑤ 照片不得有艺术夸张，尽量使用标准镜头，应清晰、反差适当、层次分明。

⑥ 痕迹摄像时可以采取卷尺反映痕迹尺寸关系。

⑦ 一般照片规格为 640×480，即 30W 像素。

（3）现场拍摄的照片类型（见图 4-15）。

① 前景照：前 45°角拍摄反映机械的前面和侧面，如图 4-16 所示。

② 后景照：后 45°角拍摄的照片也反映机械的后侧和侧面等基本情况，如图 4-17 所示。

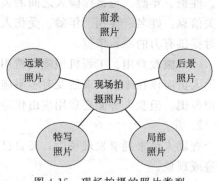

图 4-15　现场拍摄的照片类型

图 4-16　前景照

图 4-17　后景照

③ 远景照：要反映出事故的全貌。包括事故的地理环境、机械的相对位置等，如图 4-18 所示。

图 4-18　远景照

④ 局部照：主要反映机械的受损部位等详细情况，如图 4-19 所示。

图 4-19 局部照

⑤ 特写照：反映受损部位最真实的照片，以及受损机械的操作证照、铭牌号码等，如图 4-20 所示。

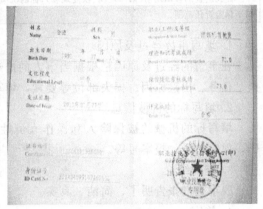

(a) 标的机械铭牌号码　　　　　　　　　　　(b) 机械操作证

图 4-20 特写照

4. 思

查勘人员对于自己所看到、听到、拍摄到、观察到的各种现象，要进行认真的分析，通过各种现象的相互佐证，运用自己的专业知识，分析出眼前事故的真实原因，尤其特别注意保险起讫期的标的机械事故。

八、现场查勘报告的撰写

(一) 现场查勘报告的内容和要点

(1)《现场查勘报告》中应写明标的机械的情况，包括发动机号码、机型、铭牌号码、作业区域、承保情况等。

(2)《现场查勘报告》中应写明标的机械出险操作员的情况，包括操作证颁发机构、联系电话、与被保险人的关系等。

(3)《现场查勘报告》中应写明出险的时间、地点、原因和经过。

(4)《现场查勘报告》中应写明查勘的人员、时间、地点和经过。

(5)《现场查勘报告》中应按险别分别记录损失项目和预计损失金额，损失的项目要齐全，预计损失金额尽量趋于准确，特殊情况要做说明。对受损部位做大体的描述，对损坏的零配件明细做详细的记录。对事故中伤亡的人员，主要记录姓名、性别、年龄、所在医院、伤情等；对事故中受损的财产，要记录名称、类型、数量、重量等。

（6）《现场查勘报告》中应写明事故是否属实，事故损失是否属于保险责任范围，标的机械在事故中所负的责任。

（7）缮制《现场查勘报告》时，要求内容详实、字迹清晰，并需公估人和相关当事人签字。

（二）现场查勘报告撰写流程

现场查勘报告填写主要包括：填写事故原因及经过、填写标的机械信息、查勘结论、签字。如表 4-5 所示为现场查勘报告填写示例。

表 4-5 现场查勘报告填写示例

事故经过栏标准填写：
据操作员××所述，于×××年××月××日××时，在××地方，因××原因造成标的机械发生侧翻事故。第三者受损情况，标的机械受损情况。接下来写需要注明的部分，在最底下写：请您在 24 小时内在××损点先定损后维修。
查勘结论栏标准填写：
经我组查勘移动现场（第一现场、恢复现场），标的机械因××原因发生侧翻造成机损事故属实，痕迹吻合、高度一致，属于保险责任范围。

1. 填写事故经过及原因

在事情的经过及原因栏根据当事人的描述进行填写，事故经过的描述要体现出时间、地点、任务、出险原因、损失部位等要素，填写完毕后要求当事人签字确认事实。

2. 填写标的机械信息

填写标的机械的被保险人和操作人员姓名、性别、年龄，发动机号码、机型、铭牌号码，保险单号、报案号等。

3. 查勘结论

要求查勘报告明了、简洁、真实。

4. 签字

根据查勘报告表上相应的位置由被保险人或指定人、查勘员等签字确认。

九、现场查勘信息反馈

查勘员现场查勘完毕后，将现场查勘结果反馈给调度中心。调度中心向被保险人询问查勘人员的工作情况及对查勘的意见。对于被保险人提出的意见或建议，调度中心根据情况需要查勘员说明的或补充的信息等应及时反馈给查勘员。

具体工作过程如下：

（1）查勘员赶赴现场后向调度中心及时反馈信息，查勘员在现场查勘事故机械完毕后，需要与调度中心反馈现场查勘情况及查勘结论。

（2）调度中心根据查勘原则的及时性、准确性、合理性向被保险人询问现场查勘员对案件处理的情况。

（3）根据被保险人反馈的信息，对现场查勘员进行评价，提高现场查勘工作效率与工作质量。

十、案件资料移交

案件资料上传是现场查勘工作中的最后一个步骤，是反映现场查勘工作质量的一个环节，也是体现保险公司整体水平及个人业务能力的一个重要方面。查勘员按案件大小、难易程度等根据保险公司的现场信息上传时间要求，将现场采集到的信息录入公司系统、递交原始资料。

具体工作过程如下：

（1）录入案件相关查勘信息，在系统相应表格填写查勘结论或说明。如表4-6所示为某保险公司出险调查报告。

（2）上传案件资料要及时，查勘完毕后必须将当天的案件整理完整。

（3）整理上传照片要清晰、完整、顺序一致。

（4）上传照片大小为：640×480 像素。

表4-6　××保险公司出险调查报告　　赔案编号：_____

承保险别		使用性质	
被保险人		出险原因	
保单号码		出险地点	
保险金额		出险时间	上 年　月　日　午　时　分 下
保险期限	年　月　日至　年　月　日	驾驶员姓名	
出险标的名称		驾驶证号码	
出险标的号码		准驾机械类型	
调查记录（包括：现场情况，出险当时的情况，是否涉及第三者及施救措施等）			
损失核计：		保险责任审核：	
处理意见：		经办公司审批意见：	
调查员：　　年　月　日		经理：　　年　月　日	

十一、确定保险责任

经过整理分析获取的查勘资料，包括查勘记录及附表、查勘照片和询问笔录，以及操作证照片等，结合保险机辆的查勘信息、承保信息及历史赔案信息，判断保险责任。经查勘人员核实，属于保险责任范围的，应进一步确定被保险人在事故中所承担的责任，以及有无向第三者追偿问题。同时，还应注意了解保险机械有无在其他公司重复保险的情况，对重复报案、无效报案、明显不属于保险责任的报案，应按不予立案或拒绝赔偿案件处理。

确定保险责任后，还需初步确定事故损失金额，并估算保险损失金额。事故损失金额是指事故所涉及的全部损失金额，包括保险责任部分损失和非保险责任部分损失。保险损失金额是指在事故损失金额基础上，简单地根据保险条款和保险原则剔除非保险责任部分损失后的金额。

对不属于保险责任的，应对事故现场、机械、涉及的第三者财产和人身伤亡情况进行认真的记录、取证、拍照等，以便作为拒赔材料存档，同时向被保险人递交拒赔通知书。

十二、对现场查勘人员的要求

现场查勘人员的工作是上述理赔流程中的现场查勘、填写查勘报告和初步确定保险责任，是整个理赔工作的中前期工作，它关系到本次事故是否是保险事故、保险人是否应该立案，从而关系到保险人的赔款准备金等等。查勘工作未做好，整个理赔工作就会很被动，后面的工作甚至无法进行，所以现场查勘工作是保险理赔工作的重中之重。由于现场查勘中包含众多保险知识和工程机械知识，并且查勘人员又是外出独立工作，所以对现场查勘人员有下列要求。

1. 良好的职业道德

查勘工作的特点是与保险双方当事人的经济利益直接相关，而它又具有相对的独立性和技术性，从而使查勘人员具有较大的自主空间。为了防止一些不良的修理厂、被保险人对检验人员实施各种方式的利诱，希望虚构、谎报或高报损失，以获得不正当利益，因而要求检验人员具有较高的职业道德水平。首先，应加强思想教育工作，使检验人员树立建立在人格尊严基础上的职业道德观念。其次，应当加强内部管理，建立和完善管理制度，形成相互监督和制约的机制（如双人查勘，查勘定损分离等）。同时，应采用定期和不定期审计和检查方式，对检验人员进行验证和评价，经常走访修理厂和被保险人，对被保险人进行问卷调查以了解其工作情况。最后，加强法制建设。加强对检验人员的法制教育，使其树立守法经营的观念。加大执法力度，对于违反法律的应予以严厉的处分，以维护法律的尊严，起到应有的震慑和教育作用。同时，实施查勘定损人员的准入制度，使查勘人员收入和劳动与技术输出相适应，这是有效管控查勘人员的最有效的办法。

2. 娴熟的专业技术

工程机械保险事故查勘人员需要具备的专业技术主要包括：工程机械构造和修理工艺知识、保险事故相关的法律法规以及处理办法、工程机械保险的相关知识。这些都是作为一个查勘人员分析事故原因、分清事故责任、确定保险责任范围和确定损失所必需的知识。

3. 丰富的实践经验

丰富的实践经验能够有助于查勘人员准确地判断损失原因，科学而合理地确定修理方案，另一方面，在事故的处理过程中，丰富的实践经验对于施救方案的确定和残值的处理也会起到重要的作用。同时，具有丰富的实践经验对于识别和防止道德风险和保险欺诈有着十分重要的作用。

4. 灵活的处理能力

尽管查勘人员是以事实为依据，以保险合同及相关法律法规为准绳的原则和立场开展工作。但是，有时各个关系方由于利益和角度的不同，往往产生意见分歧，甚至冲突。而焦点大都集中表现在查勘人员的工作上，所以，查勘人员应当在尊重事实、尊重保险合同的大前提下，灵活地处理保险纠纷，尽量使保险双方在"求大同，存小异"的基础上对保险事故形成统一的认识，使案件得到顺利的处理。

十三、立案

立案是指经初步查验和分析判断，对属于保险责任范围内的事故进行登记予以受理的过程。查勘定损人员应根据现场查勘记录和有关证明材料，依照保险条款的有关规定，全面分析主、客观原因，确定保险事故是否属于保险责任范围，并及时决定是否立案。

（1）立案前的准备工作。如图 4-21 所示。

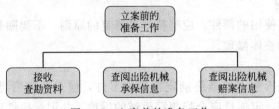

图 4-21 立案前的准备工作

（2）立案处理流程。如图 4-22 所示。

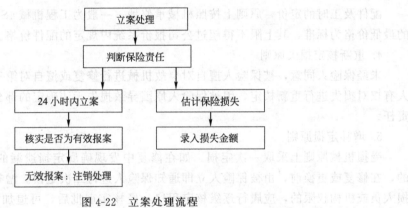

图 4-22 立案处理流程

① 对于经过现场查勘，认定在保险有效期内，且属于保险责任范围的案件，应进行立案登记，正式确立案件，统一编号并对其进行程序化的管理。立案登记项目依据"出险报案表"和"事故现场查勘记录"中的有关内容认真、准确、详实地填写。

② 对于经过现场查勘，认定不属于保险责任范围的案件，按不予立案或拒赔案件处理，并在"出险报案表"和"保险报案、立案登记簿"上签注"因××原因拒赔"，同时向被保险人送达"拒赔通知书"，并做出必要的解释。

单元五 定 损

【单元要点】

定损的原则；

定损的流程；

损失项目和程度。

定损是对保险事故所造成的损失情况进行现场和专业的调查和查勘，对损失的项目和程度进行客观和专业的描述和记录，对损失价值进行确定的过程，其中包括机械损失、其他财产损失、施救费用、残值处理和人身伤亡费用等的确定。

现场查勘结束后，查勘人员应会同被保险人一起进行机械损失的确定，制作定损单。如果涉及第三者财产损失，还包括会同第三者损失方进行定损。

一、定损的原则和办法

（一）定损的原则

1. 修复为主的原则

对于经修复和继续使用的部件，应坚持尽量修复的原则，不要随意更换新的零部件；能局部修复的不能扩大到整体修理。

2. 拆解定损原则

对损失较大或不经拆解不能最终确定损失的案件，应在拆解后再出具全部损失核定报告。需拆解定损的机械，定损员应全程跟踪机械的拆检，并记录换件项目、待检项目和修理项目。同时，应注意妥善保管修换零配件和待检零配件。

3. 配件及工时定价原则

配件及工时的定价，原则上按照机械承修地（一般为工程机械4S店），购置其适用配件的最低价格为标准，其上限不得超过公司报价系统内规定的配件价格。

4. 重新核定损失原则

未经保险人同意，被保险人擅自对事故机械进行修复或擅自对第三者进行赔付的，保险人有权对损失进行重新核定，因被保险人原因导致损失无法确定的部分，保险人不承担赔偿责任。

5. 增补定损原则

受损机械原则上采取一次定损。如在修复中发现确属定损遗漏的项目，需要增加修理的，在修复或更换前，由被保险人立即通知保险人进行二次定损。增补后如损失金额超过定损人员或机构权限的，应履行逐级核定程序，经核实审批后，可追加修理项目和修理费用。增补定损项目时，应注意区分零部件损坏是在抄检过程中、保管过程中、施救过程中发生的，还是保险事故发生时造成的损失。由于承修方在修理时造成的损失扩大部分，不予做增项处理。

（二）定损的方法

1. 协商定损

协商定损是由保险人、被保险人以及第三方协商确定保险事故造成的损失费用的过程。

2. 公估定损

公估定损是由专业的公估机构负责对保险事故造成的损失进行确定的过程，保险公司根据公估机构的检验报告进行赔款理算，这种引入由没有利益关系的第三方负责定损核损工作的模式能更好地体现保险合同公平的特点，避免了合同双方的争议和纠纷。

3. 专家定损

对于个别技术性、专业性要求极高的案件，可聘请专家进行定损，以保证全面、客观、准确地确定保险事故造成的损失费用，维护合同双方的合法权益。

目前，在工程机械保险实务中，通常采用的是协商定损的方式。同时，公估定损也是较为常见的定损核损方式。

二、机械定损的流程

保险机械出险后的定损内容主要有：机械定损、人员伤亡费用的确定、施救费用的确定、其他财产损失的确定和残值处理等，如图 4-23 所示。

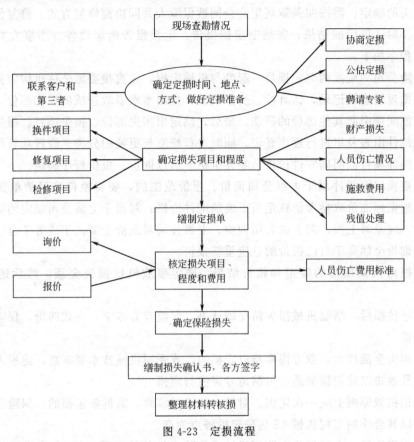

图 4-23　定损流程

三、定损准备工作

定损准备工作如图 4-24 所示，主要包括：通过现场查勘资料了解查勘情况，电话联系客户和第三者，确定定损方式、地点和时间，准备工具、文具及相关资料。

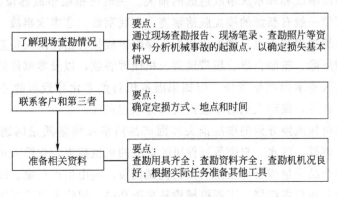

图 4-24　定损准备流程

四、确定损失项目和程度

（一）事故机械损失的确定

1. 损失确定的程序

事故损失的确定，需按照条款规定，会同被保险人共同协商修复方式、修复价格，并取得双方认可。对认可后的结果，需缮制定损报告。定损报告由事故各方当事人共同签字确认。其具体程序如下：

（1）保险公司一般派两名定损员一起参与机械定损，或直接委派公估机构定损。

（2）根据现场查勘记录，认真检查受损机械，找出本次事故造成的损伤部位，并由此判断和确定可能间接引起其他部位的损伤。最后，确定出损失部位、损失项目、损失程度，并对损坏的零部件由表及里进行逐项登记，同时进行修复与更换的分类。修理项目须列明各项目工时费，换件项目需明确零件价格，零件价格需通过询价、报价程序确定。

（3）对更换的零部件属于本级公司询价、报价范围的，要将换件项目清单交报价员审核，报价员根据标准价或参考价核定所更换的配件价格；对属于上级公司规定的报价机型和询价范围的，应及时上报，向上级公司询价。上级公司对询价金额低于或等于自己报价的进行核准；对询价金额高于自己报价的，应重新报价。

（4）根据对机械损伤的鉴定和核价结果，确定事故机械损失金额，然后送核损人员审核。

（5）通过核损后，缮制机械损失情况确认书，保险双方签字，一式两份，保险人和被保险人各执一份。

（6）对损失金额较大，双方协商难以定损的，或受损机械技术要求高，定损人员由于不熟悉该机型导致难以确定损失的，可聘请专家参与定损。

（7）受损机械原则上应一次定损。对较大的机械事故，需拆解定损的，保险公司或公估公司一般会以其合作的工程机械4S店确定拆解点为准。

（8）定损完毕后，由被保险人购买机械或保险人推荐的工程机械4S店进行修理。一般工程机械4S店都实行代垫付制度，由工程机械4S店向保险人索赔，而被保险人只要将相关资料留给工程机械4S店即可。

2. 确认损失的范围

（1）应区分本次事故和非本次事故造成的损失。一般可根据事故部位的痕迹进行判断。本次事故的碰撞部位一般有新鲜的漆皮脱落痕迹、金属刮痕；非本次事故一般有锈迹。

（2）应区分事故损失和本机自然老化损失。保险事故损失由保险人负责赔偿，而本机自然老化损失如机械故障、轮胎自爆、履带锈裂、机械臂裂纹，以及零部件的朽旧、变形、锈蚀、老化等，保险人不承担赔偿责任。但如果因本机自然老化导致事故并已构成倾覆、侧翻、碰撞等保险责任的，保险人只对事故损失部分承担责任。

（3）应区分因可保风险导致的事故损失和因产品质量或维修质量问题而引发的事故损失。碰撞、倾覆、侧翻、落水、自燃等可保风险造成的机械损失，保险人负责赔偿，而由工程机械或零配件的产品质量或维修质量引发的机械损毁，应由生产厂家、配件供应厂家、工程机械销售或维修公司负责赔偿。工程机械质量是否合格，保险人可委托工程机械的司法鉴定部门进行鉴定。

（4）应区分过失行为引发的事故损失和故意行为引发的事故损失。过失行为属于心理风险，属于保险责任范围；故意行为属于道德风险，属于不可保风险范围。损失确定时，可以根据当事人及目击者的描述、事故机械的时机损失、事故损失痕迹等信息进行综合判断。

（5）对没有投保新增设备损失险的机械，应区分保险机械标准配置和新增设备。

（6）保险赔偿只对机械确定为事故损失的部位进行尽量修复。如被保险人或第三者提出扩大修理范围，或本应修理而要求更换的，超出部分的费用应由其自行承担，并在合同中明确注明。

（7）受损机械未经保险人同意而自行送修，造成事故损失范围模糊的，保险人有权重新核定修理费用或拒绝赔偿。重新核定时，应对照现场查勘记录，逐项核对修理费用，剔除扩大修理的费用或其他不合理项目和费用。

（8）对于更换零配件的损失范围，应为换件价格扣除损坏件的残值。损坏件的残值应合理作价，如果被保险人不愿接受，保险人应将残件收回。

（9）事故机械修复费用组成

事故机械的维修费用主要由三部分构成：修理工时费、零配件费和其他费用。

其中，定额工时是指实际维修作业项目核定的结算工时数。工时单价是指在生产过程中，单位小时的收费标准。目前，我国工程机械维修行业尚无统一的工时费指导标准，工程机械维修公司一般都有各自的《维修标准工时手册》作为工时费的确定依据。

工时费种类一般包括发动机、电器系统、液压系统以及工作装置的保养、发运、检查判断、施救等项目。

$$工时费＝\Sigma\ 定额工时×工时单价$$

（二）人员伤亡费用确定

第三者责任险以及相关附加险中涉及的人员伤亡费用，理赔人员应按照有关事故处理的法律、法规规定，以及保险合同的约定赔偿，赔偿项目包括：医疗费、误工费、护理费、交通费、住宿费、住院伙食补助费、必要的营养费、残疾赔偿金、残疾辅助器具费、被抚养人生活费、后续治疗费、丧葬费、死亡赔偿金和精神损害抚慰金等。

（1）医疗费。

根据医疗机构出具的医疗费、住院费等收款凭据，结合病历和诊断证明等相关证据确定。赔偿义务人对治疗的必要性和合理性有异议的，应当承担相应的举证责任。

医疗费的赔偿数额，按照一审法庭辩论终结前实际发生的数额确定。器官功能恢复训练所必要的康复费、适当的整容费以及其他后续治疗费，以待实际发生后另行确定。单根据医疗证明或鉴定结果确定必然发生的费用，可与已发生的医疗费一并赔偿。

（2）误工费。

根据受害人的误工时间和收入状况确定。误工时间根据受害人接受治疗的医疗机构出具的证明确定。受害人因伤致残持续误工的，误工时间可以计算至定残日前一天。受害人有固定收入的，误工费按照实际减少的收入计算。受害人无固定收入的，按照其最近三年的平均收入计算；受害人不能举证证明其最近三年的平均收入状况的，可以参照受诉法院所在地相同或相近行业上一年度职工的平均工资计算。

（3）护理费。

根据护理人员的收入状况和护理人数、护理期限确定。

护理人员有收入的，参照误工费的规定计算；护理人员没有收入或者雇佣护工，参照当地护工从事同等级别护理的劳务报酬标准计算。护理人员原则上为一人，但医疗机构或者鉴定机构有明确意见的，可以参照确定合理人员认输。

护理期限应计算至受害人恢复生活自理能力时止。受害人因残疾不能恢复生活自理能力的，可以根据其年龄、健康状况等因素确定合理的护理期限，但最长不超过 20 年。受害人定残后的护理，应根据其护理依赖程度并结合配制残疾辅助器具的情况确定护理级别。

(4) 交通费。

根据受害人及其必要的陪护人员因就医或者转院治疗实际发生的费用计算。交通费应当以正式凭据为凭；有关凭据应当与就医地点、时间、人数和次数相符合。

(5) 住宿费。

受害人确有必要到外地治疗，因客观原因不能住院，受害人本人及其陪护人员实际发生的住宿费用，其合理部分应予赔偿。住宿费凭住宿发票计算赔款。

(6) 住院伙食补助费。

可参照当地国家机关一般工作人员的出差伙食补助标准确定。

(7) 必要的营养费。

根据受害人伤残情况参照医疗机构的意见确定。

(8) 残疾赔偿金。

根据受害人丧失劳动能力程度或者伤残等级，按照受诉法院所在地上一年度城镇居民人均可支配收入或农村居民人均纯收入标准，自定残之日起按 20 年计算。但 60 周岁以上的，年龄每增加一岁减少一年；75 周岁以上的，按 5 年计算。

受害人因伤致残但实际收入没有减少，或者伤残等级较轻但造成职业妨碍，严重影响其劳动就业的，可对残疾赔偿金相应调整。

(9) 残疾辅助器具费。

按照普通使用器具的合理费用标准计算。伤情有特殊需要的，可以参照辅助器具配置机构的意见确定相应的合理费用标准。辅助器具的更换周期和赔偿期限参照配制机构的意见确定。

(10) 被抚养人生活费。

根据抚养人丧失劳动能力程度，按照受诉法院所在地上一年度城镇居民人均消费性支出和农村居民人均年生活消费支出标准计算。

被抚养人为未成年人的，计算至 18 周岁；被扶养人无劳动能力又无其他生活来源的，按 20 年。但 60 周岁以上的，年龄每增加一岁减少一年；75 周岁以上的，按 5 年计算。被抚养人是指受害人依法应当承担抚养义务的未成年人或丧失劳动能力又无其他生活来源的成年近亲属。被抚养人还有其他抚养人的，赔偿义务人只赔偿受害人依法应当负担的部分。被抚养人有数人的，年赔偿总额累计不超过上一年城镇居民人均消费性支出额或者农村居民人均年生活消费支出额。

(11) 后续治疗费。

可待实际发生后予以赔偿。但根据医疗证明或鉴定结论确定必然发生的费用，可与已经发生的医疗费一并赔偿。

（12）丧葬费。

按受诉法院所在地上一年度职工月平均工资标准，以 6 个月总额计算。

（13）死亡赔偿费。

按照受诉法院所在地上一年度城镇居民人均可支配收入或者农村居民人均纯收入标准，按 20 年计算。但 60 周岁以上的，年龄每增加一岁减少一年；75 周岁以上的，按 5 年计算。

（14）精神损害抚慰金。

受害人或死者近亲属遭受精神损害，赔偿权利人向人民法院请求赔偿精神损害抚慰金的，适用《最高人民法院关于确定民事侵权精神损害赔偿责任若干问题的解释》予以确定，原则上应当一次性给付。机械交通事故责任强制保险在死亡伤残责任限额内，最后赔付精神损害抚慰金。商业第三者责任险不负责赔偿精神损害抚慰金。

（15）补充。

① 赔偿权利人举证证明其住所地或经常居住地城镇居民人均可支配收入或者农村居民人均纯收入高于受诉法院所在地标准的，残疾赔偿金或者死亡赔偿金以及被抚养人生活费可以按照其住所地或经常居住地的相关标准计算。

② 超过确定的护理期限、辅助器具费给付年限或残疾赔偿金给付年限，赔偿权利人向人民法院起诉请求继续给付护理费、辅助器具费或残疾赔偿金的，人民法院应予受理。赔偿权利人确需继续护理、配置辅助器具，或者没有劳动能力和生活来源的，人民法院应当判令赔偿义务人继续给付相关费用 5～10 年。

人伤案件中相关费用赔偿范围标准及计算公式见表 4-7。

（三）非机械财产损伤的确定

保险事故除了能导致机械的损伤外，还有可能导致第三者的财产损伤和承担货物的损失，从而构成第三者责任险、货物责任险的赔偿责任。

第三者财产损失包括第三者机械所载货物、道路、道路安全设施、房屋建筑、电力和水利设施、道旁树木花卉及道旁农田庄稼等。无论是第三者货物，还是被保险机械的货物，种类繁多，不胜枚举。可见，机械事故中造成的非机械财产损失涉及范围较大，所以其定损的标准、技术以及掌握尺度相对机械来讲要难得多。但总体来说，保险人应核对事故现场直接造成的现有财产的实际损毁，依据保险合同的规定予以赔偿。

确定时可与被害人协商，协商不成可申请仲裁或诉讼。但间接损失、第三者无理索要及处罚性质的赔偿不予负责，因此，保险人的实际定损费用与被保险人实际赔付第三者的费用或货物的实际损失额度往往有差距，这就需要定损人员做好被保险人的解释与说服工作。具体应注意以下几个方面：

（1）损失修复原则。

第三者财产和货物的恢复以修复为主。无法修复和无修复价值的财产可采取更换的办法处理。更换时应注意品名、数量、制造日期和主要功能等。对于能更换零配件的，不更换部件；能更换部件的，不更换总成件。

（2）确定物损数量。

事故中常见的财产损失有普通公路路产、高速公路路产、供电通信设施、城市与道路绿化等。

表 4-7　人伤案件中相关费用赔偿范围标准及计算公式

项目	计算方法		备　注
医疗费	医疗费＝已发生医疗费(不含原发病医疗费用)＋预期医疗费用		零售药店开具的药品费发票,无论其是否属医保定点药店,均不予认可;伤残者结案后确实需要后续治疗的,根据诊断治疗及残疾鉴定书按照实际费用情况给付
误工费	有固定收入	城镇户口	按照误工减少的固定收入计算,包括工资、奖金及国家规定的补助、津贴等,实际收入高于当地居民平均生活费的按实际收入计算	误工费依据:可以通过社保部门核实(纳税凭证)、工资单等资料;受害人如不能举证可参照受诉法院所在地相同或相近行业上一年度职工的平均工资计算
误工费	有固定收入	农业人口	按照当地人均年收入计算	误工费依据:可以通过社保部门核实(纳税凭证)、工资单等资料;受害人如不能举证可参照受诉法院所在地相同或相近行业上一年度职工的平均工资计算
误工费	无固定收入		参照受害人近三年的平均收入或者当地同行业、同工种、同等劳动力的平均收入计算	如依法应向税务机关纳税的,应当税单为依据
伤者住院期间伙食费	按照国家机关人员的出差补助标准计算;按50元/天×住院时间		计算期限以住院期间为限
伤者护理费	护理费是交通事故伤者在抢救治疗期间,或死者生前在医院抢救治疗期间因伤势严重,生活无法自理,经医院证明,所需专门护理人员的人工费		护理人员原则为1人,但医疗机构或者鉴定机构有明确意见的,可以参照确定护理人员人数,根据伤情最多不超过2人;交通事故受害人因残疾不能恢复生活自理能力,最长护理期限不能超过20年
伤者护理费	护理人员有收入	护理费赔偿金额＝误工费	护理人员原则为1人,但医疗机构或者鉴定机构有明确意见的,可以参照确定护理人员人数,根据伤情最多不超过2人;交通事故受害人因残疾不能恢复生活自理能力,最长护理期限不能超过20年
伤者护理费	护理人员无收入	当地护工同等级别的护理劳务报酬标准×护理天数×人数	护理人员原则为1人,但医疗机构或者鉴定机构有明确意见的,可以参照确定护理人员人数,根据伤情最多不超过2人;交通事故受害人因残疾不能恢复生活自理能力,最长护理期限不能超过20年
伤者营养费	营养费根据受害人伤残情况参照医疗机构的意见确定		交通事故的损害赔偿在调解中,一般情况下,交警与法院是不会单独调解赔偿营养费,但对于重大伤害或残疾的情况下,可以根据医疗机构的意见做适当赔偿
残疾赔偿金	残疾赔偿金＝受诉法院所在地(或受害人住所地或经常居住地)上一年度城镇居民人均可支配收入或农村居民人均纯收入×残疾系数×赔偿期限		按照伤残等级十级,依次可分为:100%,90%,…,10%; ①60岁以下:20年×平均生活费×等级% ②60岁以上增加一岁减一年:(20－增加的岁数)年×平均生活费纯等级% ③75岁以上:5年×平均生活费×等级%
残疾辅助器具费	残疾辅助器具费按照普通适用器具的合理费用标准计算		残疾用具按照县级以上医院的证明,以国产、普及型器具的费用计算,各地应参照当地的物价部门的标准,同时结合配置机构的意见确定最终赔付金额
死亡赔偿金	死亡赔偿金＝受诉法院所在地(或受害人住所地或经常居住地)上一年度城镇居民人均可支配收入或者农村居民人居纯收入×赔偿年限		①60周岁以下的(含60周岁),赔偿20年 ②60周岁以上的,每长1岁减少1年 ③75周岁以上,按5年计算 ④74周岁的应赔偿6年
丧葬费	丧葬费赔偿额＝受诉法院所在地上一年度职工月平均工资×6(个月)		办理丧葬事宜必需的器具费用
被抚养人生活费	被扶养人生活费＝抚养人的人数×受诉法院所在地(或被抚养人住所地或经常居住地)上一年度城镇居民人均消费性支出或农村居民人均年生活消费支出标准×抚养年限		主要抚养对象:子女、配偶、父母、岳父母 ①不满18岁抚养到18岁 ②无劳动能力的:60周岁以下的抚养20年;60周岁以上的增加一岁减一年,75周岁以上的按5年计算
伤、残者交通费	交通费赔偿金额＝实际发生的费用		按照当事人实际必需的费用计算凭据支付
伤、残者住宿费	住宿费赔偿金＝当地国家机关一般工作人员出差住宿标准按150元/天×住宿时间		参加处理交通事故的当事人亲属所需交通费、误工费、住宿费比照上述规定计算,但不得超过3人

相关财产的品名和数量可参照当地物价部门列明的常见品名和配置数量。受损财物的数量确定还必须注意其计算方法的科学性、合理性。

（3）损失金额的确定。

① 简单财产损失应会同被保险人一起根据财产价值和损失程度确定损失金额，必要时请生产厂家进行鉴定。

② 对受损财产中技术性强、定损价格较高、难度较大的物品，如较难掌握赔偿标准可聘请技术监督部门或专业维修部门鉴定，严禁盲目定价。

③ 对于出险时，市场已不生产销售的财产，可按客户原始配置发票数额为依据，客户不能提供发票的，可根据原产品的主要功能和特性，按照当前市场上同类型产品推算确定。

④ 其他物资查勘定损。

市政和道路交通设施：如广告牌、电灯杆、防护栏、隔离桩、绿化树等，在定损中按损坏物产的制作费用及当地市政、路政、交通部门的赔偿标准核定。但应注意该类财产损失的特别，即：市场部门和道路维护部门对肇事者索要的赔偿往往有处罚性质及间接损失的赔偿。因此，在定损核损过程中，理赔人员应区分第三者索赔中哪些为直接损失，哪些属于间接费用，哪些属于罚款性质。

房屋建筑：了解房屋结构、材料和损失状况，然后确定维修方案，最后请当地数家建筑施工单位对损坏部分及维修方案进行预算招标，确定最低修复费用。

道路农田庄稼：在青苗期按青苗费用加上一定的补贴即可，成熟期的庄稼可按当地同类农作物平均产量测算定损。

家畜、牲畜：牲畜受伤以治疗为主，受伤后失去使用价值或者死亡的，凭畜牧部门证明或协商折价赔偿。

货物及其他货品：应根据不同的物品分别定损，对一些精密仪器、家电、高档物品等应核实具体的数量、规格及生产厂，可向市场或生产厂了解物品价格；对易变质、易腐烂的（如食品、水果类等）物品在征得保险公司有关领导同意后，应尽快现场变价处理；另外，对于货物还应取得运单、装箱单、发票，核对装载货物情况，防止虚报损失。同时应注意，根据保险条款，定损人员只需对损坏的货物进行数量清点，并分类确定其受损程度，而对诈骗、盗窃、丢失、走失、哄抢等造成的货物损失不负责赔偿。

⑤ 根据条款规定，损失残值应协商折价折归被保险人，并由被保险人进行处理。

⑥ 定损金额以出险时保险财产的实际价值为限。

（4）维修方案的确定。

根据损失项目、数量、维修项目和维修工时及工程造价确定维修方案，对于损失较大的事故或定损技术要求较高的事故，可委托专业人员确定维修方案。

（四）施救费用的确定

施救费用是指当保险标的遭遇保险责任范围内的灾害事故时，被保险人或其代理人，雇佣人员等未防止损失的扩大，采取措施抢救保险标的而支出的必要、合理的费用。必要、合理的费用是指施救行为支出的费用是直接、必要的，并符合国家有关政策规定。

（1）施救费用的确定原则。

施救费用确定要严格依照条款规定，并按以下原则处理：

• 责任范围内的灾害事故为前提；

• 以减少保险财产的损失为目的；

- 以保险事故发生时支出的费用为界限；
- 以费用支出是否"必要"、"合理"为标准。

① 施救费用必须是抢救保险标的而支出的必要、合理的费用；否则，保险人不负责赔偿。

② 施救、保护费用与修理费用应当分别理算。当施救、保护费用与修理费用相加，估计已达到或超过保险机械的实际价值时，可按推定全损予以赔偿。

③ 机械损失险的施救费是一个单独的保险金额，但第三者责任险的施救费用不是一个单独的责任限额。第三者责任险的施救费用与第三者损失金额相加不得超过第三者责任险的责任限额。

④ 施救费应根据事故责任及相对应险种的有关规定扣减相应的免赔率。

⑤ 重大或特殊案件的施救费用应委托专业施救单位出具相关施救方案及费用计算清单。

⑥ 只对保险机械的救护费用负责。

(2) 常见施救费用的分析。

① 被保险人使用他人（非专业消防单位）的消防设备，施救保险机械所消耗的费用及设备损失可以赔偿。

② 保险机械出险后，雇用吊车和其他机械进行抢救的费用，以及将出险机械托运到修理厂的运输费用，在当地物价部门颁布的收费标准内负责赔偿。

③ 发生洪水灾害时，为了防止保险财产损失，采取紧急措施如堵口、排洪等所消耗的物资和费用，可予以负责。

④ 抢救保险财产到最近安全场所的临时堆存、摊晒等各种费用，以及临时搭盖简易货棚的工时费，可以负责，但危险状态解除后如不及时搬回，延期存放的费用不予负责。

⑤ 因施救保险财产造成施救工具的损坏、灭失或直接用于施救的物质消耗，可以负责。但不包括各种器材装备的折旧费，也不包括公安消防队扑救火灾时损坏、灭失的消防器材及消耗的燃料、灭火剂等。

⑥ 灾后，为施救、保护、整理保险财产而清除其本身及周围淤泥的合理费用可酌情负责。但为清除存放保险财产的机间、建筑物、仓库内外淤泥的费用，以及为便于交通和环境卫生而清除淤泥的费用，不予负责。

⑦ 发生火灾时，公安消防队扑救火灾所发生的费用，不予负责。

⑧ 出险单位员工参加施救、整理工作，属应尽的义务，其工资一般不应负责，但因施救而发生的加班费、餐费，施救、整理工作中发生临时雇用人员的工资，可以负责。

⑨ 在抢救过程中，因抢救而损坏他人的财产，如果应由被保险人承担赔偿责任的，可酌情予以赔偿。但在抢救时，抢救人员个人物品的丢失，不予赔偿。

⑩ 抢救机械在托运受损保险机械中发生意外事故造成的损失和费用支出的，如果机械是被保险人自己或他人义务来抢救的，应予赔偿；如果该抢救机械是有偿服务的，则不予赔偿。

⑪ 保险机械出险后，被保险人赶赴肇事现场处理所支出的费用，不予负责。

⑫ 保险机械为进口机或特种机，发生保险责任范围的事故后，当地确实不能修理，经保险公司同意去外地修理的移送费，可予负责，并在定损单上注明送修地点和金额。但护送

机械者的工资和差旅费，不予负责。

（3）施救情况记录。

① 事故机械及其他财产需要施救的，应记录被施救财产的名称、数量、重量、价值、施救方式和施救路程。

② 被施救财产已经施救的，应在查勘记录中记录已发生的施救费用。

③ 保险标的与其他财产一同施救的，应与被保险人说明施救费的分摊原则并在查勘记录中注明。

（4）常见的不合理施救。

在对机械进行施救时，对于不合理的施救费用，保险人不予负责。常见不合理施救有：

① 对倾覆机械在吊装时未对机身合理保护的，致机身大面积损伤的。

② 对倾覆机械在吊装过程中未合理固定，造成二次倾覆的。

③ 在分解施救过程中拆卸不当，造成机械零部件损坏或丢失的。

④ 对拖移机械未进行检查，造成拖移过程中机械损坏扩大，如转向失灵却硬拖硬磨造成轮胎的损坏。

（五）损余物资的残值处理

当碰撞造成被评估机械损失较大时，都必须对被评估机械的修复价值进行评定，当被评估机械达到全损或推定全损时，则被评估机械已无修复价值。当修复价值已达到或超过其现值（实际价值），则被评估机械为推定全损。

损余物资是指机械保险项下的保险标的、第三者机械或非机械财产的全部或部分遭受损失且已经保险公司按合同规定予以赔偿，赔偿后的损失物仍有一定价值的物资。

残值处理是指保险公司根据保险合同履行了赔偿并取得对受损标的所有权后，对尚存一部分经济价值的受损标的进行的处理。

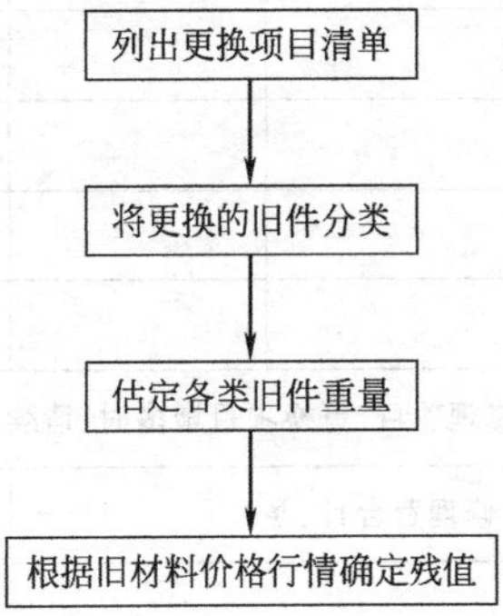

机险的损余物资包括：更换后仍具一定价值的机械部件、成套销售零配件的未使用部分、推定全损机械的未损坏部分及第三者的财产等。

按照保险合同规定，损余物资的处理需经双方协商，合理确定其剩余价值（残值）。残值确定后，一般采取折归被保险人并冲减损失金额的方式。当残值折归被保险人并扣减损失金额的处理方式与被保险人协商不成时，需将残值物品全部收回。

残值确定的流程，如图 4-25 所示。

图 4-25 残值确定的流程

五、缮制损失确认书

使用保险公司内部系统"事故机械定损系统"，确定损失金额，打印出《保险机械损失情况确认书》。一式两份，经过公司专职人员核准，请被保险人签字认可，保险人和被保险人各执一份。

如图 4-26 所示为某保险公司"工程机械保险损失情况确认书"。如图 4-27 所示为工程机械保险医疗费用确认书。

工程机械保险损失情况确认书

报案编号   受损机械：□标的□三者

	名称			厂牌型号		铭牌号码
被保险人						
第三者						
出险地点：				出险时间： 年 月 日		

修理项目	金额	序号	更换项目	数量	报价金额	核定金额
		1				
		2				
		3				
		4				
		5				
		6				
		7				
		8				
		9				
		10				
		11				
		12				
		13				
		14				
		15				
		16				

（修理项目、更换项目增多时，请续用附页。）　材料残值合计：￥_____

修理费合计：￥_____	材料费	报价合计：￥_____	核价合计：￥_____

经各方协商，完全同意按以上核定的价格修理，工料费总计＝修理费＋核价合计－残值＝人民币___佰___拾___万___仟___佰___拾___元___角___分（￥_____）

按专业维修厂价格定损的，需提供专业维修厂的维修发票，否则我公司将按市场价格重新核定配件价格和维修费用。本损失情况确认书仅代表我公司对损失情况的确认，并不作为最终的赔付承诺。

修理厂盖章：	被保险人签字(盖章)：	第三者签字(盖章)：	定损员签字：
年 月 日	年 月 日	年 月 日	年 月 日

图 4-26　工程机械保险损失情况确认书

工程机械保险医疗费用确认书

保单号： 　　　　　　　　　　　　　　　　　　　　　　　　　　　　　报案号：

伤/亡人员姓名			住院号		
项目	名称	报损金额	核减金额	核定金额	说明
医疗(抢救)费用	医药费				
	诊疗费				
	住院费				
	后续治疗费				
	整容费				
	住院伙食补助费				
	营养费				
	植入性材料费				
死亡伤残费用	残疾辅助器具费				
	护理费				
	康复费				
	丧葬费				
	死亡补助费				
	残疾补助费				
	交通费				
	住宿费				
	误工费				
	被抚养人生活费				
伤/亡人员姓名			住院号		
项目	名称	报损金额	核减金额	核定金额	说明
其他					
合计			审核日期		
审核人姓名					
审核人员意见					
审核领导意见					

图 4-27 工程机械保险医疗费用确认书

单元六 核 损

【单元要点】
核损流程；
核损内容。

核损是指由核损人员对保险事故中涉及的机械损失和其他损失的定损情况进行复核，目的是提高定损质量，保证定损的准确性、标准性和统一性。

审核查勘定损报告及相关资料，负责事故的真实性、保险责任和事故损失的正确性、准确性；调查处理疑难案件、重大案件、人伤案件的工作；核损情况的统计和分析工作，及时掌握查勘定损人员处理赔案的质量和时效以及工作技能。

核损是保险公司赔案处理质量管控的重要环节，对于提升理赔品质，提高业务人员专业技能，加强保险公司理赔专业化建设都具有极为重要的意义。

核损流程图，如图 4-28 所示。

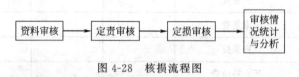

图 4-28 核损流程图

顾名思义，对于"核损"而言，"核"即审核、核实、核定，"损"即损失大小、额度、金额。就机险理赔查勘核损而言，即就事故的性质、事故中机械、物件损失及人员伤亡的情况进行审核，一方面确认事故是否属于保险责任，另一方面确认保险责任范围内事故造成的损失的金额大小、多少。

一、资料审核

资料审核的具体内容包括审核被保险人提供的单证照片是否齐全、真实性；审核查勘定损照片是否符合现场查勘拍摄规范与要求；审核查勘定损报告填写是否符合规范与要求，审核完成后资料不齐、存在疑难问题的案件及时反馈给查勘定损岗位。

资料审核的流程图，如图 4-29 所示。

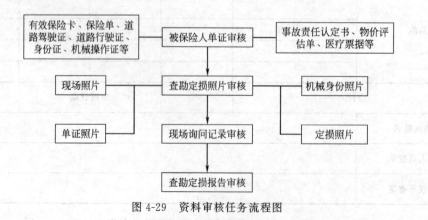

图 4-29 资料审核任务流程图

1. 对收集到的被保险人一方单证进行审核（如图4-30所示）

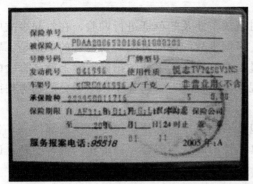

(a) 保险卡

(b) 道路行驶证

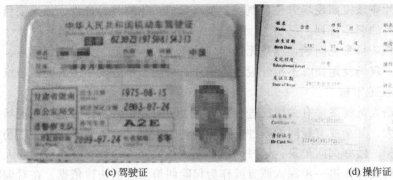

(c) 驾驶证

(d) 操作证

图4-30 单证

（1）单证数量与种类的审核。被保险人按照案件性质需提供相关单证，保险人应与被保险人办理单证的交接手续，一般案件必需的单证有：标的机械保险单/保险卡、道路行驶机械行驶证、驾驶（操作）人员驾驶证（操作）证、标的所有人身份证等。

（2）单证真实性审核。

在机械保险案件的资料收集中，存在着大量作为理算依据的各种证明文件，这些证明文件的真伪将直接影响赔偿金的给付。目前主要是伪造和涂改单证，使这些证明文件有利于其自身利益。通常可以从单证的清晰度、防伪标志等几个方面进行真实性审核。

被保险人单证审核中常见问题有：缺少保险单、无操作证。

2. 查勘定损照片审核

（1）照片基本要求。

① 照片必须是清晰的彩色照片；

② 照片有准确的拍摄日期；

③ 照片上传尺寸规格：640×480（特殊情况除外）。

（2）照片内容要求。

现场照片的拍摄要遵循从宏观到微观、从远渐进的原则，既要有反映事故现场全貌的照片，又要有反映损失具体情况的影像，同时为了体现查勘人员的工作逻辑性以及核损核价核赔人员审阅案件的顺畅，现场照片的拍摄还必须有序可遵，有章可循。

① 现场照片：有全景照片、方位照片、中心（重点）照片、痕迹照片、损失细目照片。

② 机械身份照片：铭牌照片。

铭牌号码是机械的身份代码，是验证机械的重要依据，因此也是每一起事故照片的必要组成部分，铭牌号码的反映必须清晰可见。

③ 单证照片。

无论是在事故现场还是非现场，都必须对事故中涉及的单证进行勘验，在每起事故中都会涉及的单证有：保险单、操作证、身份证；根据事故的性质可能还会要有的单证是：事故责任认定书、物价评估单、医疗票据、过路过桥费发票等。单证的拍摄实际上就是查验的过程。先将事故中所涉及的单证集中拍照，体现单证是在同一时间查验，然后分门别类拍照。

④ 定损照片。

定损照片主要是反映机损的详尽情况，包括需要修复的部位、需要更换的部件——为损失的拟定提供依据，更重要的是对事故经过真实性的确认与取证——证实是或者不是，证实真实或者虚假。

（3）照相合理排序要求。

系统内上传的照片应该按照现场方位、概貌、重点部位、铭牌号、证件、损失项目，从远到近、从整体到局部的顺序排列。

查勘定损照片审核项目常见问题：照片无日期或日期格式不规范、无受损部位照、拍摄角度及拍摄顺序混乱；现场及定损时不拍外观整体相片，易与当事方发生不必要的争议。

3. 现场询问记录规范审核

一般的小案件理赔人员就案件有关情况进行调查、了解时，通常将内容记录在现场查勘报告表中，但是对重大、复杂或有疑问的案件，不光要询问当事人，还要走访有关现场见证人或知情人，弄清真相，做好询问记录，记好询问日期和被询问人地址，并由被询问人签字确认，必要时刻据此对案件作进一步深入调查或作为保险纠纷处理的法律依据。在对询问记录进行审核时要特别注意以下几点：

（1）询问要素是否具备。

① 被询问者与本案的关系（当事标的操作员/目击证人/机主/被保险人本人等）；

② 被询问者与被保险人的关系（本人/夫妻/朋友/兄弟/同事/上下级等）；

③ 若被询问者非当事操作员，需确认其因何原因使用机械；

④ 若被询问者系当事操作员，当事操作员非被保险人本人，需联系被保险人面谈并确认操作员是否是在被保险人允许的情况下使用标的机械；

⑤ 案件发生的过程叙述，包括案件前和案件后；

⑥ 其他涉及问题。

（2）《询问记录》的格式是否符合要求。

① 格式主要分两部分：第一部分为格式栏信息填写，第二部分为询问的内容；

② 信息填写要按照格式栏内容详尽填写；

③ 格式栏中的所有信息全部由询问者填写；

④ 询问栏中被询问者姓名及被询问者身份证件号码，要请被询问者签章或按上手印；

⑤ 询问的内容是以问、答的方式进行，分行进行书写，每问之间不要空行，所以要求使用横线格式的询问记录单证；

⑥ 对写错的记录可以直接进行涂改，但要注意涂改的方式并请被询问者，应签章或加按手印；

⑦ 尽量做到一问一答；

⑧ 前文被询问者描述不清或不够详尽的，被询问者在询问没有结束时都可以做补充说明，只需要加问、答即可；

⑨ 结束询问记录的内容书写后，请让被询问者审阅，若其无异议，则请其亲笔在询问记录正文书写确认询问记录内容并表示无异议的语句。

现场询问记录审核常见问题有：遗忘被询问者与本案的关系；遗忘被询问者与被保险人的关系；当被询问者系非当事操作员，遗忘确认其因何原因使用机械；涂改处没有签章或加按手印。

4. 审核现场查勘报告

（1）基本要求。

① 单证不能留空格（未填写项全部用斜线划掉）；

② 字迹工整，不涂改，不出框；

③ 经办人员签名，字迹清晰且易于辨认；

④ 被保险人或操作员签名字迹清晰且易于辨认。

（2）内容要求。

① 铭牌号等基本信息正确无误；

② 出险时间与查勘时间具体到"分钟"；

③ 三者信息填写齐全，有三者联系电话；

④ 地点填写应详细、具体、真实；

⑤ 出险原因具体、清晰；事故经过的描述包括时间、地点、人物、出险原因、出险点、损失部位等要素；

⑥ 查勘意见言简意赅，详实反映事实并清楚地表达查勘结论。

（3）审核现场查勘报告中常见问题有：出险时间与查勘时间不具体到"分钟"；第三者信息填写不齐全，无第三者联系电话；出险事故经过的描述缺乏出险原因、出险点、损失部位等要素。

二、定责审核

定责审核主要根据保险条款、相关法规、现场资料、被保险人、三者等相关资料，对案件进行全面、系统的保险责任审核。对资料不完善、不准确的应及时通知相关人员补充，对疑难、复杂案件应及时与相关部门沟通并向上级汇报。

定责审核的流程图，如图 4-31 所示。

1. 保险利益的审核

（1）根据保险利益原则，在签订保险合同时或履行保险合同过程中，投保人和被投保人对保险标的必须具有保险利益，否则保险合同无效。保险利益在核损岗位定责工作中的运用主要体现在：如果被保险人对保险标的无保险利益，则被保险人无权获得赔偿，保险公司无须对该事故承担保险责任。

（2）核损中保险利益审核应该从以下几个方面进行：

① 机主与被保险人是否相符。如果机主与被保险人为同一人，则符合保险利益原则，反之对此案件提出拒赔。

② 被保险人与索赔人是否相符。根据保险合同，只有被保险人才拥有保险金的请求权，如果被保险人与索赔人相符，则此项要求符合，反之索赔人无权要求赔偿，对此案件提出拒赔。

2. 出险机械的审核

（1）根据保险合同，出险机械必须是保险标的，同时机械的使用性质方面不存在违反如

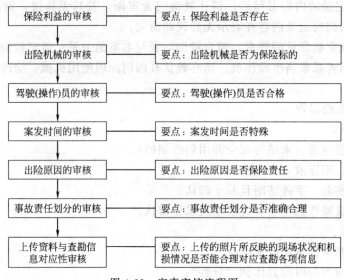

图 4-31 定责审核流程图

实告知义务，否则拒赔。

（2）是否为保险标的应该将保险机械机型、铭牌号码与保险单（或批单）核对是否相符。出险时使用区域与保单所载明的是否相符，如果不相符，保险公司可以对此案件拒赔，并要求解除合同。

3. 机械操作员的审核

（1）根据保险合同，出险事故操作员必须是合法操作员，否则该事故属于保险免责范围。审核关注点：无国家相关部门核发的有效操作证或操作证有效期已届满；操作的被保险机械与操作证载明的准操作机型不符；依照法律法规不允许操作被保险机械的其他情况。该内容的审核应该结合操作人操作证进行：关注姓名、操作证核发机关、准操作机型、初次领证时间及注意检验操作证是否有效。

（2）是否是被保险人或其允许的操作人。如果不是，此案件做拒赔处理。

4. 案发时间的审核

（1）案发时间的审核重点在于是否在保险期间内，是否在敏感事件段。有时投保人会忘记自己的保险期间，如果存在这一种情况，保险公司按照合同会拒绝赔偿。如果案件的发生时间处于敏感时间段，在审核时要特别注意可能存在保险欺诈案件。如案件发生在保险刚刚开始时，有可能是带险投保；如果案件发生在保险即将结束时，有可能存在故意制造保险事故。

（2）案件时间的审核必须结合现场查勘报告进行，如果查勘报告上没有明确的事发时间的记录，或者查勘报告上存在涂改现象，那么此案件应该特别关注，警防被保险人的道德风险行为，以及查勘人员参与骗保的行为。

5. 出险原因的审核

（1）机械事故现场形形色色，出险原因各有不同，作为保险现场查勘人员必须在事故发生的众多原因中找出事故发生的最直接、最有效、起主导作用或支配作用的原因，即近因。如果近因属于被保风险，保险人应负赔偿责任；近因属于除外风险或未保风险，则保险人不负赔偿责任。近因原因是判断风险事故与保险标的损失之间的因果关系，从而确定保险赔偿责任的一项基本原则。长期以来，它是保险实务中处理赔案时所遵循的重要原则之一。

（2）事故出险原因的审核必须结合现场查勘报告、现场询问记录、现场照片来进行。

6. 事故责任划分的审核

事故责任划分关系到保险公司是否需要对此次事故负赔偿责任，以及对此次事故负赔偿金额的多少。如果是损失小且无人伤的案件，通常由保险公司查勘人员进行责任的划分，那么事故责任划分的审核必须结合现场查勘报告、现场询问记录、现场照片来进行；如果事故损失较大，责任由公安机关进行划分，则需要对公安机关出具的事故责任认定书进行审核。

7. 上传资料与查勘信息对应性审核

由于核损过程中的定责审核全部根据上传的资料进行，如果资料所反映的现场状况和机损情况不能合理对应查勘各项信息，就会影响综合判断，得不出正确的核损定责结论，所以审核工作的大部分是对上传的资料进行规范性、真实性、有效性审核，而且必须要包括对上传资料与查勘信息对应性的审核，即把所有的单证与查勘定损人员，在系统内上传的信息进行对应性审核。此工作项目的意义在于确保上传资料的可信度。

项目审核中的常见问题：定责停留表面现象，诸多疑问案件未有深究，定损随意性较大，有人为故意，查勘技能欠缺或责任心缺失。

三、定损审核

结合本地区机械维修行业维修工作标准、配件价格、品牌及系统提供的资料等情况，对经定责审核确认属于保险责任范围内的事故损失进行损失金额核损。

（1）重大案件的审核应报送上级主管部门审批。

（2）有物损、人伤的案件应及时与相关部门联系，协同做好审核工作。

核损流程如图 4-32 所示。

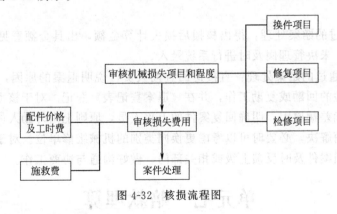

图 4-32　核损流程图

1. 审核机械损失项目和程度

对投保新机出厂时机械标准配置以外新增加的设备要进行区分，并分别确定损失项目和金额。损失严重的应将机械解体后再确认损失项目，对估损金额超过本机处理权限的，应及时报上级公司协助定损。

2. 审核损失费用

（1）人员伤亡费用的复核。

对于医疗费根据国家基本医疗保险的标准，结合保险条款的约定进行复核。对于误工费、护理费、住院伙食补助费、营养费、残疾赔偿费、残疾辅助器具费、丧葬费、死亡补偿费、被抚养人生活费、交通费、住宿费、被保险人依照法院判决或者调解承担的精神损害抚慰金等根据《最高人民法院关于审理人身损害赔偿案件若干问题的解释》的规定进行复核。

① 残疾赔偿金、丧葬费、死亡补偿费、被抚养人生活费、交通费、住宿费等赔偿项目按照事故发生地的标准进行计算。

② 残疾赔偿金、死亡补偿费、被抚养人生活费等赔偿项目按照当事人是城镇居民或农村居民区别计算。

③ 对被保险人所提供的有关单证的真实性应进行重点审核。

(2) 其他财产损失的复核。

对其他财产损失项目、数量、损失单价及维修方案的合理性和造价要进行审核。

(3) 施救费用的复核。

重点复核保险机械出险后，雇佣吊车和其他机械进行抢救的费用，以及将出险机械拖运到维修厂的运输费用是否在当地物价部门颁布的收费标准之内；非承保财产的施救费用是否被删除。

(4) 残值的复核。

一般情况下，残值折扣归被保险人的，重点对残值作价金额要进行复核。核损人员按照上述各项逐项核定完毕后，对核准初定损清单的，签署核准意见并将定损单传至相关定损人员，对需要修订或改变初定损清单的，将相关要求和修订意见传至相关定损人员。定损人员根据核损意见与被保险人签订损失情况确认书。

① 协商双方应本着实事求是、合情合理的原则。区分本次事故和非本次事故的损失，了解事故损失和正常维修保养的界限，对确定事故损失部位坚持能修不换的原则，能够更换部件的，绝不更换总成，机主要求扩大修理的，其超出部分应由机主自己承担费用。

② 核损人员对于机损金额费用的核定，必须有依有据，无论是工时费用还是配件价格，均应做到价格可寻、价格可查。

3. 案件处理

① 对审核通过的赔案处理：得出核损后损失计算金额，出具金额意见；移交下一环节未决案卷管理岗，未决管理岗及时进行系统录入。

② 对审核未通过的赔案处理：直接退回查勘人员，说明退案的原因，指导或协助查勘员按要求完成安检的回勘或复勘工作，并在《退案登记表》登记。对于核损金额低于原报损金额的，必须明确差额原因，明确回复案件的上报人员，原则上由外勤人员与相关维修单位或当事人进行协商解决，必要时可以考虑更换同类别的机械维修单位。对于重大案件、疑难案件、人伤、物损案件及时反馈上级或相关部门，做好沟通与协商工作。

单元七　赔款理算

【单元要点】

赔款理算的流程；

赔款理算的内容；

赔款理算是保险公司按照法律和保险合同的有关规定，根据保险事故的实际情况，核定和计算应向保险人赔付金额的过程。

赔款理算工作具体可分为单证审核，赔款计算，缮制赔款计算书三个步骤。

赔款理算工作流程如图4-33所示。

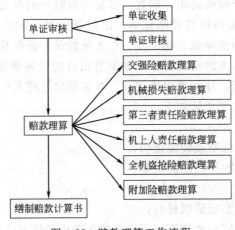

图 4-33 赔款理算工作流程

一、单证审核

1. 单证收集

在进行理算工作之前，应先进行相关单证的收集。单证的收集主要是要求被保险人在向保险人提出索赔申请的同时提供支持其索赔请求的有关单证。保险公司理赔人员根据被保险人提供的有关单证进行理算。

理赔人员依照保险合同约定，认为有关单证不完整的，应当通知被保险人补充提供相关单证。但理赔人员应当尽可能一次性提出要求提供的单证种类，避免出现多次/反复要求提供单证，从而延长理赔时限，影响保险服务质量。各类保险案件所要求提供的单证主要包括：

（1）案件要求的基本单证。

① 出险通知书（或索赔申请书）。

② 公安交通管理部门或法院等机构出具的事故证明、有关法律文书（判决书、调解书、裁定书、裁决书等）。

③ 其他相关事故证明文件，如气象证明、消防证明和一次性定损协议书等。

④ 检验/查勘报告。

⑤ 事故机械定损单，零配件报价单。

⑥ 保险单抄件。

⑦ 操作证复印件。

⑧ 支付凭证，包括：修理费发票、零配件发票、施救费发票、查勘费发票和向第三者支付赔偿金的收据。

（2）各类保险案件所要求提供的其他单证。

① 索赔申请书，保险单正本，事故处理部门出具的事故证明，法院、仲裁机构出具的裁定书、裁决书、调解书、判决书、仲裁书，被保险人自行协商处理交通事故的协议书，机械行驶证复印件，肇事操作人操作证和被保险人身份证明等。

② 涉及机械损失的还需提供机械损失情况确认书及修理项目清单和零部件更换项目清单、机械修理的正式发票、修理材料清单和结算清单等。

③ 涉及其他财产损失的还需要提供财产损失确认书，设备总体造价及其损失程度证明，

设备恢复的工程预算，财产损失清单，购置、修复受损财产的有关费用单据等。

④ 涉及人员伤亡还需提供医院诊断证明，出院通知书，需要护理人员证明，医疗费报销凭证、处方、治疗用药明细单据，伤、残、亡人员的误工证明及收入情况证明，法院伤残鉴定书，死亡证明，被扶养人的证明材料，派出所出具的受害者家庭情况证明，户籍证明，丧失劳动能力证明，交通费、住宿费报销凭证，参加事故处理人员工资证明及向第三方支付赔偿费用的过款凭证等。主要凭证如下：

- 第三方受害者病历；
- 休息或者继续治疗的证明或转院证明；
- 医疗费发票以及院外购买药品的发票；
- 死亡证明；
- 有关部门出具的残疾鉴定证明材料；
- 死亡和伤残人员户籍所在地政府部门出具的抚养人员情况证明；
- 由于误工造成收入减少证明等。

⑤ 涉及机械盗抢案件的还需要提供机械行驶证（原件）、公安刑侦部门出具的盗抢案件立案证明、机械购置费（税）凭证、机械登记证书、机械停驶手续证明、机械来历凭证、全套机械钥匙等。被保险人按照要求提供理赔所需的单证（具体如下）之后，保险人应与被保险人办理单证的交接手续，并对被保险人提供的有关单证进行审核。

- 公安部门（出险地县级以上刑事侦查部门）出具的机械失窃的侦破证明；
- 机械管理部门出具的保险机械已报停证明及登报遗失声明；
- 机械购置费凭证；
- 机械钥匙；
- 机械权益转让书。

⑥ 保险单证正本、保险卡。

2. 单证的审核

单证的审核包括形式审核和实质审核两步。

（1）形式审核。

形式审核是指理赔人员对被保险人提供的有关单、证在形式上的符合性进行审核，确定这些证明文件是否符合保险合同及理赔实务的要求。

（2）实质审核。

实质审核是指理赔人员对被保险人提供的有关单、证的内容进行审核，包括判断单、证的真实性、合法性和合理性。

真实性审核是对单、证真伪的判定；合法性审核是对单、证出具部门的行政行为是否基于客观事实，是否依法证明。资料不完整的，及时通知被保险人补充提供有关单、证。审核无误的，应根据保险事故的实际情况结合保险条款的有关规定按照险种分别计算应向被保险人实际支付的赔款数额。

二、赔款理算

赔款理算是保险公司按照法律和保险合同的有关规定，根据保险事故的实际情况，核定和计算应向被保险人赔付金额的过程。

损失确定的关键是确定赔偿标准，即对于损失按照何种标准进行赔偿。对于机械保险事故导致的部分损失、全部损失和推定全部损失，赔偿标准有所不同。

（1）部分损失

赔偿标准是按照重置价值进行赔偿。从修理工艺的角度看，不可能把机械恢复到出险前的状况。如果采用比例赔付的方式，则存在实际操作上的困难，同时也不利于切实维护被保险人的利益。所以，对于部分损失按照重置方式进行赔偿是合理的。

（2）全部损失

赔偿标准应采用补偿的方式，即按照出险时机械的实际价值进行赔偿，因为如果按照重置价值进行赔偿，极易诱发道德风险，所以补偿方式对于整个社会的公共利益而言是利大于弊的。

（3）推定全部损失

推定全损是指受损机械损坏严重，难以修复且修复费用已经超过甚至远远超过机械出险时的实际价值，为确定合理的赔偿方案及控制赔偿金额，保险公司往往会与被保险人协商，推定保险机械全部损失，按照出险时的保险机械的实际价值进行赔偿。

目前，机械发生交通事故造成人身伤亡、财产损失，首先由交强险在责任限额范围内进行赔偿，超过责任限额的部分，被保险人如果购买了商业保险，在商业保险金额或责任限额范围内按照"以责论处"的原则，确定赔偿金额。

因此，交强险的赔款理算将直接影响到商业机械保险的赔款理算。

（一）交强险赔款理算

交强险理算工作流程如图 4-34 所示。

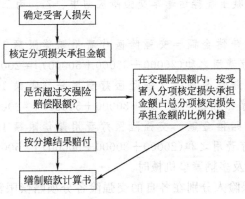

图 4-34　交强险理算工作流程图

1. 交强险承担责任划分

交强险将被保险人在事故中承担的责任分为有责和无责两级。如果有责任，不管责任大小，其赔款在死亡伤残、医疗费用、财产损失三个赔偿限额内进行计算赔偿；如果无责任，其赔款则在无责任死亡伤残、无责任医疗费用、无责任财产损失三个赔偿限额内进行计算赔偿。商业险将被保险人在事故中承担的责任划分为全部责任、主要责任、同等责任、次要和无责任五个级别，所以交强险与商业险的担责划分不同。

2. 交强险赔款理算原则

（1）基本计算公式。

保险人在交强险各分项赔偿限额内，对受害人死亡伤残费用、医疗费用、财产损失分别计算赔偿。

总赔款＝∑各分项损失赔款＝死亡伤残费用赔款＋医疗费用赔款＋财产损失赔款

各分项损失赔款＝各分项核定损失承担金额

医疗费用赔款＝医疗费用核定承担金额

财产损失赔款＝财产损失核定承担金额

若各分项核定损失承担金额超过交强险各分项赔偿限额的，则各分项损失赔偿为交强险各分项赔偿限额。

（2）当保险事故涉及多个受害人时。

① 基本计算公式中的相应项目表示为：

各分项损失赔偿＝∑各受害人各项核定损失承担金额

死亡伤残费用赔款＝∑各受害人死亡伤残费用核定承担金额

医疗费用赔款＝∑各受害人医疗费用核定承担金额

财产损失赔款＝∑各受害人财产损失核定承担金额

② 各受害人各分项核定损失承担金额之和超过被保险机械交强险相应分项赔偿限额的，各分项损失赔款为交强险各分项赔偿限额。

③ 各受害人各分项核定损失承担金额之和超过被保险机械交强险相应分项赔偿限额的，各受害人在被保险机械交强险分项赔偿限额内得到的赔偿为：

被保险机械交强险对某一受害人分项损失的赔偿金额＝交强险分项赔偿限额×（事故中某一受害人的分项核定损失承担金额/∑各受害人分项核定损失承担金额）

【例】 一台混凝土搅拌运输车闯红灯行驶，将甲、乙、丙三人撞伤，三人分别花去医疗费用 20000 元、30000 元和 50000 元，设有责交强险医疗费用的赔偿限额为 10000 元，问该混凝土搅拌运输车交强险应向甲、乙、丙三人各赔偿多少？

解：

对甲医疗费用的赔偿金额＝交强险医疗费用赔偿限额 10000×［甲医疗费用 20000÷各受害人医疗费用之和（20000＋30000＋50000）］＝2000（元）

对乙医疗费用的赔偿金额＝交强险医疗费用赔偿限额 10000×［乙医疗费用 30000÷各受害人医疗费用之和（20000＋30000＋50000）］＝3000（元）

对丙医疗费用的赔偿金额＝交强险医疗费用赔偿限额 10000×［丙医疗费用 50000÷各受害人医疗费用之和（20000＋30000＋50000）］＝5000（元）

（3）当保险人事故涉及多辆肇事机械时。

① 各被保险机械的保险人分别在各自的交强险各分项赔偿限额内，对受害人的分项损失计算赔偿。

② 各方机械按其适用的交强险分项赔偿限额占总分项赔偿限额的比例，对受害人的各分项损失进行分摊。

某肇事机械某分项核定损失承担金额＝该分项损失金额×（适用的交强险该分项赔偿限额/∑各致害方交强险该分项赔偿限额）

（4）初次计算后，如果有致害方交强险限额未赔足，同时有受害方损失未得到充分补偿，则对受害方的损失在交强险剩余限额内再次进行分配，在交强险限额内补足。对于待分配的各项损失合计没有超过剩余赔偿限额的，按分配结果赔付各方；超过剩余赔偿限额的，则按每项分配金额占各项分配金额总和的比例乘以剩余赔偿限额分摊，直至受损各方均得到足额赔偿或应赔付方交强险无剩余限额。

3．交强险的计算过程

（1）确定受害人损失。

确定哪些损失属于本方机械交强险受害人的损失。

（2）确定本方机械交强险项下的分项核定损失承担金额。

根据肇事机械有无责任情况，按各被保险机械的分项赔偿限额占总分项赔偿限额的比例分摊，其中均有责任或均无责任的，按平均分摊的方式计算。

对于分项核定损失承担金额没有超过交强险赔偿限额的，按分摊结果赔付；分项核定损失承担金额超过交强险赔偿限额的，在交强险限额之内，按受害人分项核定损失承担金额占总分项核定损失承担金额的比例分摊。

（3）判断交强险是否赔足，若受害方没有得到全额赔付，同时又有需赔付方交强险限额未赔足，则在交强险限额内补足。对于待分配的各项损失合计没有超过剩余赔偿限额的，按照分配结果赔付各方；超过剩余赔偿限额的，则按每项分配金额占各项分配金额总和的比例乘以剩余赔偿限额分摊，直至受损各方均得到足额赔偿或应赔付方交强险无剩余限额。

另外，在赔款理算中，对被保险人依照法院判决或者调解承担的精神损害抚慰金，原则上在其他赔偿项目足额赔偿之后，在死亡伤残赔偿限额内赔偿。

【例】 A、B两台混凝土泵车发生交通事故，两机均有责任。A、B两机机损分别为2000元和5000元，B机机上人员医疗费用6000元，死亡伤残费用5万元，另造成路产损失3000元。设两车适用的交强险财产损失赔偿限额为2000元，医疗费用赔偿限额为1万元，死亡伤残赔偿限额为11万元，试计算A、B两机各承担的交强险赔款为多少？

解：

A机交强险赔偿计算：

A机交强险赔偿金额＝受害人死亡伤残费用赔款＋受害人医疗费用赔款＋受害人财产损失赔款＝B机机上人员死亡伤残费用核定承担金额＋B机机上人员医疗费用核定承担金额＋财产损失核定承担金额，其中：

B机机上人员死亡伤残费用核定承担金额＝50000元＜死亡伤残赔偿限额11万元；

B机机上人员医疗费用核定承担金额＝6000＜医疗费用赔偿限额1万元；

财产损失核定承担金额＝路产损失核定承担金额＋B机损核定承担金额＝3000÷2＋5000元＝6500元＞财产损失赔偿限额2000元。超过限额按限额计。

其中，A机交强险对B机损的赔款＝财产损失赔偿限额×B机损核定承担金额÷（路产损失核定承担金额＋B机损核定承担金额）＝2000×［5000÷（3000÷2＋5000）］元＝1538.5元。

所以，A机交强险赔偿金额：50000＋6000＋2000元＝58000元。

B机交强险赔偿计算：

B机交强险赔偿金额＝财产损失核定承担金额＝路产损失核定承担金额＋A机损核定承担金额＝3000÷2＋2000元＝3500元＞财产损失赔偿限额2000元。

所以，B机交强险赔偿金额＝2000元。

【例】 A、B两机械发生交通事故，A机全责、B机无责，A、B两机机损分别为5000元和8000元，另造成路产损失1000元。设A机使用的交强险财产损失赔偿限额为2000元，B机使用的交强险无责任财产损失限额为100元，试计算A、B两机各承担的交强险赔款为多少？

解：

A机交强险赔偿计算：

A 机交强险赔偿金额＝B 机损失核定承担金额＋路产损失核定承担金额＝8000＋1000 元＝9000 元＞财产损失赔偿限额 2000 元。

所以，A 机交强险赔偿金额＝2000 元。

B 机交强险赔偿计算：

B 机交强险赔偿金额＝A 机损核定承担金额＝5000 元＞无责财产损失赔偿限额 100 元。

所以，B 机交强险赔偿金额＝100 元。

（二）商业第三者责任险的赔款理算

商业保险赔款计算，按照条款要求应先扣除事故当事方保险公司赔付的交强险赔款，然后在商业险项下进行赔偿。

基本计算公式：

商业第三者责任险中被保险人按事故责任比例应承担的赔偿金额＝（第三者总损失－本机交强险赔偿金额－残值）×事故责任比例

当应承担的赔偿金额高于责任限额时：赔款＝责任限额×（1－免赔率之和）

当应承担的赔偿金额低于或等于责任限额时：赔款＝应承担的赔偿金额×（1－免赔率之和）

第三者责任险赔款计算应注意的几点：

（1）对不属于保险合同中规定的赔偿项目被保险人已自行承诺或支付的费用，保险人不予承担。

（2）法院判决被保险人应当赔偿第三者的金额，但不属于保险合同中规定的赔偿项目，如精神损害抚慰金等保险人不予承担。

（3）保险人对第三者责任事故赔偿后，对受害第三者的任何赔偿费用的增加不再负责。

【例】 一投保交强险和商业第三者责任险的机械发生交通事故，在事故中负次要责任，承担 30％的损失，依据条款规定承担 20％的免赔率。第三者责任险责任限额为 10 万元。此次事故第三方损失为 200000 元，其中财产损失 40000 元，医疗费用 40000 元，死亡伤残费用 120000 元。试计算商业第三者责任险的赔款。

解：

商业第三者责任险中被保险人按事故责任比例应承担的赔偿金额＝（事故第三方损失 200000 元－交强险赔款 122000 元）×事故责任比例 30％＝23400 元＜责任限额 100000 元。

所以，第三者责任险赔款＝23400×（1－20％）元＝18720 元。

（三）机械损失险的赔款理算

（1）全部损失。

赔款＝（出险时保险机械的实际价值或保险金额－交强险赔偿金额－残值）×事故责任比例×（1－免赔率之和）

（2）部分损失。

赔款＝（实际修复费用－交强险赔偿金额－残值）×（保险金额／投保时新机购置价）×事故责任比例×（1－免赔率之和）

【例】 一投保机械损失保险的机械甲，在保险期限内与另一机械乙发生碰撞事故。机械甲新机购置价（含机械购置税）500000 元，保额 480000 元，出险时实际价值 300000 元，操作人承担主要责任，责任比例为 70％，依据条款规定承担 20％

的免赔率，同时由于第三次出险，增加 10% 免赔率，机械甲修理费用 50000 元，残值 200 元，对方机械乙交强险应对机械甲损失赔偿 2000 元。试计算甲的机械损失险的赔款。

解：

机械损失险赔款＝（实际修复费用 50000 元－交强险赔偿金额 2000 元－残值 200 元）×（保险金额 480000 元/投保时新机购置价 500000 元）×事故责任比例 70%×[1－免赔率之和(20%＋10%)]＝22485.12 元

（四）机上人员责任险的赔款理算

机上人员责任险赔款理算：

$$机上人员责任险赔款＝\sum 每人赔款$$

（1）赔款人数以投保座位数为限。

（2）当被保险人扣除交强险已赔付机上人员人身伤亡费用后按事故责任比例应承担的每座机上人员伤亡赔偿金额未超过保险合同载明的责任限额时：

$$每人赔款＝应当承担的赔偿金额$$

（3）当被保险人扣除交强险已赔付机上人员人身伤亡费用后按事故责任比例应承担的每座机上人员伤亡赔偿金额超过保险合同载明的责任限额时：

$$每人赔款＝责任限额$$

（五）全机盗抢险的赔款理算

1.全部损失

$$赔款＝保险金额×（1－免赔率之和）$$

实际价值不得超过保险金额，若超过保险金额，代入保险金额进行计算。

2.部分损失

$$赔款＝实际修理费用－残值$$

赔款金额不得超过此险种保险金额。

盗抢险中被保险人索赔时未能提供机械行驶证、机械登记证书、机械来历凭证、机械购置完税证明（机械购置附加缴费证明）或免税证明等原件，每缺少一项，增加 1% 的免赔率。

（六）附加险的赔款理算

附加险赔款理算，如图 4-35 所示。

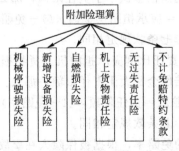

图 4-35　附加险赔款理算工作流程

1.机械停工损失险

全部报失的投保本附加险时，由保险双方在保险单上约定日赔偿金额和赔偿天数，本保险的最高赔偿天数为 90 天。即：

$$赔款=保险合同约定的日赔偿金×约定赔偿天数$$

在一个保险期限内，上述赔款累计计算，最高以保险单约定的赔偿天数为限。

2. 自燃损失险

由投保人与保险人在保险机械的实际价值内协商确定，保险人在保险单该项目所载明的保险金额内，按保险机械的实际损失赔偿；本保险每次赔偿均实行 20% 的绝对免赔率。

(1) 全部损失的：

$$赔款=(保险金额-残值)×(1-20\%)$$

(2) 部分损失的：

$$赔款=(实际修理费用-残值)×(1-20\%)$$

(3) 施救费用不超过保险金额为限，其计算方式：

$$赔款=实际施救费用×(保险财产价值/实际施救财产总价值)×(1-20\%)$$

3. 新增设备损失险

投保了本保险的机动机械在使用过程中，发生保险事故造成机上新增设备的直接损毁，保险人在保险单该项目所载明的保险金额内，按实际损失计算赔偿。

$$赔款=实际损失(在保险金额内)×(1-免赔率)$$

根据保险机械操作员在事故中所附责任，机械损失险和第三者责任险在符合赔偿规定的金额内实行绝对免赔率：负全部责任免赔 20%，负主要责任免赔 15%，负同等责任免赔 10%，负次要责任免赔 5%；单方肇事事故绝对免赔率为 20%；雷击、暴风、暴雨、洪水、龙卷风和雹灾保险责任事故，免赔率为 0；保险机械遭受暴雨、洪水后再淹及排气筒的水中启动或被水淹及后因过失操作不当致使发动机损坏，绝对免赔率为 20%。

4. 机上货物责任险

被保险人或其允许的合格操作员在使用保险机械过程中，发生意外事故，致使保险机械所载货物遭受直接损毁，依法应由被保险人承担的经济赔偿责任，以及被保险人为减少损失而支付的必要合理施救、保护费用，保险人在保险单所载明的赔偿限额内负责赔偿。机上承运货物的赔偿限额由投保人在投保时与保险人协商确定。

(1) 承运的货物发生保险责任范围内的损失，保险人按起运地价格在赔偿限额内负责赔偿。

① 当被保险人按保险事故责任比例应承担的机上货物损失赔偿金额未超过保险合同载明的每人责任限额时，即应承担赔偿金额小于责任限额，那么：

$$赔款=应承担赔偿金额×(1-免赔率)$$

其中免赔率规定与基本险十七条款规定相同。

② 当被保险人按保险事故责任比例应承担的机上货物损失赔偿金额超过保险合同载明的每人责任限额时，即应承担赔偿金额大于责任限额，那么：

$$赔款=责任限额×(1-免赔率)$$

其中免赔率规定与基本险十七条款规定相同。

(2) 每次赔偿均实行相应的免赔率，根据被保险人在事故中应负的责任比例及应承担的费用计算，公式为：

$$赔款=应承担费用×(1-免赔率)$$

(3) 施救费用。

$$赔款=实际施救费用×(保险财产价值/实际施救财产总价值)×(1-免赔率)$$

5. 机载货物掉落责任

(1) 每次事故最高赔偿限额有投保人投保时与保险人协商确定；

(2) 本保险每次赔偿均实行 20％的绝对免赔率，赔款为：

$$赔款＝应承担费用×(1－20\%)$$

6. 无过失责任险

(1) 本保险每次赔偿均实行 20％的绝对免赔率。

① 当无过失责任险损失金额未超过责任限额时，那么：

$$赔款＝实际损失×(1－20\%)$$

② 当无过失责任险损失金额超过责任限额时，那么：

$$赔款＝责任限额×(1－20\%)$$

(2) 保险人承担的赔偿责任与免赔额之和，最高不超过本保险的赔偿限额。

事故处理裁决书载明保险机械及操作员在事故中无过失并按照道路交通规定承担 10％的赔偿费用的条件，其赔偿应在第三者责任险中赔付计算。

7. 不计免赔特约条款

$$赔款＝一次赔款中已承保且出现的各险种免赔额之和$$

下列应由被保险人自行承担的免赔金额，保险人不负责赔偿：

(1) 机械损失保险中应当由第三方负责赔偿而确实无法找到第三方的；

(2) 因违反安全装载规定加扣的；

(3) 同一保险年度内多次出险，每次加扣的；

(4) 对于机械保险合同中约定操作员的，保险事故发生时，由非约定操作人员操作机而加扣的；

(5) 附加盗抢险或附加火灾、爆炸、自燃损失险或附加自燃损失险种规定的。

三、缮制赔款计算书

计算完赔款后，要缮制赔款计算书，这是支付赔款的正式凭证。

(1) 赔款计算书应该分险别项目计算，并列明计算公式。赔款计算应尽量用计算机出单，应做到项目齐全、计算准确。手工缮制的，应确保字迹工整、清晰，不得涂改。

(2) 赔款计算书编制应一式四份，一份附赔案卷内，一份作财务支付赔款凭证，一份交付给被保险人，一份贴在保险单副本上。

(3) 赔款计算书缮制完成之后，理赔人员应在经办人栏内签章，然后将赔款计算书连同其他单证一起交给指定的审核人员。业务负责人审核无误后，在赔款计算书上签署意见和日期，然后送交核赔人员。

单元八 核 赔

【单元要点】

核赔的流程；

核赔的主要内容；

复勘内容。

核赔是指在授权范围内独立负责理赔工作质量的人员，按照保险条款和保险公司有关规章制度对赔案进行审核的过程。核赔的核心是体现权限管理和过程控制。核赔是对整个赔案处理过程所进行的控制，是保险公司控制业务风险的最后关口。

一、核赔的操作流程

核赔是对整个案件信息的审核，包括报案、查勘定损、核损、复勘及缮制。通过对上述信息的综合审核给出赔付意见，如果确认赔案符合要求则核赔同意，案件审核结束转入交付环节；如赔案不符合要求则需退回相应环节处理。

核赔人员在本机核赔权限内开展工作，属于上级公司核赔范围的，核赔人员签署核赔意见后，报上级公司审核。如图 4-36 所示为核赔操作流程。

传统核赔一般是根据查勘提供的照片结合前段环节审核意见书及被保险人提交的单证原件进行审核，核赔人确认无误后在缮制赔款计算书上签署核赔赔付意见。在核赔过程中核赔人需查看审核单证原件，流程比较繁琐，特别是对于金额较大案件的多级审核时效较低。

随着机险理赔网络化的普及，核赔环节基本可以不必再审核单证原件。由于核赔的网络化使得核赔工作可以实现远程办公，加上核赔工作为风险管控的核心环节，部分保险公司都积极筹划赔案的集中核赔，在加大风险管控的同时降低运营成本。

二、核赔的主要内容

核赔不是简单地完成对单证的审核，重要的是对整个赔案的处理过程进行管控，并对核赔险种提出防灾、防损的具体办法和要求。

核赔对理赔工作质量控制的作用，体现在核赔人对赔案的处理过程：

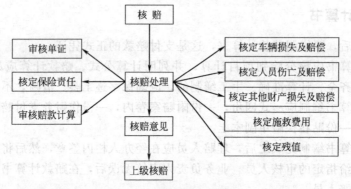

图 4-36 核赔操作流程图

- 及时了解保险标的的出险原因、损失情况，对重大案件应参与现场查勘；
- 审核、确定保险责任；
- 核定损失；
- 审核赔款计算。

1. 审核单证

（1）审核确认被保险人按规定提供的单、证、证明及材料是否齐全有效，有无涂改、伪造，是否严格按照单、证填写规范认真、准确、全面地填写；

（2）审核经办人员是否规范填写与赔案有关的单、证；

（3）审核签章是否齐全。

2. 核定保险责任

（1）核定被保险人与索赔人是否相符，操作员是否为保险合同约定的操作员；

（2）核定出险机械的厂牌型号、牌照号码、发动机号、机架号与保险单、证是否相符；

（3）核定出险原因是否属于保险责任范围；

（4）核定出险时间是否在保险期限内；

（5）核定事故责任划分是否准确合理；

（6）核定赔偿责任是否与承保险别相符。

3. 核定机械损失及赔款

（1）核定机械定损项目、损失程度是否准确、合理；

（2）核定更换零部件是否按规定进行了询报价，定损项目与报价项目是否一致；

（3）核定部件部分赔款金额是否与报价金额相符；

（4）核定残值确定是否合理。

4. 核定人员伤亡费用及赔款

（1）核定伤亡人员数、伤残程度是否与调查情况和证明相符；

（2）核定人员伤亡费用是否合理；

（3）核定被抚养人口、年龄是否真实，生活费计算是否合理、准确。

5. 核定其他财产损失及赔款

根据照片和被保险人提供的有关货物、财产的原始发票等有关单、证，核定其他财产损失金额和赔款计算是否合理、准确。

6. 核定施救费用

根据案情和施救费用的有关规定，核定施救费用单、证是否有效，金额确定是否合理。

7. 审核赔款计算

（1）审核残值是否扣除；

（2）审核免赔率使用是否正确；

（3）审核赔款计算是否正确。

如果上级公司对下一级进行核赔，应侧重审核；普通赔案的责任认定和计算的准确定；有争议赔案的旁证资料是否齐全有效；诉讼赔案的证明材料是否有效；保险公司的理由是否成立、充分；拒赔案件是否有充分证据和理由等。

结案时"工程机械保险赔款计算书"上赔款的金额必须是最终审批金额。在完善各种核赔和审批手续后，方可签发"工程机械保险赔款通知书"通知被保险人。

三、核赔的退回处理

核赔人按照审核要求进行赔案审核，重点审核相关环节是否按照要求进行案件的处理，结合各环节的案件处理信息和承担情况综合考虑，给出最终赔付意见。对于无异议的案件核赔人核赔同意，案件将自动结案转入支付环节；如果核赔人对案件有异议应退回前端相应环节责任人进行进一步的处理。当核赔退回的问题得到完全处理后再发送核赔审核，核赔确认处理无误后方可审赔通过，案件结案。核赔退回时应对问题说明清楚，以便问题处理人理会；相关问题责任人对于核赔退回案件应及时处理，问题处理完后应及时回复，回复时应针对核赔退回的问题做处理说明。常见的退回问题及处理方式如表4-8所示。

表 4-8　常见核赔退回列举

常见问题类型示例	责任人	退回用语示例	回复用语示例
单证不全	缮制人员	缺××单证	××单证已补
理算错误	理算人员	××险种计算错误	计算错误已修改(并上传计算错公式)
验标信息不全	查勘定损人员	缺发动机号	××已上传
损失项目异议	核损人员	××更换不合理	××已删除,做修复处理
项目价格异议	核损人员	××价格偏高	价格已修改
事故真实性异议	核损或查勘人员	事故真实性异议,请调查	事故已调查,调查报告已上传
保险责任异议	立案人员	驾驶(操作)证年审不合格,不属于保险责任	案件已拒赔
其他			

单元九　结案处理

【单元要点】

结案处理的流程与内容;

理赔案卷管理。

一、结案处理

在赔案经过分级审批通过之后,业务人员应制作"机械保险领取赔款通知书",并通知被保险人,同时通知会计部门支付客户赔款。

支付客户赔款主要包括:通知被保险人领取赔款、支付赔款等工作内容,如图 4-37 所示。

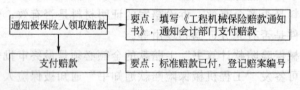

图 4-37　支付赔款工作流程

1. 通知被保险人领取赔款

按分级权限审批后,工作人员根据赔案审批表中的审批金额填写《机动机械保险领取赔款通知书》,同时产生赔案编号,并填写在赔款计算书上,反映在赔案案卷中,打印《机动机械保险领取赔款通知书》;同时通知会计部门支付赔款。机动机械保险领取赔款通知书,如表 4-9 所示。

2. 支付赔款

(1) 在保险单正、副本上加盖"×年×月×日出险,赔款已付"的签章。

(2) 保户领取赔款后,按赔案编号填写机动机械保险已决赔案登记簿。

表 4-9　机械保险领取赔款通知书

领取赔款通知书
＿＿＿＿＿＿＿＿＿＿（被保险人）： 您的机号为＿＿＿＿＿＿＿＿＿＿，报案号＿＿＿＿＿＿＿＿＿＿。 现收到贵处如下资料： 1．交通事故认定书； 2．驾驶证、行驶证复印件； 3．施工单、材料单明细； 4．汽修发票； 5．物损清单； 6．施救费用清单等。 注意事项： 1．我处接到您的材料后，将按保险条款及相关规定进行审核； 2．请您于　　年　　月　　日来我公司办理有关理赔手续； 3．如发生问题会及时与您联系进行核实，并请您及时办理，查询电话：＿＿＿＿＿＿＿＿＿＿； 4．请被保险人持身份证及此通知书、身份证原件及回执单原件领款。

（3）在机动机械保险报案、立案登记簿中注明赔案编号、赔案日期，作为续保时进行费率浮动的依据。

未决赔案的处理方法；未决案是指截止规定的统计时间，已经完成估损、立案，尚未结案的赔款案件，或被保险人尚未领取赔款的案件。处理原则是：定期进行案件跟踪，对可以结案的案件，须敦促被保险人备齐索赔材料，赔偿结案；对尚不能结案的案件，应认真核对、调整估损金额；对超过时限，被保险人不提供手续或找不到被保险人的未决赔案，按照"注销案件"处理。

二、理赔案卷管理

理赔案卷管理主要包括清分单证、案卷的整理与装订、案卷的登记与保管、案卷借阅等，如图 4-38。

1．理赔案卷管理内容

（1）保险单证经清分、整理与分类后组成理赔案卷，理赔案卷须一案一卷整理、装订、登记、保管与借阅。赔款案卷要做到单证齐全、编排有序、目录清楚、装订整齐，照片及原始单据一律粘贴整齐并附说明。

（2）理赔案卷按分级审批、分级留存并按档案管理规定进行保管的原则。

2．理赔案卷管理注意事项

（1）机险业务档案卷内的排列顺序一般遵循的原则。

承保单证应按承保工作顺序依次排列，理赔案卷应按照赔卷皮内目录内容进行排列。

（2）承保单证、赔付案卷的装订方法。

① 承保单证、赔付案卷中均采用"三孔一线"的装订方法，孔间距为 6.5cm，承保单证一律在卷上侧统一装订，赔付案卷一律在卷左侧统一装订，对于承保和理赔中需要附贴的单证，如保费收据、赔案数据和各种医疗费收据、修理费发票等一律粘贴在"工程机械保险（单证）粘贴表"上，粘贴整齐、美观、方便使用。

② 对于承保单证一律按编号排序整齐，每 50 份装订为一卷，赔付案卷要填写卷内目录

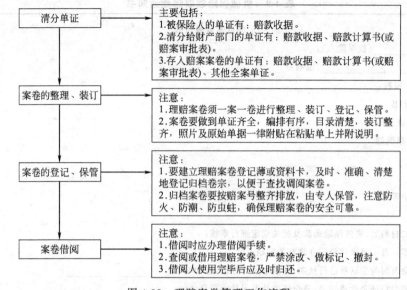

图 4-38　理赔案卷管理工作流程

和备考线，装订完毕后打印自然流水号，以防卷内形式不一的单证、照片等重要原始材料遗失，对于卷内不规范的形式不一的单证（如照片、锯齿发票等）除一律粘贴在统一规格的粘贴表上之外，还应加盖清晰的骑缝章，并在粘贴表的"并张单证"中注明粘贴张数。

（3）卷内承保、理赔案卷的外形尺寸。

卷内承保、理赔案卷的外形尺寸分别以承保副本和机械保险（单证）粘贴表的大小为标准，卷皮可使用统一的"机险业务档案卷皮"加封，并装盒保存。

（4）承保单证及赔付案卷卷皮上应列明内容。

承保的卷皮上应列明的内容为：机构名称、险种、年度、保单起止号和保险期限；赔付案卷皮应注明的内容为：机构名称、险种、赔案年度、赔案起止号和保管期限。

（5）档案管理要求。

业务原始材料应由具体经办人提供，按顺序排列整齐，然后交档案管理人员，档案管理人员按上述要求统一建档，保管案卷人员应以保证卷内各种文件、单证的系统性、完整性和真实性为原则，当年结案的案卷归入所属业务年度，跨年度的赔案归入当年的理赔案卷。

（6）业务档案的利用工作。

业务档案的利用工作既要积极主动，又必须坚持严格的查阅制度，查阅时要填具调阅登记簿，由档案管理人员亲自调档并协助查阅人查阅。

（7）承保及理赔档案的销毁和注销。

根据各个公司的规定，对于机险业务一般保管期限为三年，对于超过保存期限的经内勤人员和外勤人员共同确定确实失去保存价值的，要填具业务档案销毁登记清单，上报部门经理方可销毁。

3. 单证收集的种类

（1）理赔的基本单证：

① 机械保险赔案审批表；

② 机械保险报案记录（代抄单）；

③ 机械保险索赔申请书及索赔须知；

④ 机械保险事故现场查勘记录及附页；

⑤ 机械保险赔案计算书；

⑥ 事故责任认定书、事故调解书、判决书等证明文件；

⑦ 事故照片；

⑧ 机械保险机械损失情况确认书（包括零部件更换项目清单、修理项目清单）；

⑨ 机械保险财产损失确认书；

⑩ 机械行驶证复印件和机械操作证复印件；

⑪ 机械保险领取赔款授权书；

⑫ 其他有关证明、费用单据及材料。

（2）机械保险快捷案件涉及单证：

① 机械保险快捷案件处理单；

② 机械保险机械损失情况简易确认书。

（3）重大、复杂案件涉及单证：

① 机械保险事故现场查勘草图；

② 机械保险事故现场查勘询问笔录；

③ 机械保险增加修理项目申请单。

（4）人员伤亡案件涉及单证：

① 机械保险人员伤亡费用清单或机动机械保险医疗费用审核表；

② 机械保险伤残人员医疗跟踪调查表；

③ 误工证明及收入情况证明；

④ 医疗诊断证明、医疗费用单据及明细；

⑤ 伤亡人员伤残鉴定书、死亡证明、户籍证明。

（5）盗抢案件涉及单证：

① 公安刑侦部门出具的盗抢案件立案证明；

② 机械停驶手续证明；

③ 机械来历凭证；

④ 机械行驶证（原件）；

⑤ 机械登记证书（原件）；

⑥ 机械购置税纳税证明或免税证明（原件）。

（6）救助案件涉及单证：

① 机械救助调度登记清单；

② 机械特约救助书；

③ 机械救助特约条款赔款结算书。

项目训练

1. 一投机损险并约定不计免赔特约条款的挖机在保险期限内发生保险事故，新机购置价 150 万元，保险金额 120 万元，出险时机械实际价值 100 万元，该机操作员承担主要责任，事故责任比例为 70％，依据条款规定承担 15％的免赔率。机械修理费 40 万元，残值 5000 元，试计算机损险赔款金额。

2. A、B 两辆混凝土搅拌车发生交通事故，A 车无责，B 车全责。其中 A 车机损 3000 元，驾驶员医疗费用 5000 元；B 车机损 2000 元。试计算 A、B 两车各应承担的交强险赔款。

复习思考

1. 工程机械保险理赔工作的基本流程。
2. 现场查勘工作的主要内容。
3. 对现场查勘人员的工作要求。
4. 定损的基本原则。
5. 核赔的主要内容。

项目五

□工程机械保险相关知识延续

【项目目标】
　　知道机械消费信贷的条件及贷款步骤；
　　能够办理机械消费信贷业务；
　　能够识别机械保险欺诈。

【单元引导】

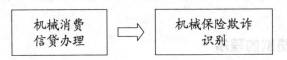

单元一　工程机械消费贷款办理

【单元要点】
　　机械消费贷款的定义；
　　申请机械消费贷款的条件；
　　机械消费贷款的还款方式。

　　随着国家基础设施建设的不断推进，机械正在迅速进入各种建设领域。但是一台机械的价格往往不是小数目，难以一次付清，对于买机心切又难以一次付清的人，机械消费贷款支付无疑是他们的首选。

　　机械消费贷款是指贷款人向申请为购买工程机械的借贷人发放的人民币担保贷款。它具有"定点选购、自筹首期、先存后贷、有效担保、专款专用、按期偿还"的特点。

一、申请机械消费贷款必须符合的条件

　　1. 个人申请机械消费贷款的基本条件
　　(1) 年满18周岁具有完全民事行为能力在中国境内有固定住所的中国公民；
　　(2) 具有稳定的职业和经济收入，能保证按期偿还贷款本息；
　　(3) 在贷款银行开立储蓄存款户，并存入不少于规定数额的购机首期款；
　　(4) 能为购机贷款提供贷款银行认可的担保措施；
　　(5) 愿意接受贷款银行规定的其他条件。
　　2. 法人申请机械消费贷款的基本条件
　　(1) 在当地注册登记，具有法人资格的企业、事业单位，机械租赁公司应具有营运许可证；
　　(2) 在贷款银行开设账户，并存有一定比例的首期购机款；

（3）信用良好，收入来源稳定，能够按期偿还贷款本息；

（4）提供贷款人认可的财产抵押、质押或第三方保证；

（5）贷款人规定的其他条件。

二、机械消费贷款额度

机械消费贷款的单笔额度应视不同担保方式分别确定：

（1）借贷人因国库券、金融债券、国家重点建设债券、个人存单等质押的，或银行、保险公司等金融机构提供连带责任保证的，或保险公司提供足额的分期还款保证保险的，存入银行的首期款一般不得少于购机款的 20％，贷款最高额为购机款的 80％。

（2）借款人以房产或依法取得的土地使用权做抵押的，存入银行的首期款一般不得少于购机款的 40％，贷款最高额一般为购机款的 60％。

（3）以第三方连带责任保证方式（银行、保险公司除外）的，或以所购机械做抵押的，或以其他方式进行担保的，存入银行的首期款不得少于购机款的 50％，贷款最高额一般为购机款的 50％。

三、办理机械消费贷款的程序

1. 借款人应提供的资料

（1）个人需要的资料：

① 借贷人如实填写的《机械消费贷款申请表》；

② 合法有效的身份证明，包括本人身份证、户口本及其他有效居留证件，已婚者还应当提供配偶的身份证明材料；

③ 目前供职单位出具的收入证明，有效的财产证明、纳税证明；

④ 与银行特约经销商签订的购机合同或协议；

⑤ 购机的自有资金证明，已预付给特约销售商的应提供收款收据；

⑥ 担保资料担保所需的证明或文件，包括抵（质）押物清单和有处分权人（含财产共有人）同意抵、质押的证明；有权部门出具的抵押物所有权或使用权证明、书名估价证明、同意保险的文件；质押物须提供权利证明文件；保证人同意履行连带责任保证的文件。有关资信证明材料；

⑦ 缴付首期购机款的付款证明。

（2）法人需要的资料：

① 企业法人营业执照或事业法人执照，法人代码证，法定代表人证明文件；

② 与经销商签订的购机合同或协议；

③ 经审计的上一年度及近期的财务报表，人民银行颁发的《贷款卡》或贷款证；

④ 出租机械公司等需要出具出租机械营运许可证（或称经营指标）；

⑤ 担保所需的证明或文件，包括抵（质）押物清单和有处分权人（含财产共有人）同意抵、质押的证明；有权部门出具的抵押物所有权或使用权证明、书面估价证明、同意保险的文件；质押物须提供权利证明文件；保证人同意履行连带责任保证的文件，有关资信证明材料；

⑥ 缴付首期购机款的付款证明。

2. 贷款程序

① 客户咨询：客户咨询，领取贷款的有关材料；

② 客户递交申请材料：客户填写申请表格，向经办行或委托受理网点递交有关材料；

③ 贷款人委托经销商对借款人进行调查了解，借款人与经销商签订购机合同、交首付款等；

④ 资格审查：在受理客户申请后，对借款人的资信情况、偿还能力、材料的真实性进行审查，并在规定的时间内给予申请人明确答复；

⑤ 办理手续：经审查符合贷款条件后，贷款人即与客户签订借款合同、担保合同，并办理必要的抵押登记手续和保险手续；

⑥ 贷款通知：贷款人通知经销商和客户，由经销商协助客户办理购机所需各种手续，客户提机，贷款人发放贷款，将贷款全额划入经销商账户；

⑦ 按期还款：客户按借贷合同约定的还款日期、还款方式偿还本息。客户按合同约定全部归还贷款本息后，贷款人将退还客户被收押的有关单证。

机械消费贷款流程如图 5-1 所示。

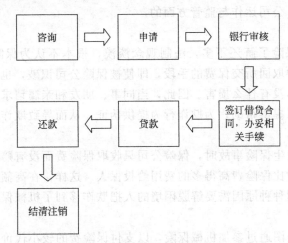

图 5-1　机械消费贷款流程图

四、机械消费贷款的还款方式

对于期限在 1 年以内的贷款，应在贷款到期日一次性还本付息、利随本清；对于期限在 1 年以上的贷款，可选择按月"等额本息"或"等额本金"还款方式。每月还本付息额计算方式如表 5-1 所示。

表 5-1　每月还本付息额表

方　　法	每月还本付息额
等额本息还款法	贷款总额×月利率＋贷款总额×月利率÷[(1＋月利率)^{还款总月数}－1]
等额本金还款法	贷款本金÷还款总月数＋(贷款本金－已归还本金累计额)×月利率

单元二　机械保险欺诈识别

【单元要点】

机械保险欺诈的定义；

机械保险欺诈现场现象；

机械保险欺诈规避方法。

随着机械保险业务的迅速发展，也存在一些问题，如赔付率过高、保险欺诈较多等情况。特别是机械保险欺诈现象日趋增多，成为影响和制约当前机械保险健康发展的不良因素。

机械保险欺诈，是指投保人或被保险人等不遵守诚信原则，故意隐瞒有关保险机械的真实情况，或歪曲、掩盖真实情况，夸大损失程度，或故意制造、捏造保险事故造成保险标的损害，以谋取保险赔偿金的犯罪行为。

机械保险从业人员应充分了解机械保险欺诈的成因、形式及预防措施，以期有效识别。

一、机械保险欺诈的成因分析

机械保险欺诈往往具有很大的隐蔽性，其形成原因也相当复杂，有社会的、个人道德方面的，也有保险条款、公司运作与监管方面的。

1. 社会方面

目前有些公众对保险了解还不多，法制观念淡漠，根本不认为保险欺诈是一种犯罪行为，甚至认为只是一种取回所交保费的手段，即使被保险公司识破，也是一种可以原谅的过错，对其社会声誉基本没有什么损害。因此，当同事、朋友和亲属请求他们帮忙欺骗保险公司时，他们往往会自愿提供帮助，为欺诈行为提供伪证，从而导致欺诈现象的蔓延。

2. 投保人方面

一般认为，在不发生保险事故时，保险公司只收取保险费而没有赔偿义务；当发生保险事故时，保险人需偿付比保险费高得多的费用给投保人。这样，在高额赔偿的诱惑下，就导致某些缺乏道德以及因种种原因需要解脱困境的人把欺诈移到了机械保险行业，通过铤而走险获取额外利益。

(1) 有些投保人企图通过参加机械保险，以支付保险费的较小代价，获取高额赔偿，实现发财目的。这类投保人投保动机和欺诈动机相一致，即从投保时起，就蓄意欺诈，保险合同成立后，就积极谋划欺诈行为。

(2) 有些投保人原来并没有利用机械保险进行欺诈的念头，只是由于某种偶然因素的诱发，如他人提醒，才产生了欺诈念头，所以这类投保人若无偶然因素干扰，保险欺诈行为不会产生。

(3) 有些投保人对机械保险缺乏正确认识，认为交付保费后，如果没有发生保险事故，就等于白白丢钱，必须想方设法从保险公司把保险金要回来，于是，欺诈就成了他们最好的选择。

3. 保险人方面

(1) 对如何有效防止保险欺诈重视不够，目前还没有几个公司专门成立反欺诈组织。

(2) 承保程序不科学。承保时，很少有公司实施"验机承保"，使得一些存在明显缺陷的机械顺利实现高额投保。

(3) 理赔程序不科学。如发生事故后，保险公司不派人员去现场查勘，而是等机械修好后，凭发票记载的金额予以赔付。再如确定赔付金额时，保险公司往往以有关单位的证明作为唯一依据，而有些证明可能与事实不符。所以，不科学的理赔程序客观上为保险欺诈开了方便之门。

(4) 保险公司对某些被识破的欺诈行为处理过于宽松，往往仅满足于追回被骗取的保险金或不承担赔偿责任，而不愿追究他们相关的法律责任，从而助长了保险欺诈行为的进一步发生。

（5）理赔人员素质偏低，把握不住理赔关，给欺诈者以可乘之机，甚至有些理赔人员经不住金钱诱惑，同欺诈者内外勾结，共同骗取保证金。

另外，部分修理厂也存在欺诈作假，是为了拉拢客户，有时会帮着客户进行欺诈骗赔，同时保证利润，或谋取非法暴利。

二、机械保险欺诈的常见表现形式及特征

1. 先出事故，后买保险

指机械出险时尚未投保，出险后才投保，然后伪装成合同期内出险，达到获取机械保险赔款的目的。实施先险后报时，一般采用伪造出险日期或保险日期的手法。伪造出险日期时，一般通过关系，由有关单位出具假证明，或伪造、编造事故证明，待投保后方按正常程序向保险人报案索赔。这类案件保险人应及时去现场复勘，若不深入调查了解也很难察觉。伪造保险日期时，一般是串通保险签单人员，内外勾结，利用"倒签单"手法，将起保日期提前，瞒天过海。有的机械在到期脱保后要求保险人按上年保单终止日续保也属此类。无论采取何种手段，先险后保案件有一个明显特点，即投保时间与报案时间很接近，因此，对两个时间比较接近的案件务必严查。

2. 一次出险，重复索赔

这是机械保险理赔中最常见、最普通的现象。常见的一险多赔诈骗案有三种类型：

（1）一次事故向多个保险人索赔。这属于重复投保。投保人向多家公司购买保险，但并不将该情况通知各保险公司。发生事故后，持各公司的保险单分别索赔，以获取多重保险赔款。由于重复保险多是蓄谋已久，且隐蔽性极高，再加上各保险公司之间信息不交流，所以欺诈成功率较高。

（2）一次事故多线索赔。如机械造成货损后，投保人可在机上货物责任险和货物运输险项下同时索赔。因保险公司内部横向信息沟通不畅，投保人往往会轻而易举地索赔成功。

（3）一次事故先由事故责任者给予赔偿然后再向保险公司索赔这种骗案，数额一般不大，但在日常生活中却最常见。出险原因都是被别人追尾或被别人所撞后，第三方负事故责任，在第三方已给予赔偿的情况下，再到保险公司谎称自己倒机所撞进行骗赔。所以对单方事故，尤其对机械尾部损坏的单方事故进行现场查勘时要特别注意。

3. 夸大损失，高额索赔

夸大损失，高额索赔，指出险机械损失很小，被保险人却故意夸大损失程度或损失项目，以小抵大，骗取赔款。例如，被保险人将事故机上未损坏零部件用损坏零部件进行替换后再向保险公司保案。再加上某些修理企业专业人员的"参与帮忙"，所以此类案件识别较难，这就要求机械定损人员具有较强的专业知识和丰富的理赔经验。

4. 无中生有，谎报出险

无中生有，谎报出险，指本来没有出险事故，投保人或被保险人却无中生有，谎称发生了险情。在这种情况下，投保人往往需要采用作伪证，或制造虚假事故现场及证明材料等方式。

5. 编造理由，冒名索赔

编造理由，冒名索赔，指机械出险后，因某些原因被保险人根本没有资格向保险公司索赔，但却隐瞒这些原因，改换成有资格的理由骗取保险公司赔款。

6. 故意造案，骗取赔款

故意造案，骗取赔款指故意出险，造成损失，骗取赔款。常见的有两种类型：

一类是机械趋于报废，价值较低而机械损失保险的保额又较高。在被保险人期望获取高额赔款的欲望驱动下，故意造成机械出险。如价值三万元的旧机以十万元投保，然后在偏僻地区将机推下山坡等。这类案件往往具有出现时间、地点精心选择的特点，所以查处难度较大，有时尽管会怀疑它可能是骗案，但却很难找到证据。

另一类是由于保险条款将一些特定损坏规定为责任免除，被保险人为获取赔款故意造成保险责任范围内的事故，把不应赔偿的变成应赔偿的。如停放作业工地的机械左侧前照灯罩出现不明原因损坏，保险公司是不予赔偿的，于是操作员故意撞墙，导致保险杠左侧前照灯、角灯等一起损坏，报案者谎称自己不小心撞上的，保险公司如不能识别其诈骗企图，则很容易从机损险给予赔偿。

【例】 一挖掘机头天投保，第二天就出事，某建设公司欲通过"倒签单"骗保。

8月21日18时许，××财产保险股份有限公司接到报案称，某建设有限公司一挖掘机行驶到江口县德望乡茶袋村大区沟时，由于坡滑翻车，造成挖掘机严重受损。此挖掘机为某进口品牌，价值70余万，预估损失在4万元左右。

保险公司组织专人前往当地调查，查勘人员发现，该事故疑点重重：根据车速测算，该标的一天内无法到达事故发生地；该标的事故部位锈损严重，看得出事故发生已有一段时间。通过走访、比对，保险公司查实该案为"倒签单"，属骗保行为，拒绝为其理赔。

【例】 11月8日12时许，××保险公司报案中心接到报案电话，称客户某现代工程机械有限公司王某驾驶挖掘机行驶至遵义市凤冈县沙坝村地段时，由于路面窄，避让一辆对向行驶的小货车时，路面塌方，导致挖掘机翻下路坎，造成挖掘机严重受损及三者农作物受损的事故，预估损失在10万元左右。

接到报案后，保险公司立即派出理赔人员对事故现场进行查勘，经理赔人员仔细地查勘和对肇事车驾驶员王某询问，发现此案有许多疑点。

经证实，事故真正原因的为：11月6日，此次事故的真正驾驶员刘某驾驶贵C××××号货车在遵义市凤冈县沙坝村地段时，因临危措施不当，致使车辆翻下路坎，造成贵C××××号货车及车上所载标的挖掘机受损的交通事故。随即保险公司根据所掌握的有力证据，结合相关保险条款，事故发生后，被保险人或其允许的驾驶人在未依法采取措施的情况下驾驶被保险机动车或者遗弃被保险机动车逃离现场，或故意破坏，伪造现场，毁灭证据的约定，对该案件作出了拒赔处理。

【例】 11月30日，××公安分局接到××保险公司报案：一台在该公司承保的卡特330C挖掘机，近一年来在宁夏大丰矿、二道岭等地频繁出险，赔付金额已达到30万元，而在同一地区施工的其他挖掘机却基本没有发生保险事故。根据多年理赔的经验，该公司理赔部门的负责人感觉事情有蹊跷，于是求助公安机关。

专案组人员到达案发地点后，事故现场已不复存在。办案人员首先找到查勘过这几起事故的保险公司的工作人员，了解出险时的情况，所有查勘现场的保险公司的工作人员均称，"到过第一现场，并在现场拍过照片，事故是真实的。"

专案组民警随后调取了现场照片，从照片上发现重大疑点，一部分"事故照片"竟在"事故"发生前已进入保公司查勘部的电脑里。而且该公司所配备的是佳能相机，而"事故照片"则是用三星相机所拍。

原来，该保险公司对这台挖掘机今年的所有事故现场都没查勘过，照片也不是查勘人员在现场拍摄的，每次该挖掘机出事故后，都是该公司查勘部的经理程某值班，查勘人员要到现场去查勘，程经理都会说不要去了，现场照片已存在电脑里了。

程某被抓获后，主动交代了案件的经过：去年的一天，程某认识了刘某，刘某经常宴请程某，有一次刘某对程某说，如果我的挖掘机出事故，你不到现场查勘行不行。程某刚开始不同意，刘某又说，如果不去查勘现场，每起事故我给你1000～2000元好处费，程某最终同意。之后每次刘某在报案前，都会把事先拼凑的事故照片拷贝到U盘里送给他，然后程某拷贝到查勘部的电脑里。过个一两天，轮到程某值班的时候，刘某再报案，所有事故都是假事故，该挖掘机今年所有的"事故照片"都是拼凑的。

刘某交代，为了实施保险诈骗，他从2007年开始，就在工地上收集损坏的挖掘机照片，到2009年，已收集不同时期同型号不同部位挖掘机损坏的照片200余张。制造了"事故照片"并向保险公司进行索赔。6起保险索赔案件，全部是未曾发生的保险事故。办案人员在刘某随身携带的包里搜出了两个存有286张挖掘机损坏照片的U盘。

【例】　2010年5月，××保险公司接到一起投保险种为工程机械损失险的报案，保险期限自2010年5月11日至2011年5月10日，被保险人报案称其投保的标的小松PC-360挖掘机在某工地施工作业时因山石突然滑坡造成挖掘机驾驶室及机体严重变形，估计损失近70万元。

保险公司接到报案后立即派人前往现场查勘，经查承保的挖掘机损失严重，预估损失70万。在现场查勘中被保险人（报案人）对事故讲述比较清楚，资料提供完整，但公司理赔人员发现本案存在以下疑点：该案件在查勘定损及整个案件的处理过程中，由于事故发生地点在郊县，比较偏僻，事故现场无目击证人，肇事驾驶员隋某始终未露面，也无法联系上，且据被保险人称该操作员出险后即辞去工作，保险公司认为该事故有换驾嫌疑，故决定将案件上报公安局刑侦支队。

自2011年4月开始，保险公司与公安局刑侦支队共同对此事故展开调查，前后两次到事故地点，对事故周围相关人员取证，并在公安网上协查肇事司机，最终确定肇事司机在案发后离开事故地点到了相邻的县级市。就在采取行动的前一天，被保险人有所察觉并找到公安机关相关人员，要求其对案件放弃调查。公安机关于2011年6月20日将肇事司机隋某抓获，在审讯中隋某承认了顶替换驾的事实，由于事故发生时真正的肇事司机未取得建设机械设备的上岗操作资格证，故找到有操作资格证的隋某顶替真正驾驶员。

保险公司于2011年6月20日向被保险人下达了拒赔通知书，减少赔款60万元。

三、保险诈骗犯罪的特点

当前我国的保险诈骗犯罪活动主要具有以下几个特点。

1. 社会危害的多重性

保险诈骗犯罪侵犯了保险人的财产所有权，造成保险基金的流逝，降低了保险公司的赔付能力，损害了广大保户的合法利益，影响保险的社会保证作用；保险业作为与银行业、证券业并驾齐驱的三大金融支柱之一，受到保险诈骗的严重干扰，发展缓慢，一定程度上削弱了我国的金融实力；保险诈骗直接对保险标的构成威胁，造成对社会安全、公民人身财产权利的损害。如在财产保险诈骗中，一般会涉及破坏公私财物的行为；在人身保险诈骗中，则一般会涉及人身伤害行为；而在内外勾结的案件中，还会有保险公司内部人员参与的犯罪行为。

2. 欺诈行为的隐蔽性

在所有诈骗行为中，保欺诈骗犯罪的数量是最高的。究其原因，主要是：首先，保险欺诈者作为保险合同的一方当事人或关系人，与保险人存在着合法的保险合同关系，保险欺诈行为往往被合法的保险合同所掩盖，难以引起社会公众和保险人的怀疑；其次，保险经营对象十分广泛，涉及社会经济生活的各个领域，保险人不可能对每一项投保都进行详细调查，使罪犯有机可乘；最后，保险欺诈者实施诈骗的时间十分充裕，不仅在保险合同的有效期限内，而且在保险合同订立前和订立时，均可实施欺诈行为。由于欺诈行为都是经过欺诈者的周密安排和精心策划，保险人即使发现，也很难搜索到有关欺诈的证据。

3. 作案方式的多样性

由于保险业务本身比较复杂，行为人为了骗取保险金，就必然会采取多种多样的作案方式。我国骗赔案中最常见的是机械保险和医疗保险。如在机械骗赔案中，或谎称机械失窃骗取保险赔偿，或谎报事故发生经过、利用假发票骗取保险赔偿。

4. 犯罪主体的明确性

保险关系的一方当事人为投保人、被保险人和受益人，另一方当事人为保险人，即保险公司，保险关系的存在是进行保险诈骗犯罪的前提和基础，对罪犯而言，骗取保险金是在行使保险合同的约定"权利"；对保险人而言，支付保险赔偿金是在履行保险合同的约定义务。因此，与保险人没有保险关系的行为人绝不会是保险诈骗的行为人（共犯除外）。由此可见，当投保人、被保险人或受益人提出索赔时，通过审查，如认定有虚构事实或者隐瞒真相的情形，则索赔人无疑是犯罪的最大嫌疑人。与保险合同有关的其他当事人如鉴定人、证明人、财产评估人等，也可能与投保人、被保险人或受益人共同实施诈骗而成为犯罪的主体。

5. 主观目的的贪利性

保险诈骗的犯罪形式虽然形形色色，行为人实施保险诈骗行为的动机也多种多样，有的是为了谋取私利，有的是为了转嫁损失，但所有的保险诈骗行为无一例外都是为了非法获取保险金。

四、机械保险欺诈的识别

保险公司应该认真分析其产生原因，根据各类骗案的不同特点，采取一系列的综合预防治理方式，遏制机械保险欺诈现象的蔓延。

（一）加强保险宣传

（1）保险欺诈之所以能频繁发生，主要原因还是公众对保险的认识不足，许多人认为自己的保险到期之后没有获得赔付，吃亏了，想方设法获得额外利益。

（2）保险公司应加大保险知识和相关法律、法规的宣传，增强全社会的保险意识和法制意识，正确认识保险的作用。让全社会的公民都能充分认识到保险是一种保障，而不是福利事业。

（3）无论机械保险欺诈行为多么隐蔽，都不可能躲过社会的监督，假如能发挥全社会的力量，全面收集相关信息，也许就会识破大多数的欺诈行为。为此，应调动公众的积极性，建立相关制度，如建立机械保险欺诈举报制度，对揭发、检举欺诈行为的单位和个人，按挽回保险数额的一定比例给予奖励。

这样，在公众的广泛监督下，保险欺诈行为就会成为众矢之的。

（二）保险公司解决好自己的内部问题

1. 加大机械保险反欺诈工作的投入

保险公司要提高对反保险欺诈工作的认识，适当加大对反保险欺诈工作的投入，为反保险欺诈工作配备必要的人力和物力。同时注意对反保险欺诈的一些专业人才的培养。

2. 加强风险评估，提高承保质量

风险防范需从承保抓起，提高承保质量；在验标与核保工作方面，当投保人提出投保申请后，保险公司应严格审查申请书中所填写的各项内容和与机械有关的各种证明材料。必要时，应对标的进行详细调查，以避免保险欺诈的发生；在实务操作方面，应严格按照承保业务操作规程，对投保机械进行风险评估。

3. 建立高水平理赔队伍

高素质的从业人员，是做好理赔工作、识别保险欺诈的基本条件。要求理赔人员必须及时了解和掌握新的技术、信息、修理工艺和方法，不能靠吃老本工作。对此，保险公司可以招聘一些机械保险与理赔专业的高校毕业生从事机险理赔工作，同时，对公司老员工应经常进行新知识培训，从而保证拥有一支高水平的理赔队伍。

4. 加强查勘定损工作

主要是加强第一现场查勘率，加快对索赔案件的反应速度。许多机械保险欺诈案件，被保险人事先并未做出充分准备，理赔人员的迅速反应，可以揭穿一些欺诈案件。

5. 完善内部监控机制

（1）保险公司要对所有员工加强思想教育，增强风险意识，把防范和化解风险作为公司生存和发展的根本所在。

（2）保险公司内部要建立承保核审制度，对所有承揽的业务要按程序对风险进行多次识别、评估和筛选，以便有效控制责任，确保承保质量。

（3）保险公司还要建立规范的理赔制度，实行接案人员、定损人员、理算人员、审核人员、审批人员分离制度和现场查勘双人制，人人把关、各司其责、互相监督、严格防范，以确保理赔质量。同时在理赔工作中，如若发生以赔谋私或内外勾结欺诈，必须严肃处理。

6. 对查勘定损人员实施"合理拒赔奖励"制度

绝大多数的机械保险欺诈，是由查勘定损人员识别的。除了对这部分人员进行思想教育外，还可以推行"合理拒赔奖励"制度。每当他们合理拒绝一起案件时，可以按照"从案"、"从值"、"从案从值"三种模式进行奖励，其中，"从案从值"模式是指在每件拒赔案例给予定额奖励的基础上，再根据拒赔额的高低给予比例奖励。

（三）保险公司加强与相关部门的合作

1. 加强与政法部门合作

一旦发现机械保险的欺诈骗赔案件，保险公司应依法追究其责任，绝不姑息。要充分发挥法律法规的作用，违反法律法规应负行政责任的，配合有关行政部门给予处理；构成犯罪的，绳之以法。

2. 加强与司法鉴定部门合作

发挥司法鉴定部门的特长，从科学证据上充分揭露机械保险欺诈犯罪。

3. 加强与公安机关合作

一些可疑的索赔案件可借助警方刑事侦查优势，有效识别。

4. 加强行业间的合作

各保险公司应在不泄露商业秘密的前提下，进行反欺诈合作；实现信息共享，以便查看在投保阶段是否存在重复保险；在理赔阶段是否存在多次索赔。

（四）规避来自机械修理厂的保险欺诈

机械发生事故后，总是要通过机械修理厂去"恢复至事故发生前的状态"。但是，个别机械修理厂在利益驱动下，会想方设法谋取不当得利，如扩大、夸大机械损失程度，将一些本应该修复的零部件故意说成无法修复，夸大修理作业量等。

为了有效规避来自机械修理厂的保险欺诈，可以采取以下措施：

1. 机主自行索赔

目前，许多规模较大的机械4S店，机械修理厂都在代办机械保险，同时也代机主办理向保险公司索赔的事宜。有个别机械修理厂的，等机主将微小损坏的机械交给他们以后，却故意再砸撞机械，扩大损坏程度，并以扩大了损坏程度的机械向保险公司索赔。如果实行机主自行索赔制度，可以有效避免这一现象的发生。

2. 定损人员掌握机械维修工艺，并了解当地维修情况

一些塑料保险杠的局部破损、前照灯的划磨、铝合金发动机罩的变形、风窗玻璃裂纹等，许多机械修理厂明明拥有维修能力，也故意说是无法修理，只能更换。这就需要定损人员了解当地的机械维修情况，知道在哪个修理厂可以进行相关维修。

3. 尽量减少维修换件时的道德风险

（1）尽量减少"待查项目"。

一些从事故机上拆下来的零件，用肉眼和经验一时无法判断其是否受损、是否达到需要更换的程度，如转向节、悬架臂等。在这种情况下，定损人员一般将其作为"待查项目"。

为了抵御道德风险，应该认真检验机械上可能受损的零部件，尽量减少"待查项目"。例如，发电机在受碰撞后经常会造成散热叶轮、带轮变形，它们变形后旋转时，很容易产生发电机轴弯的错觉。

（2）拍照备查。

对于暂时无法确定损坏程度，确实需要待查的零件，查勘定损人员要在其上做记号，并拍照备查，同时告知被保险人和承修的机械修理厂。一旦对方在维修时进行了更换，应拿出做了记号的零件作证。

（3）参与验收。

机械初步修理后，保险公司的理赔定损人员，必须参与对"待查项目"的检验、调试和确认等全过程。

（4）取走损坏件。

如果"待查项目"确实损坏需要更换，保险公司的理赔人员必须将做有记号的"待查项目"零件从机械修理厂带回，以免机械修理厂将原本完好的"待查项目"零件留待下一次修理时更换使用。

用上述方法解决"待查项目"的问题，机械修理厂将无法获得额外利益，遵循了财产保险的补偿原则，最大限度地杜绝了"待查项目"中的道德风险。

复习思考

1. 工程机械保险欺诈。
2. 工程机械保险欺诈的原因分析。
3. 工程机械保险欺诈的识别。

附　录

附录一　中华人民共和国保险法（修订）

（1995年6月30日第八届全国人民代表大会常务委员会第十四次会议通过　根据2002年10月28日第九届全国人民代表大会常务委员会第三十次会议《关于修改〈中华人民共和国保险法〉的决定》修正　2009年2月28日第十一届全国人民代表大会常务委员会第七次会议修订）

第一章　总　　则

第一条　为了规范保险活动，保护保险活动当事人的合法权益，加强对保险业的监督管理，维护社会经济秩序和社会公共利益，促进保险事业的健康发展，制定本法。

第二条　本法所称保险，是指投保人根据合同约定，向保险人支付保险费，保险人对于合同约定的可能发生的事故因其发生所造成的财产损失承担赔偿保险金责任，或者当被保险人死亡、伤残、疾病或者达到合同约定的年龄、期限等条件时承担给付保险金责任的商业保险行为。

第三条　在中华人民共和国境内从事保险活动，适用本法。

第四条　从事保险活动必须遵守法律、行政法规，尊重社会公德，不得损害社会公共利益。

第五条　保险活动当事人行使权利、履行义务应当遵循诚实信用原则。

第六条　保险业务由依照本法设立的保险公司以及法律、行政法规规定的其他保险组织经营，其他单位和个人不得经营保险业务。

第七条　在中华人民共和国境内的法人和其他组织需要办理境内保险的，应当向中华人民共和国境内的保险公司投保。

第八条 保险业和银行业、证券业、信托业实行分业经营、分业管理，保险公司与银行、证券、信托业务机构分别设立。国家另有规定的除外。

第九条 国务院保险监督管理机构依法对保险业实施监督管理。

国务院保险监督管理机构根据履行职责的需要设立派出机构。派出机构按照国务院保险监督管理机构的授权履行监督管理职责。

第二章　保险合同

第一节　一般规定

第十条 保险合同是投保人与保险人约定保险权利义务关系的协议。

投保人是指与保险人订立保险合同，并按照合同约定负有支付保险费义务的人。

保险人是指与投保人订立保险合同，并按照合同约定承担赔偿或者给付保险金责任的保险公司。

第十一条 订立保险合同，应当协商一致，遵循公平原则确定各方的权利和义务。

除法律、行政法规规定必须保险的外，保险合同自愿订立。

第十二条 人身保险的投保人在保险合同订立时，对被保险人应当具有保险利益。

财产保险的被保险人在保险事故发生时，对保险标的应当具有保险利益。

人身保险是以人的寿命和身体为保险标的的保险。

财产保险是以财产及其有关利益为保险标的的保险。

被保险人是指其财产或者人身受保险合同保障，享有保险金请求权的人。投保人可以为被保险人。

保险利益是指投保人或者被保险人对保险标的具有的法律上承认的利益。

第十三条 投保人提出保险要求，经保险人同意承保，保险合同成立。保险人应当及时向投保人签发保险单或者其他保险凭证。

保险单或者其他保险凭证应当载明当事人双方约定的合同内容。当事人也可以约定采用其他书面形式载明合同内容。

依法成立的保险合同，自成立时生效。投保人和保险人可以对合同的效力约定附条件或者附期限。

第十四条 保险合同成立后，投保人按照约定交付保险费，保险人按照约定的时间开始承担保险责任。

第十五条 除本法另有规定或者保险合同另有约定外，保险合同成立后，投保人可以解除合同，保险人不得解除合同。

第十六条 订立保险合同，保险人就保险标的或者被保险人的有关情况提出询问的，投保人应当如实告知。

投保人故意或者因重大过失未履行前款规定的如实告知义务，足以影响保险人决定是否同意承保或者提高保险费率的，保险人有权解除合同。

前款规定的合同解除权，自保险人知道有解除事由之日起，超过三十日不行使而消灭。自合同成立之日起超过二年的，保险人不得解除合同；发生保险事故的，保险人应当承担赔偿或者给付保险金的责任。

投保人故意不履行如实告知义务的，保险人对于合同解除前发生的保险事故，不承担赔偿或者给付保险金的责任，并不退还保险费。

投保人因重大过失未履行如实告知义务，对保险事故的发生有严重影响的，保险人对于合同解除前发生的保险事故，不承担赔偿或者给付保险金的责任，但应当退还保险费。

保险人在合同订立时已经知道投保人未如实告知的情况的，保险人不得解除合同；发生保险事故的，保险人应当承担赔偿或者给付保险金的责任。

保险事故是指保险合同约定的保险责任范围内的事故。

第十七条 订立保险合同，采用保险人提供的格式条款的，保险人向投保人提供的投保单应当附格式条款，保险人应当向投保人说明合同的内容。

对保险合同中免除保险人责任的条款，保险人在订立合同时应当在投保单、保险单或者其他保险凭证上作出足以引起投保人注意的提示，并对该条款的内容以书面或者口头形式向投保人作出明确说明；未作提示或者明确说明的，该条款不产生效力。

第十八条　保险合同应当包括下列事项：

（一）保险人的名称和住所；

（二）投保人、被保险人的姓名或者名称、住所，以及人身保险的受益人的姓名或者名称、住所；

（三）保险标的；

（四）保险责任和责任免除；

（五）保险期间和保险责任开始时间；

（六）保险金额；

（七）保险费以及支付办法；

（八）保险金赔偿或者给付办法；

（九）违约责任和争议处理；

（十）订立合同的年、月、日。

投保人和保险人可以约定与保险有关的其他事项。

受益人是指人身保险合同中由被保险人或者投保人指定的享有保险金请求权的人。投保人、被保险人可以为受益人。

保险金额是指保险人承担赔偿或者给付保险金责任的最高限额。

第十九条　采用保险人提供的格式条款订立的保险合同中的下列条款无效：

（一）免除保险人依法应当承担的义务或者加重投保人、被保险人责任的；

（二）排除投保人、被保险人或者受益人依法享有的权利的。

第二十条　投保人和保险人可以协商变更合同内容。

变更保险合同的，应当由保险人在保险单或者其他保险凭证上批注或者附贴批单，或者由投保人和保险人订立变更的书面协议。

第二十一条　投保人、被保险人或者受益人知道保险事故发生后，应当及时通知保险人。故意或者因重大过失未及时通知，致使保险事故的性质、原因、损失程度等难以确定的，保险人对无法确定的部分，不承担赔偿或者给付保险金的责任，但保险人通过其他途径已经及时知道或者应当及时知道保险事故发生的除外。

第二十二条　保险事故发生后，按照保险合同请求保险人赔偿或者给付保险金时，投保人、被保险人或者受益人应当向保险人提供其所能提供的与确认保险事故的性质、原因、损失程度等有关的证明和资料。

保险人按照合同的约定，认为有关的证明和资料不完整的，应当及时一次性通知投保人、被保险人或者受益人补充提供。

第二十三条　保险人收到被保险人或者受益人的赔偿或者给付保险金的请求后，应当及时作出核定；情形复杂的，应当在三十日内作出核定，但合同另有约定的除外。保险人应当将核定结果通知被保险人或者受益人；对属于保险责任的，在与被保险人或者受益人达成赔偿或者给付保险金的协议后十日内，履行赔偿或者给付保险金义务。保险合同对赔偿或者给付保险金的期限有约定的，保险人应当按照约定履行赔偿或者给付保险金义务。

保险人未及时履行前款规定义务的，除支付保险金外，应当赔偿被保险人或者受益人因此受到的损失。

任何单位和个人不得非法干预保险人履行赔偿或者给付保险金的义务，也不得限制被保险人或者受益人取得保险金的权利。

第二十四条　保险人依照本法第二十三条的规定作出核定后，对不属于保险责任的，应当自作出核定之日起三日内向被保险人或者受益人发出拒绝赔偿或者拒绝给付保险金通知书，并说明理由。

第二十五条　保险人自收到赔偿或者给付保险金的请求和有关证明、资料之日起六十日内，对其赔偿或者给付保险金的数额不能确定的，应当根据已有证明和资料可以确定的数额先予支付；保险人最终确定赔偿或者给付保险金的数额后，应当支付相应的差额。

第二十六条　人寿保险以外的其他保险的被保险人或者受益人，向保险人请求赔偿或者给付保险金的诉讼时效期间为二年，自其知道或者应当知道保险事故发生之日起计算。

人寿保险的被保险人或者受益人向保险人请求给付保险金的诉讼时效期间为五年，自其知道或者应当知道保险事故发生之日起计算。

第二十七条 未发生保险事故，被保险人或者受益人谎称发生了保险事故，向保险人提出赔偿或者给付保险金请求的，保险人有权解除合同，并不退还保险费。

投保人、被保险人故意制造保险事故的，保险人有权解除合同，不承担赔偿或者给付保险金的责任；除本法第四十三条规定外，不退还保险费。

保险事故发生后，投保人、被保险人或者受益人以伪造、变造的有关证明、资料或者其他证据，编造虚假的事故原因或者夸大损失程度的，保险人对其虚报的部分不承担赔偿或者给付保险金的责任。

投保人、被保险人或者受益人有前三款规定行为之一，致使保险人支付保险金或者支出费用的，应当退回或者赔偿。

第二十八条 保险人将其承担的保险业务，以分保形式部分转移给其他保险人的，为再保险。

应再保险接受人的要求，再保险分出人应当将其自负责任及原保险的有关情况书面告知再保险接受人。

第二十九条 再保险接受人不得向原保险的投保人要求支付保险费。

原保险的被保险人或者受益人不得向再保险接受人提出赔偿或者给付保险金的请求。

再保险分出人不得以再保险接受人未履行再保险责任为由，拒绝履行或者迟延履行其原保险责任。

第三十条 采用保险人提供的格式条款订立的保险合同，保险人与投保人、被保险人或者受益人对合同条款有争议的，应当按照通常理解予以解释。对合同条款有两种以上解释的，人民法院或者仲裁机构应当作出有利于被保险人和受益人的解释。

第二节　人身保险合同

第三十一条 投保人对下列人员具有保险利益：

（一）本人；

（二）配偶、子女、父母；

（三）前项以外与投保人有抚养、赡养或者扶养关系的家庭其他成员、近亲属；

（四）与投保人有劳动关系的劳动者。

除前款规定外，被保险人同意投保人为其订立合同的，视为投保人对被保险人具有保险利益。

订立合同时，投保人对被保险人不具有保险利益的，合同无效。

第三十二条 投保人申报的被保险人年龄不真实，并且其真实年龄不符合合同约定的年龄限制的，保险人可以解除合同，并按照合同约定退还保险单的现金价值。保险人行使合同解除权，适用本法第十六条第三款、第六款的规定。

投保人申报的被保险人年龄不真实，致使投保人支付的保险费少于应付保险费的，保险人有权更正并要求投保人补交保险费，或者在给付保险金时按照实付保险费与应付保险费的比例支付。

投保人申报的被保险人年龄不真实，致使投保人支付的保险费多于应付保险费的，保险人应当将多收的保险费退还投保人。

第三十三条 投保人不得为无民事行为能力人投保以死亡为给付保险金条件的人身保险，保险人也不得承保。

父母为其未成年子女投保的人身保险，不受前款规定限制。但是，因被保险人死亡给付的保险金总和不得超过国务院保险监督管理机构规定的限额。

第三十四条 以死亡为给付保险金条件的合同，未经被保险人同意并认可保险金额的，合同无效。

按照以死亡为给付保险金条件的合同所签发的保险单，未经被保险人书面同意，不得转让或者质押。

父母为其未成年子女投保的人身保险，不受本条第一款规定限制。

第三十五条 投保人可以按照合同约定向保险人一次支付全部保险费或者分期支付保险费。

第三十六条 合同约定分期支付保险费，投保人支付首期保险费后，除合同另有约定外，投保人自保险人催告之日起超过三十日未支付当期保险费，或者超过约定的期限六十日未支付当期保险费的，合同效力中止，或者由保险人按照合同约定的条件减少保险金额。

被保险人在前款规定期限内发生保险事故的，保险人应当按照合同约定给付保险金，但可以扣减欠交的保险费。

第三十七条 合同效力依照本法第三十六条规定中止的，经保险人与投保人协商并达成协议，在投保人补交保险费后，合同效力恢复。但是，自合同效力中止之日起满二年双方未达成协议的，保险人有权解除合同。

保险人依照前款规定解除合同的，应当按照合同约定退还保险单的现金价值。

第三十八条 保险人对人寿保险的保险费，不得用诉讼方式要求投保人支付。

第三十九条 人身保险的受益人由被保险人或者投保人指定。

投保人指定受益人时须经被保险人同意。投保人为与其有劳动关系的劳动者投保人身保险，不得指定被保险人及其近亲属以外的人为受益人。

被保险人为无民事行为能力人或者限制民事行为能力人的，可以由其监护人指定受益人。

第四十条 被保险人或者投保人可以指定一人或者数人为受益人。

受益人为数人的，被保险人或者投保人可以确定受益顺序和受益份额；未确定受益份额的，受益人按照相等份额享有受益权。

第四十一条 被保险人或者投保人可以变更受益人并书面通知保险人。保险人收到变更受益人的书面通知后，应当在保险单或者其他保险凭证上批注或者附贴批单。

投保人变更受益人时须经被保险人同意。

第四十二条 被保险人死亡后，有下列情形之一的，保险金作为被保险人的遗产，由保险人依照《中华人民共和国继承法》的规定履行给付保险金的义务：

（一）没有指定受益人，或者受益人指定不明无法确定的；

（二）受益人先于被保险人死亡，没有其他受益人的；

（三）受益人依法丧失受益权或者放弃受益权，没有其他受益人的。

受益人与被保险人在同一事件中死亡，且不能确定死亡先后顺序的，推定受益人死亡在先。

第四十三条 投保人故意造成被保险人死亡、伤残或者疾病的，保险人不承担给付保险金的责任。投保人已交足二年以上保险费的，保险人应当按照合同约定向其他权利人退还保险单的现金价值。

受益人故意造成被保险人死亡、伤残、疾病的，或者故意杀害被保险人未遂的，该受益人丧失受益权。

第四十四条 以被保险人死亡为给付保险金条件的合同，自合同成立或者合同效力恢复之日起二年内，被保险人自杀的，保险人不承担给付保险金的责任，但被保险人自杀时为无民事行为能力人的除外。

保险人依照前款规定不承担给付保险金责任的，应当按照合同约定退还保险单的现金价值。

第四十五条 因被保险人故意犯罪或者抗拒依法采取的刑事强制措施导致其伤残或者死亡的，保险人不承担给付保险金的责任。投保人已交足二年以上保险费的，保险人应当按照合同约定退还保险单的现金价值。

第四十六条 被保险人因第三者的行为而发生死亡、伤残或者疾病等保险事故的，保险人向被保险人或者受益人给付保险金后，不享有向第三者追偿的权利，但被保险人或者受益人仍有权向第三者请求赔偿。

第四十七条 投保人解除合同的，保险人应当自收到解除合同通知之日起三十日内，按照合同约定退还保险单的现金价值。

第三节 财产保险合同

第四十八条 保险事故发生时，被保险人对保险标的不具有保险利益的，不得向保险人请求赔偿保险金。

第四十九条 保险标的转让的，保险标的的受让人承继被保险人的权利和义务。

保险标的转让的，被保险人或者受让人应当及时通知保险人，但货物运输保险合同和另有约定的合同除外。

因保险标的的转让导致危险程度显著增加的，保险人自收到前款规定的通知之日起三十日内，可以按照合同约定增加保险费或者解除合同。保险人解除合同的，应当将已收取的保险费，按照合同约定扣除自保险责任开始之日起至合同解除之日止应收的部分后，退还投保人。

被保险人、受让人未履行本条第二款规定的通知义务的，因转让导致保险标的的危险程度显著增加而发生的保险事故，保险人不承担赔偿保险金的责任。

第五十条 货物运输保险合同和运输工具航程保险合同，保险责任开始后，合同当事人不得解除合同。

第五十一条 被保险人应当遵守国家有关消防、安全、生产操作、劳动保护等方面的规定，维护保险标的的安全。

保险人可以按照合同约定对保险标的的安全状况进行检查，及时向投保人、被保险人提出消除不安全因素和隐患的书面建议。

投保人、被保险人未按照约定履行其对保险标的的安全应尽责任的，保险人有权要求增加保险费或者解除合同。

保险人为维护保险标的的安全，经被保险人同意，可以采取安全预防措施。

第五十二条 在合同有效期内，保险标的的危险程度显著增加的，被保险人应当按照合同约定及时通知保险人，保险人可以按照合同约定增加保险费或者解除合同。保险人解除合同的，应当将已收取的保险费，按照合同约定扣除自保险责任开始之日起至合同解除之日止应收的部分后，退还投保人。

被保险人未履行前款规定的通知义务的，因保险标的的危险程度显著增加而发生的保险事故，保险人不承担赔偿保险金的责任。

第五十三条 有下列情形之一的，除合同另有约定外，保险人应当降低保险费，并按日计算退还相应的保险费：

（一）据以确定保险费率的有关情况发生变化，保险标的的危险程度明显减少的；

（二）保险标的的保险价值明显减少的。

第五十四条 保险责任开始前，投保人要求解除合同的，应当按照合同约定向保险人支付手续费，保险人应当退还保险费。保险责任开始后，投保人要求解除合同的，保险人应当将已收取的保险费，按照合同约定扣除自保险责任开始之日起至合同解除之日止应收的部分后，退还投保人。

第五十五条 投保人和保险人约定保险标的的保险价值并在合同中载明的，保险标的发生损失时，以约定的保险价值为赔偿计算标准。

投保人和保险人未约定保险标的的保险价值的，保险标的发生损失时，以保险事故发生时保险标的的实际价值为赔偿计算标准。

保险金额不得超过保险价值。超过保险价值的，超过部分无效，保险人应当退还相应的保险费。

保险金额低于保险价值的，除合同另有约定外，保险人按照保险金额与保险价值的比例承担赔偿保险金的责任。

第五十六条 重复保险的投保人应当将重复保险的有关情况通知各保险人。

重复保险的各保险人赔偿保险金的总和不得超过保险价值。除合同另有约定外，各保险人按照其保险金额与保险金额总和的比例承担赔偿保险金的责任。

重复保险的投保人可以就保险金额总和超过保险价值的部分，请求各保险人按比例返还保险费。

重复保险是指投保人对同一保险标的、同一保险利益、同一保险事故分别与两个以上保险人订立保险合同，且保险金额总和超过保险价值的保险。

第五十七条 保险事故发生时，被保险人应当尽力采取必要的措施，防止或者减少损失。

保险事故发生后，被保险人为防止或者减少保险标的的损失所支付的必要的、合理的费用，由保险人承担；保险人所承担的费用数额在保险标的的损失赔偿金额以外另行计算，最高不超过保险金额的数额。

第五十八条 保险标的发生部分损失的，自保险人赔偿之日起三十日内，投保人可以解除合同；除合同另有约定外，保险人也可以解除合同，但应当提前十五日通知投保人。

合同解除的，保险人应当将保险标的未受损失部分的保险费，按照合同约定扣除自保险责任开始之日起至合同解除之日止应收的部分后，退还投保人。

第五十九条 保险事故发生后，保险人已支付了全部保险金额，并且保险金额等于保险价值的，受损保险标的的全部权利归于保险人；保险金额低于保险价值的，保险人按照保险金额与保险价值的比例取得受损保险标的的部分权利。

第六十条 因第三者对保险标的的损害而造成保险事故的，保险人自向被保险人赔偿保险金之日起，在赔偿金额范围内代位行使被保险人对第三者请求赔偿的权利。

前款规定的保险事故发生后，被保险人已经从第三者取得损害赔偿的，保险人赔偿保险金时，可以相应扣减被保险人从第三者已取得的赔偿金额。

保险人依照本条第一款规定行使代位请求赔偿的权利，不影响被保险人就未取得赔偿的部分向第三者请求赔偿的权利。

第六十一条 保险事故发生后，保险人未赔偿保险金之前，被保险人放弃对第三者请求赔偿的权利的，保险人不承担赔偿保险金的责任。

保险人向被保险人赔偿保险金后，被保险人未经保险人同意放弃对第三者请求赔偿的权利的，该行为无效。

被保险人故意或者因重大过失致使保险人不能行使代位请求赔偿的权利的，保险人可以扣减或者要求返还相应的保险金。

第六十二条 除被保险人的家庭成员或者其组成人员故意造成本法第六十条第一款规定的保险事故外，保险人不得对被保险人的家庭成员或者其组成人员行使代位请求赔偿的权利。

第六十三条 保险人向第三者行使代位请求赔偿的权利时，被保险人应当向保险人提供必要的文件和所知道的有关情况。

第六十四条 保险人、被保险人为查明和确定保险事故的性质、原因和保险标的的损失程度所支付的必要的、合理的费用，由保险人承担。

第六十五条 保险人对责任保险的被保险人给第三者造成的损害，可以依照法律的规定或者合同的约定，直接向该第三者赔偿保险金。

责任保险的被保险人给第三者造成损害，被保险人对第三者应负的赔偿责任确定的，根据被保险人的请求，保险人应当直接向该第三者赔偿保险金。被保险人怠于请求的，第三者有权就其应获赔偿部分直接向保险人请求赔偿保险金。

责任保险的被保险人给第三者造成损害，被保险人未向该第三者赔偿的，保险人不得向被保险人赔偿保险金。

责任保险是指以被保险人对第三者依法应负的赔偿责任为保险标的的保险。

第六十六条 责任保险的被保险人因给第三者造成损害的保险事故而被提起仲裁或者诉讼的，被保险人支付的仲裁或者诉讼费用以及其他必要的、合理的费用，除合同另有约定外，由保险人承担。

第三章 保险公司

第六十七条 设立保险公司应当经国务院保险监督管理机构批准。

国务院保险监督管理机构审查保险公司的设立申请时，应当考虑保险业的发展和公平竞争的需要。

第六十八条 设立保险公司应当具备下列条件：

（一）主要股东具有持续盈利能力，信誉良好，最近三年内无重大违法违规记录，净资产不低于人民币二亿元；

（二）有符合本法和《中华人民共和国公司法》规定的章程；

（三）有符合本法规定的注册资本；

（四）有具备任职专业知识和业务工作经验的董事、监事和高级管理人员；

（五）有健全的组织机构和管理制度；

（六）有符合要求的营业场所和与经营业务有关的其他设施；

（七）法律、行政法规和国务院保险监督管理机构规定的其他条件。

第六十九条 设立保险公司，其注册资本的最低限额为人民币二亿元。

国务院保险监督管理机构根据保险公司的业务范围、经营规模，可以调整其注册资本的最低限额，但不得低于本条第一款规定的限额。

保险公司的注册资本必须为实缴货币资本。

第七十条 申请设立保险公司，应当向国务院保险监督管理机构提出书面申请，并提交下列材料：

（一）设立申请书，申请书应当载明拟设立的保险公司的名称、注册资本、业务范围等；

（二）可行性研究报告；

（三）筹建方案；

（四）投资人的营业执照或者其他背景资料，经会计师事务所审计的上一年度财务会计报告；

（五）投资人认可的筹备组负责人和拟任董事长、经理名单及本人认可证明；

（六）国务院保险监督管理机构规定的其他材料。

第七十一条 国务院保险监督管理机构应当对设立保险公司的申请进行审查，自受理之日起六个月内作出批准或者不批准筹建的决定，并书面通知申请人。决定不批准的，应当书面说明理由。

第七十二条 申请人应当自收到批准筹建通知之日起一年内完成筹建工作；筹建期间不得从事保险经营活动。

第七十三条 筹建工作完成后，申请人具备本法第六十八条规定的设立条件的，可以向国务院保险监督管理机构提出开业申请。

国务院保险监督管理机构应当自受理开业申请之日起六十日内，作出批准或者不批准开业的决定。决定批准的，颁发经营保险业务许可证；决定不批准的，应当书面通知申请人并说明理由。

第七十四条 保险公司在中华人民共和国境内设立分支机构，应当经保险监督管理机构批准。

保险公司分支机构不具有法人资格，其民事责任由保险公司承担。

第七十五条 保险公司申请设立分支机构，应当向保险监督管理机构提出书面申请，并提交下列材料：

（一）设立申请书；

（二）拟设机构三年业务发展规划和市场分析材料；

（三）拟任高级管理人员的简历及相关证明材料；

（四）国务院保险监督管理机构规定的其他材料。

第七十六条 保险监督管理机构应当对保险公司设立分支机构的申请进行审查，自受理之日起六十日内作出批准或者不批准的决定。决定批准的，颁发分支机构经营保险业务许可证；决定不批准的，应当书面通知申请人并说明理由。

第七十七条 经批准设立的保险公司及其分支机构，凭经营保险业务许可证向工商行政管理机关办理登记，领取营业执照。

第七十八条 保险公司及其分支机构自取得经营保险业务许可证之日起六个月内，无正当理由未向工商行政管理机关办理登记的，其经营保险业务许可证失效。

第七十九条 保险公司在中华人民共和国境外设立子公司、分支机构、代表机构，应当经国务院保险监督管理机构批准。

第八十条 外国保险机构在中华人民共和国境内设立代表机构，应当经国务院保险监督管理机构批准。代表机构不得从事保险经营活动。

第八十一条 保险公司的董事、监事和高级管理人员，应当品行良好，熟悉与保险相关的法律、行政法规，具有履行职责所需的经营管理能力，并在任职前取得保险监督管理机构核准的任职资格。

保险公司高级管理人员的范围由国务院保险监督管理机构规定。

第八十二条 有《中华人民共和国公司法》第一百四十七条规定的情形或者下列情形之一的，不得担任保险公司的董事、监事、高级管理人员：

（一）因违法行为或者违纪行为被金融监督管理机构取消任职资格的金融机构的董事、监事、高级管理人员，自被取消任职资格之日起未逾五年的；

（二）因违法行为或者违纪行为被吊销执业资格的律师、注册会计师或者资产评估机构、验证机构等机构的专业人员，自被吊销执业资格之日起未逾五年的。

第八十三条 保险公司的董事、监事、高级管理人员执行公司职务时违反法律、行政法规或者公司章程的规定，给公司造成损失的，应当承担赔偿责任。

第八十四条 保险公司有下列情形之一的，应当经保险监督管理机构批准：

（一）变更名称；

（二）变更注册资本；

（三）变更公司或者分支机构的营业场所；

（四）撤销分支机构；

（五）公司分立或者合并；

（六）修改公司章程；

（七）变更出资额占有限责任公司资本总额百分之五以上的股东，或者变更持有股份有限公司股份百分之五以上的股东；

（八）国务院保险监督管理机构规定的其他情形。

第八十五条　保险公司应当聘用经国务院保险监督管理机构认可的精算专业人员，建立精算报告制度。

保险公司应当聘用专业人员，建立合规报告制度。

第八十六条　保险公司应当按照保险监督管理机构的规定，报送有关报告、报表、文件和资料。

保险公司的偿付能力报告、财务会计报告、精算报告、合规报告及其他有关报告、报表、文件和资料必须如实记录保险业务事项，不得有虚假记载、误导性陈述和重大遗漏。

第八十七条　保险公司应当按照国务院保险监督管理机构的规定妥善保管业务经营活动的完整账簿、原始凭证和有关资料。

前款规定的账簿、原始凭证和有关资料的保管期限，自保险合同终止之日起计算，保险期间在一年以下的不得少于五年，保险期间超过一年的不得少于十年。

第八十八条　保险公司聘请或者解聘会计师事务所、资产评估机构、资信评级机构等中介服务机构，应当向保险监督管理机构报告；解聘会计师事务所、资产评估机构、资信评级机构等中介服务机构，应当说明理由。

第八十九条　保险公司因分立、合并需要解散，或者股东会、股东大会决议解散，或者公司章程规定的解散事由出现，经国务院保险监督管理机构批准后解散。

经营有人寿保险业务的保险公司，除因分立、合并或者被依法撤销外，不得解散。

保险公司解散，应当依法成立清算组进行清算。

第九十条　保险公司有《中华人民共和国企业破产法》第二条规定情形的，经国务院保险监督管理机构同意，保险公司或者其债权人可以依法向人民法院申请重整、和解或者破产清算；国务院保险监督管理机构也可以依法向人民法院申请对该保险公司进行重整或者破产清算。

第九十一条　破产财产在优先清偿破产费用和共益债务后，按照下列顺序清偿：

（一）所欠职工工资和医疗、伤残补助、抚恤费用，所欠应当划入职工个人账户的基本养老保险、基本医疗保险费用，以及法律、行政法规规定应当支付给职工的补偿金；

（二）赔偿或者给付保险金；

（三）保险公司欠缴的除第（一）项规定以外的社会保险费用和所欠税款；

（四）普通破产债权。

破产财产不足以清偿同一顺序的清偿要求的，按照比例分配。

破产保险公司的董事、监事和高级管理人员的工资，按照该公司职工的平均工资计算。

第九十二条　经营有人寿保险业务的保险公司被依法撤销或者被依法宣告破产的，其持有的人寿保险合同及责任准备金，必须转让给其他经营有人寿保险业务的保险公司；不能同其他保险公司达成转让协议的，由国务院保险监督管理机构指定经营有人寿保险业务的保险公司接受转让。

转让或者由国务院保险监督管理机构指定接受转让前款规定的人寿保险合同及责任准备金的，应当维护被保险人、受益人的合法权益。

第九十三条　保险公司依法终止其业务活动，应当注销其经营保险业务许可证。

第九十四条　保险公司，除本法另有规定外，适用《中华人民共和国公司法》的规定。

第四章　保险经营规则

第九十五条　保险公司的业务范围：

（一）人身保险业务，包括人寿保险、健康保险、意外伤害保险等保险业务；

（二）财产保险业务，包括财产损失保险、责任保险、信用保险、保证保险等保险业务；

（三）国务院保险监督管理机构批准的与保险有关的其他业务。

保险人不得兼营人身保险业务和财产保险业务。但是，经营财产保险业务的保险公司经国务院保险监督管理机构批准，可以经营短期健康保险业务和意外伤害保险业务。

保险公司应当在国务院保险监督管理机构依法批准的业务范围内从事保险经营活动。

第九十六条 经国务院保险监督管理机构批准，保险公司可以经营本法第九十五条规定的保险业务的下列再保险业务：

（一）分出保险；

（二）分入保险。

第九十七条 保险公司应当按照其注册资本总额的百分之二十提取保证金，存入国务院保险监督管理机构指定的银行，除公司清算时用于清偿债务外，不得动用。

第九十八条 保险公司应当根据保障被保险人利益、保证偿付能力的原则，提取各项责任准备金。

保险公司提取和结转责任准备金的具体办法，由国务院保险监督管理机构制定。

第九十九条 保险公司应当依法提取公积金。

第一百条 保险公司应当缴纳保险保障基金。

保险保障基金应当集中管理，并在下列情形下统筹使用：

（一）在保险公司被撤销或者被宣告破产时，向投保人、被保险人或者受益人提供救济；

（二）在保险公司被撤销或者被宣告破产时，向依法接受其人寿保险合同的保险公司提供救济；

（三）国务院规定的其他情形。

保险保障基金筹集、管理和使用的具体办法，由国务院制定。

第一百零一条 保险公司应当具有与其业务规模和风险程度相适应的最低偿付能力。保险公司的认可资产减去认可负债的差额不得低于国务院保险监督管理机构规定的数额；低于规定数额的，应当按照国务院保险监督管理机构的要求采取相应措施达到规定的数额。

第一百零二条 经营财产保险业务的保险公司当年自留保险费，不得超过其实有资本金加公积金总和的四倍。

第一百零三条 保险公司对每一危险单位，即对一次保险事故可能造成的最大损失范围所承担的责任，不得超过其实有资本金加公积金总和的百分之十；超过的部分应当办理再保险。

保险公司对危险单位的划分应当符合国务院保险监督管理机构的规定。

第一百零四条 保险公司对危险单位的划分方法和巨灾风险安排方案，应当报国务院保险监督管理机构备案。

第一百零五条 保险公司应当按照国务院保险监督管理机构的规定办理再保险，并审慎选择再保险接受人。

第一百零六条 保险公司的资金运用必须稳健，遵循安全性原则。

保险公司的资金运用限于下列形式：

（一）银行存款；

（二）买卖债券、股票、证券投资基金份额等有价证券；

（三）投资不动产；

（四）国务院规定的其他资金运用形式。

保险公司资金运用的具体管理办法，由国务院保险监督管理机构依照前两款的规定制定。

第一百零七条 经国务院保险监督管理机构会同国务院证券监督管理机构批准，保险公司可以设立保险资产管理公司。

保险资产管理公司从事证券投资活动，应当遵守《中华人民共和国证券法》等法律、行政法规的规定。

保险资产管理公司的管理办法，由国务院保险监督管理机构会同国务院有关部门制定。

第一百零八条 保险公司应当按照国务院保险监督管理机构的规定，建立对关联交易的管理和信息披露制度。

第一百零九条 保险公司的控股股东、实际控制人、董事、监事、高级管理人员不得利用关联交易损害公司的利益。

第一百一十条 保险公司应当按照国务院保险监督管理机构的规定，真实、准确、完整地披露财务会计报告、风险管理状况、保险产品经营情况等重大事项。

第一百一十一条 保险公司从事保险销售的人员应当符合国务院保险监督管理机构规定的资格条件，取得保险监督管理机构颁发的资格证书。

前款规定的保险销售人员的范围和管理办法，由国务院保险监督管理机构规定。

第一百一十二条 保险公司应当建立保险代理人登记管理制度，加强对保险代理人的培训和管理，不得唆使、诱导保险代理人进行违背诚信义务的活动。

第一百一十三条 保险公司及其分支机构应当依法使用经营保险业务许可证，不得转让、出租、出借经营保险业务许可证。

第一百一十四条 保险公司应当按照国务院保险监督管理机构的规定，公平、合理拟订保险条款和保险费率，不得损害投保人、被保险人和受益人的合法权益。

保险公司应当按照合同约定和本法规定，及时履行赔偿或者给付保险金义务。

第一百一十五条 保险公司开展业务，应当遵循公平竞争的原则，不得从事不正当竞争。

第一百一十六条 保险公司及其工作人员在保险业务活动中不得有下列行为：

（一）欺骗投保人、被保险人或者受益人；

（二）对投保人隐瞒与保险合同有关的重要情况；

（三）阻碍投保人履行本法规定的如实告知义务，或者诱导其不履行本法规定的如实告知义务；

（四）给予或者承诺给予投保人、被保险人、受益人保险合同约定以外的保险费回扣或者其他利益；

（五）拒不依法履行保险合同约定的赔偿或者给付保险金义务；

（六）故意编造未曾发生的保险事故、虚构保险合同或者故意夸大已经发生的保险事故的损失程度进行虚假理赔，骗取保险金或者牟取其他不正当利益；

（七）挪用、截留、侵占保险费；

（八）委托未取得合法资格的机构或者个人从事保险销售活动；

（九）利用开展保险业务为其他机构或者个人牟取不正当利益；

（十）利用保险代理人、保险经纪人或者保险评估机构，从事以虚构保险中介业务或者编造退保等方式套取费用等违法活动；

（十一）以捏造、散布虚假事实等方式损害竞争对手的商业信誉，或者以其他不正当竞争行为扰乱保险市场秩序；

（十二）泄露在业务活动中知悉的投保人、被保险人的商业秘密；

（十三）违反法律、行政法规和国务院保险监督管理机构规定的其他行为。

第五章 保险代理人和保险经纪人

第一百一十七条 保险代理人是根据保险人的委托，向保险人收取佣金，并在保险人授权的范围内代为办理保险业务的机构或者个人。

保险代理机构包括专门从事保险代理业务的保险专业代理机构和兼营保险代理业务的保险兼业代理机构。

第一百一十八条 保险经纪人是基于投保人的利益，为投保人与保险人订立保险合同提供中介服务，并依法收取佣金的机构。

第一百一十九条 保险代理机构、保险经纪人应当具备国务院保险监督管理机构规定的条件，取得保险监督管理机构颁发的经营保险代理业务许可证、保险经纪业务许可证。

保险专业代理机构、保险经纪人凭保险监督管理机构颁发的许可证向工商行政管理机关办理登记，领取营业执照。

保险兼业代理机构凭保险监督管理机构颁发的许可证，向工商行政管理机关办理变更登记。

第一百二十条 以公司形式设立保险专业代理机构、保险经纪人，其注册资本最低限额适用《中华人民共和国公司法》的规定。

国务院保险监督管理机构根据保险专业代理机构、保险经纪人的业务范围和经营规模，可以调整其注册资本的最低限额，但不得低于《中华人民共和国公司法》规定的限额。

保险专业代理机构、保险经纪人的注册资本或者出资额必须为实缴货币资本。

第一百二十一条　保险专业代理机构、保险经纪人的高级管理人员，应当品行良好，熟悉保险法律、行政法规，具有履行职责所需的经营管理能力，并在任职前取得保险监督管理机构核准的任职资格。

第一百二十二条　个人保险代理人、保险代理机构的代理从业人员、保险经纪人的经纪从业人员，应当具备国务院保险监督管理机构规定的资格条件，取得保险监督管理机构颁发的资格证书。

第一百二十三条　保险代理机构、保险经纪人应当有自己的经营场所，设立专门账簿记载保险代理业务、经纪业务的收支情况。

第一百二十四条　保险代理机构、保险经纪人应当按照国务院保险监督管理机构的规定缴存保证金或者投保职业责任保险。未经保险监督管理机构批准，保险代理机构、保险经纪人不得动用保证金。

第一百二十五条　个人保险代理人在代为办理人寿保险业务时，不得同时接受两个以上保险人的委托。

第一百二十六条　保险人委托保险代理人代为办理保险业务，应当与保险代理人签订委托代理协议，依法约定双方的权利和义务。

第一百二十七条　保险代理人根据保险人的授权代为办理保险业务的行为，由保险人承担责任。

保险代理人没有代理权、超越代理权或者代理权终止后以保险人名义订立合同，使投保人有理由相信其有代理权的，该代理行为有效。保险人可以依法追究越权的保险代理人的责任。

第一百二十八条　保险经纪人因过错给投保人、被保险人造成损失的，依法承担赔偿责任。

第一百二十九条　保险活动当事人可以委托保险公估机构等依法设立的独立评估机构或者具有相关专业知识的人员，对保险事故进行评估和鉴定。

接受委托对保险事故进行评估和鉴定的机构和人员，应当依法、独立、客观、公正地进行评估和鉴定，任何单位和个人不得干涉。

前款规定的机构和人员，因故意或者过失给保险人或者被保险人造成损失的，依法承担赔偿责任。

第一百三十条　保险佣金只限于向具有合法资格的保险代理人、保险经纪人支付，不得向其他人支付。

第一百三十一条　保险代理人、保险经纪人及其从业人员在办理保险业务活动中不得有下列行为：

（一）欺骗保险人、投保人、被保险人或者受益人；

（二）隐瞒与保险合同有关的重要情况；

（三）阻碍投保人履行本法规定的如实告知义务，或者诱导其不履行本法规定的如实告知义务；

（四）给予或者承诺给予投保人、被保险人或者受益人保险合同约定以外的利益；

（五）利用行政权力、职务或者职业便利以及其他不正当手段强迫、引诱或者限制投保人订立保险合同；

（六）伪造、擅自变更保险合同，或者为保险合同当事人提供虚假证明材料；

（七）挪用、截留、侵占保险费或者保险金；

（八）利用业务便利为其他机构或者个人牟取不正当利益；

（九）串通投保人、被保险人或者受益人，骗取保险金；

（十）泄露在业务活动中知悉的保险人、投保人、被保险人的商业秘密。

第一百三十二条　保险专业代理机构、保险经纪人分立、合并、变更组织形式、设立分支机构或者解散的，应当经保险监督管理机构批准。

第一百三十三条　本法第八十六条第一款、第一百一十三条的规定，适用于保险代理机构和保险经纪人。

第六章　保险业监督管理

第一百三十四条　保险监督管理机构依照本法和国务院规定的职责，遵循依法、公开、公正的原则，对保险业实施监督管理，维护保险市场秩序，保护投保人、被保险人和受益人的合法权益。

第一百三十五条　国务院保险监督管理机构依照法律、行政法规制定并发布有关保险业监督管理的规章。

第一百三十六条　关系社会公众利益的保险险种、依法实行强制保险的险种和新开发的人寿保险险种等的保险条款和保险费率，应当报国务院保险监督管理机构批准。国务院保险监督管理机构审批时，应当遵循保护社会公众利益和防止不正当竞争的原则。其他保险险种的保险条款和保险费率，应当报保险监督管理机构备案。

保险条款和保险费率审批、备案的具体办法，由国务院保险监督管理机构依照前款规定制定。

第一百三十七条 保险公司使用的保险条款和保险费率违反法律、行政法规或者国务院保险监督管理机构的有关规定的，由保险监督管理机构责令停止使用，限期修改；情节严重的，可以在一定期限内禁止申报新的保险条款和保险费率。

第一百三十八条 国务院保险监督管理机构应当建立健全保险公司偿付能力监管体系，对保险公司的偿付能力实施监控。

第一百三十九条 对偿付能力不足的保险公司，国务院保险监督管理机构应当将其列为重点监管对象，并可以根据具体情况采取下列措施：

（一）责令增加资本金、办理再保险；

（二）限制业务范围；

（三）限制向股东分红；

（四）限制固定资产购置或者经营费用规模；

（五）限制资金运用的形式、比例；

（六）限制增设分支机构；

（七）责令拍卖不良资产、转让保险业务；

（八）限制董事、监事、高级管理人员的薪酬水平；

（九）限制商业性广告；

（十）责令停止接受新业务。

第一百四十条 保险公司未依照本法规定提取或者结转各项责任准备金，或者未依照本法规定办理再保险，或者严重违反本法关于资金运用的规定的，由保险监督管理机构责令限期改正，并可以责令调整负责人及有关管理人员。

第一百四十一条 保险监督管理机构依照本法第一百四十条的规定作出限期改正的决定后，保险公司逾期未改正的，国务院保险监督管理机构可以决定选派保险专业人员和指定该保险公司的有关人员组成整顿组，对公司进行整顿。

整顿决定应当载明被整顿公司的名称、整顿理由、整顿组成员和整顿期限，并予以公告。

第一百四十二条 整顿组有权监督被整顿保险公司的日常业务。被整顿公司的负责人及有关管理人员应当在整顿组的监督下行使职权。

第一百四十三条 整顿过程中，被整顿保险公司的原有业务继续进行。但是，国务院保险监督管理机构可以责令被整顿公司停止部分原有业务、停止接受新业务，调整资金运用。

第一百四十四条 被整顿保险公司经整顿已纠正其违反本法规定的行为，恢复正常经营状况的，由整顿组提出报告，经国务院保险监督管理机构批准，结束整顿，并由国务院保险监督管理机构予以公告。

第一百四十五条 保险公司有下列情形之一的，国务院保险监督管理机构可以对其实行接管：

（一）公司的偿付能力严重不足的；

（二）违反本法规定，损害社会公共利益，可能严重危及或者已经严重危及公司的偿付能力的。

被接管的保险公司的债权债务关系不因接管而变化。

第一百四十六条 接管组的组成和接管的实施办法，由国务院保险监督管理机构决定，并予以公告。

第一百四十七条 接管期限届满，国务院保险监督管理机构可以决定延长接管期限，但接管期限最长不得超过二年。

第一百四十八条 接管期限届满，被接管的保险公司已恢复正常经营能力的，由国务院保险监督管理机构决定终止接管，并予以公告。

第一百四十九条 被整顿、被接管的保险公司有《中华人民共和国企业破产法》第二条规定情形的，国务院保险监督管理机构可以依法向人民法院申请对该保险公司进行重整或者破产清算。

第一百五十条 保险公司因违法经营被依法吊销经营保险业务许可证的，或者偿付能力低于国务院保险监督管理机构规定标准，不予撤销将严重危害保险市场秩序、损害公共利益的，由国务院保险监督管理机构予以撤销并公告，依法及时组织清算组进行清算。

第一百五十一条 国务院保险监督管理机构有权要求保险公司股东、实际控制人在指定的期限内提供有关信息和资料。

第一百五十二条 保险公司的股东利用关联交易严重损害公司利益，危及公司偿付能力的，由国务院保险监督管理机构责令改正。在按照要求改正前，国务院保险监督管理机构可以限制其股东权利；拒不改正的，可以责令其转让所持的保险公司股权。

第一百五十三条 保险监督管理机构根据履行监督管理职责的需要，可以与保险公司董事、监事和高级管理人员进行监督管理谈话，要求其就公司的业务活动和风险管理的重大事项作出说明。

第一百五十四条 保险公司在整顿、接管、撤销清算期间，或者出现重大风险时，国务院保险监督管理机构可以对该公司直接负责的董事、监事、高级管理人员和其他直接责任人员采取以下措施：

（一）通知出境管理机关依法阻止其出境；

（二）申请司法机关禁止其转移、转让或者以其他方式处分财产，或者在财产上设定其他权利。

第一百五十五条 保险监督管理机构依法履行职责，可以采取下列措施：

（一）对保险公司、保险代理人、保险经纪人、保险资产管理公司、外国保险机构的代表机构进行现场检查；

（二）进入涉嫌违法行为发生场所调查取证；

（三）询问当事人及与被调查事件有关的单位和个人，要求其对与被调查事件有关的事项作出说明；

（四）查阅、复制与被调查事件有关的财产权登记等资料；

（五）查阅、复制保险公司、保险代理人、保险经纪人、保险资产管理公司、外国保险机构的代表机构以及与被调查事件有关的单位和个人的财务会计资料及其他相关文件和资料；对可能被转移、隐匿或者毁损的文件和资料予以封存；

（六）查询涉嫌违法经营的保险公司、保险代理人、保险经纪人、保险资产管理公司、外国保险机构的代表机构以及与涉嫌违法事项有关的单位和个人的银行账户；

（七）对有证据证明已经或者可能转移、隐匿违法资金等涉案财产或者隐匿、伪造、毁损重要证据的，经保险监督管理机构主要负责人批准，申请人民法院予以冻结或者查封。

保险监督管理机构采取前款第（一）项、第（二）项、第（五）项措施的，应当经保险监督管理机构负责人批准；采取第（六）项措施的，应当经国务院保险监督管理机构负责人批准。

保险监督管理机构依法进行监督检查或者调查，其监督检查、调查的人员不得少于二人，并应当出示合法证件和监督检查、调查通知书；监督检查、调查的人员少于二人或者未出示合法证件和监督检查、调查通知书的，被检查、调查的单位和个人有权拒绝。

第一百五十六条 保险监督管理机构依法履行职责，被检查、调查的单位和个人应当配合。

第一百五十七条 保险监督管理机构工作人员应当忠于职守，依法办事，公正廉洁，不得利用职务便利牟取不正当利益，不得泄露所知悉的有关单位和个人的商业秘密。

第一百五十八条 国务院保险监督管理机构应当与中国人民银行、国务院其他金融监督管理机构建立监督管理信息共享机制。

保险监督管理机构依法履行职责，进行监督检查、调查时，有关部门应当予以配合。

第七章 法律责任

第一百五十九条 违反本法规定，擅自设立保险公司、保险资产管理公司或者非法经营商业保险业务的，由保险监督管理机构予以取缔，没收违法所得，并处违法所得一倍以上五倍以下的罚款；没有违法所得或者违法所得不足二十万元的，处二十万元以上一百万元以下的罚款。

第一百六十条 违反本法规定，擅自设立保险专业代理机构、保险经纪人，或者未取得经营保险代理业务许可证、保险经纪业务许可证从事保险代理业务、保险经纪业务的，由保险监督管理机构予以取缔，没收违法所得，并处违法所得一倍以上五倍以下的罚款；没有违法所得或者违法所得不足五万元的，处五万元以上三十万元以下的罚款。

第一百六十一条 保险公司违反本法规定，超出批准的业务范围经营的，由保险监督管理机构责令限期改正，没收违法所得，并处违法所得一倍以上五倍以下的罚款；没有违法所得或者违法所得不足十万元的，处十万元以上五十万元以下的罚款。逾期不改正或者造成严重后果的，责令停业整顿或者吊销业务许可证。

第一百六十二条 保险公司有本法第一百一十六条规定行为之一的，由保险监督管理机构责令改正，处五万元以上三十万元以下的罚款；情节严重的，限制其业务范围、责令停止接受新业务或者吊销业务许可证。

第一百六十三条 保险公司违反本法第八十四条规定的，由保险监督管理机构责令改正，处一万元以上十万元以下的罚款。

第一百六十四条 保险公司违反本法规定，有下列行为之一的，由保险监督管理机构责令改正，处五万元以上三十万元以下的罚款：

（一）超额承保，情节严重的；

（二）为无民事行为能力人承保以死亡为给付保险金条件的保险的。

第一百六十五条 违反本法规定，有下列行为之一的，由保险监督管理机构责令改正，处五万元以上三十万元以下的罚款；情节严重的，可以限制其业务范围、责令停止接受新业务或者吊销业务许可证：

（一）未按照规定提存保证金或者违反规定动用保证金的；

（二）未按照规定提取或者结转各项责任准备金的；

（三）未按照规定缴纳保险保障基金或者提取公积金的；

（四）未按照规定办理再保险的；

（五）未按照规定运用保险公司资金的；

（六）未经批准设立分支机构或者代表机构的；

（七）未按照规定申请批准保险条款、保险费率的。

第一百六十六条 保险代理机构、保险经纪人有本法第一百三十一条规定行为之一的，由保险监督管理机构责令改正，处五万元以上三十万元以下的罚款；情节严重的，吊销业务许可证。

第一百六十七条 保险代理机构、保险经纪人违反本法规定，有下列行为之一的，由保险监督管理机构责令改正，处二万元以上十万元以下的罚款；情节严重的，责令停业整顿或者吊销业务许可证：

（一）未按照规定缴存保证金或者投保职业责任保险的；

（二）未按照规定设立专门账簿记载业务收支情况的。

第一百六十八条 保险专业代理机构、保险经纪人违反本法规定，未经批准设立分支机构或者变更组织形式的，由保险监督管理机构责令改正，处一万元以上五万元以下的罚款。

第一百六十九条 违反本法规定，聘任不具有任职资格、从业资格的人员的，由保险监督管理机构责令改正，处二万元以上十万元以下的罚款。

第一百七十条 违反本法规定，转让、出租、出借业务许可证的，由保险监督管理机构处一万元以上十万元以下的罚款；情节严重的，责令停业整顿或者吊销业务许可证。

第一百七十一条 违反本法规定，有下列行为之一的，由保险监督管理机构责令限期改正；逾期不改正的，处一万元以上十万元以下的罚款：

（一）未按照规定报送或者保管报告、报表、文件、资料的，或者未按照规定提供有关信息、资料的；

（二）未按照规定报送保险条款、保险费率备案的；

（三）未按照规定披露信息的。

第一百七十二条 违反本法规定，有下列行为之一的，由保险监督管理机构责令改正，处十万元以上五十万元以下的罚款；情节严重的，可以限制其业务范围、责令停止接受新业务或者吊销业务许可证：

（一）编制或者提供虚假的报告、报表、文件、资料的；

（二）拒绝或者妨碍依法监督检查的；

（三）未按照规定使用经批准或者备案的保险条款、保险费率的。

第一百七十三条 保险公司、保险资产管理公司、保险专业代理机构、保险经纪人违反本法规定的，保险监督管理机构除分别依照本法第一百六十一条至第一百七十二条的规定对该单位给予处罚外，对其直接负责的主管人员和其他直接责任人员给予警告，并处一万元以上十万元以下的罚款；情节严重的，撤销任职资格或者从业资格。

第一百七十四条 个人保险代理人违反本法规定的，由保险监督管理机构给予警告，可以并处二万元以下的罚款；情节严重的，处二万元以上十万元以下的罚款，并可以吊销其资格证书。

未取得合法资格的人员从事个人保险代理活动的，由保险监督管理机构给予警告，可以并处二万元以下的罚款；情节严重的，处二万元以上十万元以下的罚款。

第一百七十五条 外国保险机构未经国务院保险监督管理机构批准，擅自在中华人民共和国境内设立代表机构的，由国务院保险监督管理机构予以取缔，处五万元以上三十万元以下的罚款。

外国保险机构在中华人民共和国境内设立的代表机构从事保险经营活动的，由保险监督管理机构责令改正，没收违法所得，并处违法所得一倍以上五倍以下的罚款；没有违法所得或者违法所得不足二十万元的，处二十万元以上一百万元以下的罚款；对其首席代表可以责令撤换；情节严重的，撤销其代表机构。

第一百七十六条 投保人、被保险人或者受益人有下列行为之一，进行保险诈骗活动，尚不构成犯罪的，依法给予行政处罚：

（一）投保人故意虚构保险标的，骗取保险金的；

（二）编造未曾发生的保险事故，或者编造虚假的事故原因或者夸大损失程度，骗取保险金的；

（三）故意造成保险事故，骗取保险金的。

保险事故的鉴定人、评估人、证明人故意提供虚假的证明文件，为投保人、被保险人或者受益人进行保险诈骗提供条件的，依照前款规定给予处罚。

第一百七十七条 违反本法规定，给他人造成损害的，依法承担民事责任。

第一百七十八条 拒绝、阻碍保险监督管理机构及其工作人员依法行使监督检查、调查职权，未使用暴力、威胁方法的，依法给予治安管理处罚。

第一百七十九条 违反法律、行政法规的规定，情节严重的，国务院保险监督管理机构可以禁止有关责任人员一定期限直至终身进入保险业。

第一百八十条 保险监督管理机构从事监督管理工作的人员有下列情形之一的，依法给予处分：

（一）违反规定批准机构的设立的；

（二）违反规定进行保险条款、保险费率审批的；

（三）违反规定进行现场检查的；

（四）违反规定查询账户或者冻结资金的；

（五）泄露其知悉的有关单位和个人的商业秘密的；

（六）违反规定实施行政处罚的；

（七）滥用职权、玩忽职守的其他行为。

第一百八十一条 违反本法规定，构成犯罪的，依法追究刑事责任。

第八章 附 则

第一百八十二条 保险公司应当加入保险行业协会。保险代理人、保险经纪人、保险公估机构可以加入保险行业协会。

保险行业协会是保险业的自律性组织，是社会团体法人。

第一百八十三条 保险公司以外的其他依法设立的保险组织经营的商业保险业务，适用本法。

第一百八十四条 海上保险适用《中华人民共和国海商法》的有关规定；《中华人民共和国海商法》未规定的，适用本法的有关规定。

第一百八十五条 中外合资保险公司、外资独资保险公司、外国保险公司分公司适用本法规定；法律、行政法规另有规定的，适用其规定。

第一百八十六条 国家支持发展为农业生产服务的保险事业。农业保险由法律、行政法规另行规定。

强制保险，法律、行政法规另有规定的，适用其规定。

第一百八十七条 本法自 2009 年 10 月 1 日起施行。

附录二 中华人民共和国道路交通安全法

(2003 年 10 月 28 日第十届全国人民代表大会常务委员会第五次会议通过根据 2007 年 12 月 29 日第十届全国人民代表大会常务委员会第三十一次会议《关于修改〈中华人民共和国道路交通安全法〉的决定》第一次修正根据 2011 年 4 月 22 日第十一届全国人民代表大会常务委员会第二十次会议《关于修改〈中华人民共和国道路交通安全法〉的决定》第二次修正)

目录

第一章 总 则

第一条 为了维护道路交通秩序,预防和减少交通事故,保护人身安全,保护公民、法人和其他组织的财产安全及其他合法权益,提高通行效率,制定本法。

第二条 中华人民共和国境内的车辆驾驶人、行人、乘车人以及与道路交通活动有关的单位和个人,都应当遵守本法。

第三条 道路交通安全工作,应当遵循依法管理、方便群众的原则,保障道路交通有序、安全、畅通。

第四条 各级人民政府应当保障道路交通安全管理工作与经济建设和社会发展相适应。

县级以上地方各级人民政府应当适应道路交通发展的需要,依据道路交通安全法律、法规和国家有关政策,制定道路交通安全管理规划,并组织实施。

第五条 国务院公安部门负责全国道路交通安全管理工作。县级以上地方各级人民政府公安机关交通管理部门负责本行政区域内的道路交通安全管理工作。

县级以上各级人民政府交通、建设管理部门依据各自职责,负责有关的道路交通工作。

第六条 各级人民政府应当经常进行道路交通安全教育,提高公民的道路交通安全意识。

公安机关交通管理部门及其交通警察执行职务时,应当加强道路交通安全法律、法规的宣传,并模范遵守道路交通安全法律、法规。

机关、部队、企业事业单位、社会团体以及其他组织，应当对本单位的人员进行道路交通安全教育。

教育行政部门、学校应当将道路交通安全教育纳入法制教育的内容。

新闻、出版、广播、电视等有关单位，有进行道路交通安全教育的义务。

第七条 对道路交通安全管理工作，应当加强科学研究，推广、使用先进的管理方法、技术、设备。

第二章 车辆和驾驶人

第一节 机动车、非机动车

第八条 国家对机动车实行登记制度。机动车经公安机关交通管理部门登记后，方可上道路行驶。尚未登记的机动车，需要临时上道路行驶的，应当取得临时通行牌证。

第九条 申请机动车登记，应当提交以下证明、凭证：

（一）机动车所有人的身份证明；

（二）机动车来历证明；

（三）机动车整车出厂合格证明或者进口机动车进口凭证；

（四）车辆购置税的完税证明或者免税凭证；

（五）法律、行政法规规定应当在机动车登记时提交的其他证明、凭证。

公安机关交通管理部门应当自受理申请之日起五个工作日内完成机动车登记审查工作，对符合前款规定条件的，应当发放机动车登记证书、号牌和行驶证；对不符合前款规定条件的，应当向申请人说明不予登记的理由。

公安机关交通管理部门以外的任何单位或者个人不得发放机动车号牌或者要求机动车悬挂其他号牌，本法另有规定的除外。

机动车登记证书、号牌、行驶证的式样由国务院公安部门规定并监制。

第十条 准予登记的机动车应当符合机动车国家安全技术标准。申请机动车登记时，应当接受对该机动车的安全技术检验。但是，经国家机动车产品主管部门依据机动车国家安全技术标准认定的企业生产的机动车型，该车型的新车在出厂时经检验符合机动车国家安全技术标准，获得检验合格证的，免予安全技术检验。

第十一条 驾驶机动车上道路行驶，应当悬挂机动车号牌，放置检验合格标志、保险标志，并随车携带机动车行驶证。

机动车号牌应当按照规定悬挂并保持清晰、完整，不得故意遮挡、污损。

任何单位和个人不得收缴、扣留机动车号牌。

第十二条 有下列情形之一的，应当办理相应的登记：

（一）机动车所有权发生转移的；

（二）机动车登记内容变更的；

（三）机动车用作抵押的；

（四）机动车报废的。

第十三条 对登记后上道路行驶的机动车，应当依照法律、行政法规的规定，根据车辆用途、载客载货数量、使用年限等不同情况，定期进行安全技术检验。对提供机动车行驶证和机动车第三者责任强制保险单的，机动车安全技术检验机构应当予以检验，任何单位不得附加其他条件。对符合机动车国家安全技术标准的，公安机关交通管理部门应当发给检验合格标志。

对机动车的安全技术检验实行社会化。具体办法由国务院规定。

机动车安全技术检验实行社会化的地方，任何单位不得要求机动车到指定的场所进行检验。

公安机关交通管理部门、机动车安全技术检验机构不得要求机动车到指定的场所进行维修、保养。

机动车安全技术检验机构对机动车检验收取费用，应当严格执行国务院价格主管部门核定的收费标准。

第十四条 国家实行机动车强制报废制度，根据机动车的安全技术状况和不同用途，规定不同的报废标准。

应当报废的机动车必须及时办理注销登记。

达到报废标准的机动车不得上道路行驶。报废的大型客、货车及其他营运车辆应当在公安机关交通管理部门的监督下解体。

第十五条 警车、消防车、救护车、工程救险车应当按照规定喷涂标志图案，安装警报器、标志灯具。其他机动车不得喷涂、安装、使用上述车辆专用的或者与其相类似的标志图案、警报器或者标志灯具。

警车、消防车、救护车、工程救险车应当严格按照规定的用途和条件使用。

公路监督检查的专用车辆，应当依照公路法的规定，设置统一的标志和示警灯。

第十六条 任何单位或者个人不得有下列行为：

（一）拼装机动车或者擅自改变机动车已登记的结构、构造或者特征；

（二）改变机动车型号、发动机号、车架号或者车辆识别代号；

（三）伪造、变造或者使用伪造、变造的机动车登记证书、号牌、行驶证、检验合格标志、保险标志；

（四）使用其他机动车的登记证书、号牌、行驶证、检验合格标志、保险标志。

第十七条 国家实行机动车第三者责任强制保险制度，设立道路交通事故社会救助基金。具体办法由国务院规定。

第十八条 依法应当登记的非机动车，经公安机关交通管理部门登记后，方可上道路行驶。

依法应当登记的非机动车的种类，由省、自治区、直辖市人民政府根据当地实际情况规定。

非机动车的外形尺寸、质量、制动器、车铃和夜间反光装置，应当符合非机动车安全技术标准。

第二节　机动车驾驶人

第十九条 驾驶机动车，应当依法取得机动车驾驶证。

申请机动车驾驶证，应当符合国务院公安部门规定的驾驶许可条件；经考试合格后，由公安机关交通管理部门发给相应类别的机动车驾驶证。

持有境外机动车驾驶证的人，符合国务院公安部门规定的驾驶许可条件，经公安机关交通管理部门考核合格的，可以发给中国的机动车驾驶证。

驾驶人应当按照驾驶证载明的准驾车型驾驶机动车；驾驶机动车时，应当随身携带机动车驾驶证。

公安机关交通管理部门以外的任何单位或者个人，不得收缴、扣留机动车驾驶证。

第二十条 机动车的驾驶培训实行社会化，由交通主管部门对驾驶培训学校、驾驶培训班实行资格管理，其中专门的拖拉机驾驶培训学校、驾驶培训班由农业（农业机械）主管部门实行资格管理。

驾驶培训学校、驾驶培训班应当严格按照国家有关规定，对学员进行道路交通安全法律、法规、驾驶技能的培训，确保培训质量。

任何国家机关以及驾驶培训和考试主管部门不得举办或者参与举办驾驶培训学校、驾驶培训班。

第二十一条 驾驶人驾驶机动车上道路行驶前，应当对机动车的安全技术性能进行认真检查；不得驾驶安全设施不全或者机件不符合技术标准等具有安全隐患的机动车。

第二十二条 机动车驾驶人应当遵守道路交通安全法律、法规的规定，按照操作规范安全驾驶、文明驾驶。

饮酒、服用国家管制的精神药品或者麻醉药品，或者患有妨碍安全驾驶机动车的疾病，或者过度疲劳影响安全驾驶的，不得驾驶机动车。

任何人不得强迫、指使、纵容驾驶人违反道路交通安全法律、法规和机动车安全驾驶要求驾驶机动车。

第二十三条 公安机关交通管理部门依照法律、行政法规的规定，定期对机动车驾驶证实施审验。

第二十四条 公安机关交通管理部门对机动车驾驶人违反道路交通安全法律、法规的行为，除依法给予行政处罚外，实行累积记分制度。公安机关交通管理部门对累积记分达到规定分值的机动车驾驶人，扣留机动车驾驶证，对其进行道路交通安全法律、法规教育，重新考试；考试合格的，发还其机动车驾驶证。

对遵守道路交通安全法律、法规，在一年内无累积记分的机动车驾驶人，可以延长机动车驾驶证的审验期。具体办法由国务院公安部门规定。

第三章　道路通行条件

第二十五条 全国实行统一的道路交通信号。

交通信号包括交通信号灯、交通标志、交通标线和交通警察的指挥。

交通信号灯、交通标志、交通标线的设置应当符合道路交通安全、畅通的要求和国家标准，并保持清晰、醒目、准确、完好。

根据通行需要，应当及时增设、调换、更新道路交通信号。增设、调换、更新限制性的道路交通信号，应当提前向社会公告，广泛进行宣传。

第二十六条 交通信号灯由红灯、绿灯、黄灯组成。红灯表示禁止通行，绿灯表示准许通行，黄灯表示警示。

第二十七条 铁路与道路平面交叉的道口，应当设置警示灯、警示标志或者安全防护设施。无人看守的铁路道口，应当在距道口一定距离处设置警示标志。

第二十八条 任何单位和个人不得擅自设置、移动、占用、损毁交通信号灯、交通标志、交通标线。

道路两侧和隔离带上种植的树木或者其他植物，设置的广告牌、管线等，应当与交通设施保持必要的距离，不得遮挡路灯、交通信号灯、交通标志，不得妨碍安全视距，不得影响通行。

第二十九条 道路、停车场和道路配套设施的规划、设计、建设，应当符合道路交通安全、畅通的要求，并根据交通需求及时调整。

公安机关交通管理部门发现已经投入使用的道路存在交通事故频发路段，或者停车场、道路配套设施存在交通安全严重隐患的，应当及时向当地人民政府报告，并提出防范交通事故、消除隐患的建议，当地人民政府应当及时作出处理决定。

第三十条 道路出现坍塌、坑槽、水毁、隆起等损毁或者交通信号灯、交通标志、交通标线等交通设施损毁、灭失的，道路、交通设施的养护部门或者管理部门应当设置警示标志并及时修复。

公安机关交通管理部门发现前款情形，危及交通安全，尚未设置警示标志的，应当及时采取安全措施，疏导交通，并通知道路、交通设施的养护部门或者管理部门。

第三十一条 未经许可，任何单位和个人不得占用道路从事非交通活动。

第三十二条 因工程建设需要占用、挖掘道路，或者跨越、穿越道路架设、增设管线设施，应当事先征得道路主管部门的同意；影响交通安全的，还应当征得公安机关交通管理部门的同意。

施工作业单位应当在经批准的路段和时间内施工作业，并在距离施工作业地点来车方向安全距离处设置明显的安全警示标志，采取防护措施；施工作业完毕，应当迅速清除道路上的障碍物，消除安全隐患，经道路主管部门和公安机关交通管理部门验收合格，符合通行要求后，方可恢复通行。

对未中断交通的施工作业道路，公安机关交通管理部门应当加强交通安全监督检查，维护道路交通秩序。

第三十三条 新建、改建、扩建的公共建筑、商业街区、居住区、大（中）型建筑等，应当配建、增建停车场；停车泊位不足的，应当及时改建或者扩建；投入使用的停车场不得擅自停止使用或者改作他用。

在城市道路范围内，在不影响行人、车辆通行的情况下，政府有关部门可以施划停车泊位。

第三十四条 学校、幼儿园、医院、养老院门前的道路没有行人过街设施的，应当施划人行横道线，设置提示标志。

城市主要道路的人行道，应当按照规划设置盲道。盲道的设置应当符合国家标准。

第四章 道路通行规定

第一节 一般规定

第三十五条 机动车、非机动车实行右侧通行。

第三十六条 根据道路条件和通行需要，道路划分为机动车道、非机动车道和人行道的，机动车、非机动车、行人实行分道通行。没有划分机动车道、非机动车道和人行道的，机动车在道路中间通行，非机动车和行人在道路两侧通行。

第三十七条 道路划设专用车道的，在专用车道内，只准许规定的车辆通行，其他车辆不得进入专用车道内行驶。

第三十八条 车辆、行人应当按照交通信号通行；遇有交通警察现场指挥时，应当按照交通警察的指挥通行；在没有交通信号的道路上，应当在确保安全、畅通的原则下通行。

第三十九条 公安机关交通管理部门根据道路和交通流量的具体情况，可以对机动车、非机动车、行人采取疏导、限制通行、禁止通行等措施。遇有大型群众性活动、大范围施工等情况，需要采取限制交通的措施，或者作出与公众的道路交通活动直接有关的决定，应当提前向社会公告。

第四十条 遇有自然灾害、恶劣气象条件或者重大交通事故等严重影响交通安全的情形，采取其他措施难以保证交通安全时，公安机关交通管理部门可以实行交通管制。

第四十一条 有关道路通行的其他具体规定，由国务院规定。

第二节 机动车通行规定

第四十二条 机动车上道路行驶，不得超过限速标志标明的最高时速。在没有限速标志的路段，应当保持安全车速。

夜间行驶或者在容易发生危险的路段行驶，以及遇有沙尘、冰雹、雨、雪、雾、结冰等气象条件时，应当降低行驶速度。

第四十三条 同车道行驶的机动车，后车应当与前车保持足以采取紧急制动措施的安全距离。有下列情形之一的，不得超车：

（一）前车正在左转弯、掉头、超车的；

（二）与对面来车有会车可能的；

（三）前车为执行紧急任务的警车、消防车、救护车、工程救险车的；

（四）行经铁路道口、交叉路口、窄桥、弯道、陡坡、隧道、人行横道、市区交通流量大的路段等没有超车条件的。

第四十四条 机动车通过交叉路口，应当按照交通信号灯、交通标志、交通标线或者交通警察的指挥通过；通过没有交通信号灯、交通标志、交通标线或者交通警察指挥的交叉路口时，应当减速慢行，并让行人和优先通行的车辆先行。

第四十五条 机动车遇有前方车辆停车排队等候或者缓慢行驶时，不得借道超车或者占用对面车道，不得穿插等候的车辆。

在车道减少的路段、路口，或者在没有交通信号灯、交通标志、交通标线或者交通警察指挥的交叉路口遇到停车排队等候或者缓慢行驶时，机动车应当依次交替通行。

第四十六条 机动车通过铁路道口时，应当按照交通信号或者管理人员的指挥通行；没有交通信号或者管理人员的，应当减速或者停车，在确认安全后通过。

第四十七条 机动车行经人行横道时，应当减速行驶；遇行人正在通过人行横道，应当停车让行。

机动车行经没有交通信号的道路时，遇行人横过道路，应当避让。

第四十八条 机动车载物应当符合核定的载质量，严禁超载；载物的长、宽、高不得违反装载要求，不得遗洒、飘散载运物。

机动车运载超限的不可解体的物品，影响交通安全的，应当按照公安机关交通管理部门指定的时间、路线、速度行驶，悬挂明显标志。在公路上运载超限的不可解体的物品，并应当依照公路法的规定执行。

机动车载运爆炸物品、易燃易爆化学物品以及剧毒、放射性等危险物品，应当经公安机关批准后，按指定的时间、路线、速度行驶，悬挂警示标志并采取必要的安全措施。

第四十九条 机动车载人不得超过核定的人数，客运机动车不得违反规定载货。

第五十条 禁止货运机动车载客。

货运机动车需要附载作业人员的，应当设置保护作业人员的安全措施。

第五十一条 机动车行驶时，驾驶人、乘坐人员应当按规定使用安全带，摩托车驾驶人及乘坐人员应当按规定戴安全头盔。

第五十二条 机动车在道路上发生故障，需要停车排除故障时，驾驶人应当立即开启危险报警闪光灯，将机动车移至不妨碍交通的地方停放；难以移动的，应当持续开启危险报警闪光灯，并在来车方向设置警告标志等措施扩大示警距离，必要时迅速报警。

第五十三条 警车、消防车、救护车、工程救险车执行紧急任务时，可以使用警报器、标志灯具；在确保安全的前提下，不受行驶路线、行驶方向、行驶速度和信号灯的限制，其他车辆和行人应当让行。

警车、消防车、救护车、工程救险车非执行紧急任务时，不得使用警报器、标志灯具，不享有前款规定的道路优先通行权。

第五十四条 道路养护车辆、工程作业车进行作业时，在不影响过往车辆通行的前提下，其行驶路线和方向不受交通标志、标线限制，过往车辆和人员应当注意避让。

洒水车、清扫车等机动车应当按照安全作业标准作业；在不影响其他车辆通行的情况下，可以不受车辆分道行驶的限制，但是不得逆向行驶。

第五十五条 高速公路、大中城市中心城区内的道路，禁止拖拉机通行。其他禁止拖拉机通行的道路，由省、自治区、直辖市人民政府根据当地实际情况规定。

在允许拖拉机通行的道路上，拖拉机可以从事货运，但是不得用于载人。

第五十六条 机动车应当在规定地点停放。禁止在人行道上停放机动车；但是，依照本法第三十三条规定施划的停车泊位除外。

在道路上临时停车的，不得妨碍其他车辆和行人通行。

第三节 非机动车通行规定

第五十七条 驾驶非机动车在道路上行驶应当遵守有关交通安全的规定。非机动车应当在非机动车道内行驶；在没有非机动车道的道路上，应当靠车行道的右侧行驶。

第五十八条 残疾人机动轮椅车、电动自行车在非机动车道内行驶时，最高时速不得超过十五公里。

第五十九条 非机动车应当在规定地点停放。未设停放地点的，非机动车停放不得妨碍其他车辆和行人通行。

第六十条 驾驭畜力车，应当使用驯服的牲畜；驾驭畜力车横过道路时，驾驭人应当下车牵引牲畜；驾驭人离开车辆时，应当拴系牲畜。

第四节 行人和乘车人通行规定

第六十一条 行人应当在人行道内行走，没有人行道的靠路边行走。

第六十二条 行人通过路口或者横过道路，应当走人行横道或者过街设施；通过有交通信号灯的人行横道，应当按照交通信号灯指示通行；通过没有交通信号灯、人行横道的路口，或者在没有过街设施的路段横过道路，应当在确认安全后通过。

第六十三条 行人不得跨越、倚坐道路隔离设施，不得扒车、强行拦车或者实施妨碍道路交通安全的其他行为。

第六十四条 学龄前儿童以及不能辨认或者不能控制自己行为的精神疾病患者、智力障碍者在道路上通行，应当由其监护人、监护人委托的人或者对其负有管理、保护职责的人带领。

盲人在道路上通行，应当使用盲杖或者采取其他导盲手段，车辆应当避让盲人。

第六十五条 行人通过铁路道口时，应当按照交通信号或者管理人员的指挥通行；没有交通信号和管理人员的，应当在确认无火车驶临后，迅速通过。

第六十六条 乘车人不得携带易燃易爆等危险物品，不得向车外抛洒物品，不得有影响驾驶人安全驾驶的行为。

第五节 高速公路的特别规定

第六十七条 行人、非机动车、拖拉机、轮式专用机械车、铰接式客车、全挂拖斗车以及其他设计最高时速低于七十公里的机动车，不得进入高速公路。高速公路限速标志标明的最高时速不得超过一百二十公里。

第六十八条 机动车在高速公路上发生故障时，应当依照本法第五十二条的有关规定办理；但是，警告标志应当设置在故障车来车方向一百五十米以外，车上人员应当迅速转移到右侧路肩上或者应急车道内，并且迅速报警。

机动车在高速公路上发生故障或者交通事故，无法正常行驶的，应当由救援车、清障车拖曳、牵引。

第六十九条 任何单位、个人不得在高速公路上拦截检查行驶的车辆，公安机关的人民警察依法执行紧急公务除外。

第五章 交通事故处理

第七十条 在道路上发生交通事故，车辆驾驶人应当立即停车，保护现场；造成人身伤亡的，车辆驾驶人应当立即抢救受伤人员，并迅速报告执勤的交通警察或者公安机关交通管理部门。因抢救受伤人员变动现场的，应当标明位置。乘车人、过往车辆驾驶人、过往行人应当予以协助。

在道路上发生交通事故，未造成人身伤亡，当事人对事实及成因无争议的，可以即行撤离现场，恢复交通，自行协商处理损害赔偿事宜；不即行撤离现场的，应当迅速报告执勤的交通警察或者公安机关交通管理部门。

在道路上发生交通事故，仅造成轻微财产损失，并且基本事实清楚的，当事人应当先撤离现场再进行协商处理。

第七十一条 车辆发生交通事故后逃逸的，事故现场目击人员和其他知情人员应当向公安机关交通管理部门或者交通警察举报。举报属实的，公安机关交通管理部门应当给予奖励。

第七十二条 公安机关交通管理部门接到交通事故报警后，应当立即派交通警察赶赴现场，先组织抢救受伤人员，并采取措施，尽快恢复交通。

交通警察应当对交通事故现场进行勘验、检查，收集证据；因收集证据的需要，可以扣留事故车辆，但是应当妥善保管，以备核查。

对当事人的生理、精神状况等专业性较强的检验，公安机关交通管理部门应当委托专门机构进行鉴定。鉴定结论应当由鉴定人签名。

第七十三条 公安机关交通管理部门应当根据交通事故现场勘验、检查、调查情况和有关的检验、鉴定结论，及时制作交通事故认定书，作为处理交通事故的证据。交通事故认定书应当载明交通事故的基本事实、成因和当事人的责任，并送达当事人。

第七十四条 对交通事故损害赔偿的争议，当事人可以请求公安机关交通管理部门调解，也可以直接向人民法院提起民事诉讼。

经公安机关交通管理部门调解，当事人未达成协议或者调解书生效后不履行的，当事人可以向人民法院提起民事诉讼。

第七十五条 医疗机构对交通事故中的受伤人员应当及时抢救，不得因抢救费用未及时支付而拖延救治。肇事车辆参加机动车第三者责任强制保险的，由保险公司在责任限额范围内支付抢救费用；抢救费用超过责任限额的，未参加机动车第三者责任强制保险或者肇事后逃逸的，由道路交通事故社会救助基金先行垫付部分或者全部抢救费用，道路交通事故社会救助基金管理机构有权向交通事故责任人追偿。

第七十六条 机动车发生交通事故造成人身伤亡、财产损失的，由保险公司在机动车第三者责任强制保险责任限额范围内予以赔偿；不足的部分，按照下列规定承担赔偿责任：

（一）机动车之间发生交通事故的，由有过错的一方承担赔偿责任；双方都有过错的，按照各自过错的比例分担责任。

（二）机动车与非机动车驾驶人、行人之间发生交通事故，非机动车驾驶人、行人没有过错的，由机动车一方承担赔偿责任；有证据证明非机动车驾驶人、行人有过错的，根据过错程度适当减轻机动车一方的赔偿责任；机动车一方没有过错的，承担不超过百分之十的赔偿责任。

交通事故的损失是由非机动车驾驶人、行人故意碰撞机动车造成的，机动车一方不承担赔偿责任。

第七十七条 车辆在道路以外通行时发生的事故，公安机关交通管理部门接到报案的，参照本法有关规定办理。

第六章 执法监督

第七十八条 公安机关交通管理部门应当加强对交通警察的管理，提高交通警察的素质和管理道路交通的水平。

公安机关交通管理部门应当对交通警察进行法制和交通安全管理业务培训、考核。交通警察经考核不合格的，不得上岗执行职务。

第七十九条 公安机关交通管理部门及其交通警察实施道路交通安全管理，应当依照法定的职权和程序，简化办事手续，做到公正、严格、文明、高效。

第八十条 交通警察执行职务时，应当按照规定着装，佩戴人民警察标志，持有人民警察证件，保持警容严整，举止端庄，指挥规范。

第八十一条 依照本法发放牌证等收取工本费，应当严格执行国务院价格主管部门核定的收费标准，并全部上缴国库。

第八十二条 公安机关交通管理部门依法实施罚款的行政处罚，应当依照有关法律、行政法规的规定，实施罚款决定与罚款收缴分离；收缴的罚款以及依法没收的违法所得，应当全部上缴国库。

第八十三条 交通警察调查处理道路交通安全违法行为和交通事故，有下列情形之一的，应当回避：

（一）是本案的当事人或者当事人的近亲属；

（二）本人或者其近亲属与本案有利害关系；

（三）与本案当事人有其他关系，可能影响案件的公正处理。

第八十四条 公安机关交通管理部门及其交通警察的行政执法活动，应当接受行政监察机关依法实施的监督。

公安机关督察部门应当对公安机关交通管理部门及其交通警察执行法律、法规和遵守纪律的情况依法进行监督。

上级公安机关交通管理部门应当对下级公安机关交通管理部门的执法活动进行监督。

第八十五条 公安机关交通管理部门及其交通警察执行职务，应当自觉接受社会和公民的监督。

任何单位和个人都有权对公安机关交通管理部门及其交通警察不严格执法以及违法违纪行为进行检举、控告。收到检举、控告的机关，应当依据职责及时查处。

第八十六条 任何单位不得给公安机关交通管理部门下达或者变相下达罚款指标；公安机关交通管理部门不得以罚款数额作为考核交通警察的标准。

公安机关交通管理部门及其交通警察对超越法律、法规规定的指令，有权拒绝执行，并同时向上级机关报告。

第七章 法律责任

第八十七条 公安机关交通管理部门及其交通警察对道路交通安全违法行为，应当及时纠正。

公安机关交通管理部门及其交通警察应当依据事实和本法的有关规定对道路交通安全违法行为予以处罚。对于情节轻微，未影响道路通行的，指出违法行为，给予口头警告后放行。

第八十八条 对道路交通安全违法行为的处罚种类包括：警告、罚款、暂扣或者吊销机动车驾驶证、拘留。

第八十九条 行人、乘车人、非机动车驾驶人违反道路交通安全法律、法规关于道路通行规定的，处警告或者五元以上五十元以下罚款；非机动车驾驶人拒绝接受罚款处罚的，可以扣留其非机动车。

第九十条 机动车驾驶人违反道路交通安全法律、法规关于道路通行规定的，处警告或者二十元以上二百元以下罚款。本法另有规定的，依照规定处罚。

第九十一条 饮酒后驾驶机动车的，处暂扣六个月机动车驾驶证，并处一千元以上二千元以下罚款。因饮酒后驾驶机动车被处罚，再次饮酒后驾驶机动车的，处十日以下拘留，并处一千元以上二千元以下罚款，吊销机动车驾驶证。

醉酒驾驶机动车的，由公安机关交通管理部门约束至酒醒，吊销机动车驾驶证，依法追究刑事责任；五年内不得重新取得机动车驾驶证。

饮酒后驾驶营运机动车的，处十五日拘留，并处五千元罚款，吊销机动车驾驶证，五年内不得重新取得机动车驾驶证。

醉酒驾驶营运机动车的，由公安机关交通管理部门约束至酒醒，吊销机动车驾驶证，依法追究刑事责任；十年内不得重新取得机动车驾驶证，重新取得机动车驾驶证后，不得驾驶营运机动车。

饮酒后或者醉酒驾驶机动车发生重大交通事故，构成犯罪的，依法追究刑事责任，并由公安机关交通管理部门吊销机动车驾驶证，终生不得重新取得机动车驾驶证。

第九十二条 公路客运车辆载客超过额定乘员的，处二百元以上五百元以下罚款；超过额定乘员百分之二十或者违反规定载货的，处五百元以上二千元以下罚款。

货运机动车超过核定载质量的，处二百元以上五百元以下罚款；超过核定载质量百分之三十或者违反规定载客的，处五百元以上二千元以下罚款。

有前两款行为的，由公安机关交通管理部门扣留机动车至违法状态消除。

运输单位的车辆有本条第一款、第二款规定的情形，经处罚不改的，对直接负责的主管人员处二千元以上五千元以下罚款。

第九十三条 对违反道路交通安全法律、法规关于机动车停放、临时停车规定的，可以指出违法行为，并予以口头警告，令其立即驶离。

机动车驾驶人不在现场或者虽在现场但拒绝立即驶离，妨碍其他车辆、行人通行的，处二十元以上二百元以下罚款，并可以将该机动车拖至不妨碍交通的地点或者公安机关交通管理部门指定的地点停放。公安机关交通管理部门拖车不得向当事人收取费用，并应当及时告知当事人停放地点。

因采取不正确的方法拖车造成机动车损坏的，应当依法承担补偿责任。

第九十四条 机动车安全技术检验机构实施机动车安全技术检验超过国务院价格主管部门核定的收费标准收取费用的，退还多收取的费用，并由价格主管部门依照《中华人民共和国价格法》的有关规定给予处罚。

机动车安全技术检验机构不按照机动车国家安全技术标准进行检验，出具虚假检验结果的，由公安机关交通管理部门处所收检验费用五倍以上十倍以下罚款，并依法撤销其检验资格；构成犯罪的，依法追究刑事责任。

第九十五条 上道路行驶的机动车未悬挂机动车号牌，未放置检验合格标志、保险标志，或者未随车携带行驶证、驾驶证的，公安机关交通管理部门应当扣留机动车，通知当事人提供相应的牌证、标志或者补办相应手续，并可以依照本法第九十条的规定予以处罚。当事人提供相应的牌证、标志或者补办相应手续的，应当及时退还机动车。

故意遮挡、污损或者不按规定安装机动车号牌的，依照本法第九十条的规定予以处罚。

第九十六条 伪造、变造或者使用伪造、变造的机动车登记证书、号牌、行驶证、驾驶证的，由公安机关交通管理部门予以收缴，扣留该机动车，处十五日以下拘留，并处二千元以上五千元以下罚款；构成犯罪的，依法追究刑事责任。

伪造、变造或者使用伪造、变造的检验合格标志、保险标志的，由公安机关交通管理部门予以收缴，扣留该机动车，处十日以下拘留，并处一千元以上三千元以下罚款；构成犯罪的，依法追究刑事责任。

使用其他车辆的机动车登记证书、号牌、行驶证、检验合格标志、保险标志的，由公安机关交通管理部门予以收缴，扣留该机动车，处二千元以上五千元以下罚款。

当事人提供相应的合法证明或者补办相应手续的，应当及时退还机动车。

第九十七条 非法安装警报器、标志灯具的，由公安机关交通管理部门强制拆除，予以收缴，并处二百元以上二千元以下罚款。

第九十八条 机动车所有人、管理人未按照国家规定投保机动车第三者责任强制保险的，由公安机关交通管理部门扣留车辆至依照规定投保后，并处依照规定投保最低责任限额应缴纳的保险费的二倍罚款。

依照前款缴纳的罚款全部纳入道路交通事故社会救助基金。具体办法由国务院规定。

第九十九条 有下列行为之一的，由公安机关交通管理部门处二百元以上二千元以下罚款：

（一）未取得机动车驾驶证、机动车驾驶证被吊销或者机动车驾驶证被暂扣期间驾驶机动车的；

（二）将机动车交由未取得机动车驾驶证或者机动车驾驶证被吊销、暂扣的人驾驶的；

（三）造成交通事故后逃逸，尚不构成犯罪的；

（四）机动车行驶超过规定时速百分之五十的；

（五）强迫机动车驾驶人违反道路交通安全法律、法规和机动车安全驾驶要求驾驶机动车，造成交通事故，尚不构成犯罪的；

（六）违反交通管制的规定强行通行，不听劝阻的；

（七）故意损毁、移动、涂改交通设施，造成危害后果，尚不构成犯罪的；

（八）非法拦截、扣留机动车辆，不听劝阻，造成交通严重阻塞或者较大财产损失的。

行为人有前款第二项、第四项情形之一的，可以并处吊销机动车驾驶证；有第一项、第三项、第五项至第八项情形之一的，可以并处十五日以下拘留。

第一百条 驾驶拼装的机动车或者已达到报废标准的机动车上道路行驶的，公安机关交通管理部门应当予以收缴，强制报废。

对驾驶前款所列机动车上道路行驶的驾驶人，处二百元以上二千元以下罚款，并吊销机动车驾驶证。

出售已达到报废标准的机动车的，没收违法所得，处销售金额等额的罚款，对该机动车依照本条第一款的规定处理。

第一百零一条 违反道路交通安全法律、法规的规定，发生重大交通事故，构成犯罪的，依法追究刑事责任，并由公安机关交通管理部门吊销机动车驾驶证。

造成交通事故后逃逸的，由公安机关交通管理部门吊销机动车驾驶证，且终生不得重新取得机动车驾驶证。

第一百零二条 对六个月内发生二次以上特大交通事故负有主要责任或者全部责任的专业运输单位，由公安机关交通管理部门责令消除安全隐患，未消除安全隐患的机动车，禁止上道路行驶。

第一百零三条 国家机动车产品主管部门未按照机动车国家安全技术标准严格审查，许可不合格机动车型投入生产的，对负有责任的主管人员和其他直接责任人员给予降级或者撤职的行政处分。

机动车生产企业经国家机动车产品主管部门许可生产的机动车型，不执行机动车国家安全技术标准或者不严格进行机动车成品质量检验，致使质量不合格的机动车出厂销售的，由质量技术监督部门依照《中华人民共和国产品质量法》的有关规定给予处罚。

擅自生产、销售未经国家机动车产品主管部门许可生产的机动车型的，没收非法生产、销售的机动车成品及配件，可以并处非法产品价值三倍以上五倍以下罚款；有营业执照的，由工商行政管理部门吊销营业执照，没有营业执照的，予以查封。

生产、销售拼装的机动车或者生产、销售擅自改装的机动车的，依照本条第三款的规定处罚。

有本条第二款、第三款、第四款所列违法行为，生产或者销售不符合机动车国家安全技术标准的机动车，构成犯罪的，依法追究刑事责任。

第一百零四条 未经批准，擅自挖掘道路、占用道路施工或者从事其他影响道路交通安全活动的，由道路主管部门责令停止违法行为，并恢复原状，可以依法给予罚款；致使通行的人员、车辆及其他财产遭受损失的，依法承担赔偿责任。

有前款行为，影响道路交通安全活动的，公安机关交通管理部门可以责令停止违法行为，迅速恢复交通。

第一百零五条 道路施工作业或者道路出现损毁，未及时设置警示标志、未采取防护措施，或者应当设置交通信号灯、交通标志、交通标线而没有设置或者应当及时变更交通信号灯、交通标志、交通标线而没有及时变更，致使通行的人员、车辆及其他财产遭受损失的，负有相关职责的单位应当依法承担赔偿责任。

第一百零六条 在道路两侧及隔离带上种植树木、其他植物或者设置广告牌、管线等，遮挡路灯、交通信号灯、交通标志，妨碍安全视距的，由公安机关交通管理部门责令行为人排除妨碍；拒不执行的，处二百元以上二千元以下罚款，并强制排除妨碍，所需费用由行为人负担。

第一百零七条 对道路交通违法行为人予以警告、二百元以下罚款，交通警察可以当场作出行政处罚决定，并出具行政处罚决定书。

行政处罚决定书应当载明当事人的违法事实、行政处罚的依据、处罚内容、时间、地点以及处罚机关名称，并由执法人员签名或者盖章。

第一百零八条 当事人应当自收到罚款的行政处罚决定书之日起十五日内，到指定的银行缴纳罚款。

对行人、乘车人和非机动车驾驶人的罚款，当事人无异议的，可以当场予以收缴罚款。

罚款应当开具省、自治区、直辖市财政部门统一制发的罚款收据；不出具财政部门统一制发的罚款收据的，当事人有权拒绝缴纳罚款。

第一百零九条 当事人逾期不履行行政处罚决定的，作出行政处罚决定的行政机关可以采取下列措施：

（一）到期不缴纳罚款的，每日按罚款数额的百分之三加处罚款；

（二）申请人民法院强制执行。

第一百一十条 执行职务的交通警察认为应当对道路交通违法行为人给予暂扣或者吊销机动车驾驶证

处罚的，可以先予扣留机动车驾驶证，并在二十四小时内将案件移交公安机关交通管理部门处理。

道路交通违法行为人应当在十五日内到公安机关交通管理部门接受处理。无正当理由逾期未接受处理的，吊销机动车驾驶证。

公安机关交通管理部门暂扣或者吊销机动车驾驶证的，应当出具行政处罚决定书。

第一百一十一条　对违反本法规定予以拘留的行政处罚，由县、市公安局、公安分局或者相当于县一级的公安机关裁决。

第一百一十二条　公安机关交通管理部门扣留机动车、非机动车，应当当场出具凭证，并告知当事人在规定期限内到公安机关交通管理部门接受处理。

公安机关交通管理部门对被扣留的车辆应当妥善保管，不得使用。

逾期不来接受处理，并且经公告三个月仍不来接受处理的，对扣留的车辆依法处理。

第一百一十三条　暂扣机动车驾驶证的期限从处罚决定生效之日起计算；处罚决定生效前先予扣留机动车驾驶证的，扣留一日折抵暂扣期限一日。

吊销机动车驾驶证后重新申请领取机动车驾驶证的期限，按照机动车驾驶证管理规定办理。

第一百一十四条　公安机关交通管理部门根据交通技术监控记录资料，可以对违法的机动车所有人或者管理人依法予以处罚。对能够确定驾驶人的，可以依照本法的规定依法予以处罚。

第一百一十五条　交通警察有下列行为之一的，依法给予行政处分：

（一）为不符合法定条件的机动车发放机动车登记证书、号牌、行驶证、检验合格标志的；

（二）批准不符合法定条件的机动车安装、使用警车、消防车、救护车、工程救险车的警报器、标志灯具，喷涂标志图案的；

（三）为不符合驾驶许可条件、未经考试或者考试不合格人员发放机动车驾驶证的；

（四）不执行罚款决定与罚款收缴分离制度或者不按规定将依法收取的费用、收缴的罚款及没收的违法所得全部上缴国库的；

（五）举办或者参与举办驾驶学校或者驾驶培训班、机动车修理厂或者收费停车场等经营活动的；

（六）利用职务上的便利收受他人财物或者谋取其他利益的；

（七）违法扣留车辆、机动车行驶证、驾驶证、车辆号牌的；

（八）使用依法扣留的车辆的；

（九）当场收取罚款不开具罚款收据或者不如实填写罚款额的；

（十）徇私舞弊，不公正处理交通事故的；

（十一）故意刁难，拖延办理机动车牌证的；

（十二）非执行紧急任务时使用警报器、标志灯具的；

（十三）违反规定拦截、检查正常行驶的车辆的；

（十四）非执行紧急公务时拦截搭乘机动车的；

（十五）不履行法定职责的。

公安机关交通管理部门有前款所列行为之一的，对直接负责的主管人员和其他直接责任人员给予相应的行政处分。

第一百一十六条　依照本法第一百一十五条的规定，给予交通警察行政处分的，在作出行政处分决定前，可以停止其执行职务；必要时，可以予以禁闭。

依照本法第一百一十五条的规定，交通警察受到降级或者撤职行政处分的，可以予以辞退。

交通警察受到开除处分或者被辞退的，应当取消警衔；受到撤职以下行政处分的交通警察，应当降低警衔。

第一百一十七条　交通警察利用职权非法占有公共财物，索取、收受贿赂，或者滥用职权、玩忽职守，构成犯罪的，依法追究刑事责任。

第一百一十八条　公安机关交通管理部门及其交通警察有本法第一百一十五条所列行为之一，给当事人造成损失的，应当依法承担赔偿责任。

第八章　附　　则

第一百一十九条　本法中下列用语的含义：

（一）"道路"，是指公路、城市道路和虽在单位管辖范围但允许社会机动车通行的地方，包括广场、公共停车场等用于公众通行的场所。

（二）"车辆"，是指机动车和非机动车。

（三）"机动车"，是指以动力装置驱动或者牵引，上道路行驶的供人员乘用或者用于运送物品以及进行工程专项作业的轮式车辆。

（四）"非机动车"，是指以人力或者畜力驱动，上道路行驶的交通工具，以及虽有动力装置驱动但设计最高时速、空车质量、外形尺寸符合有关国家标准的残疾人机动轮椅车、电动自行车等交通工具。

（五）"交通事故"，是指车辆在道路上因过错或者意外造成的人身伤亡或者财产损失的事件。

第一百二十条　中国人民解放军和中国人民武装警察部队在编机动车牌证、在编机动车检验以及机动车驾驶人考核工作，由中国人民解放军、中国人民武装警察部队有关部门负责。

第一百二十一条　对上道路行驶的拖拉机，由农业（农业机械）主管部门行使本法第八条、第九条、第十三条、第十九条、第二十三条规定的公安机关交通管理部门的管理职权。

农业（农业机械）主管部门依照前款规定行使职权，应当遵守本法有关规定，并接受公安机关交通管理部门的监督；对违反规定的，依照本法有关规定追究法律责任。

本法施行前由农业（农业机械）主管部门发放的机动车牌证，在本法施行后继续有效。

第一百二十二条　国家对入境的境外机动车的道路交通安全实施统一管理。

第一百二十三条　省、自治区、直辖市人民代表大会常务委员会可以根据本地区的实际情况，在本法规定的罚款幅度内，规定具体的执行标准。

第一百二十四条　本法自 2004 年 5 月 1 日起施行。

参　考　文　献

[1] 金加龙主编. 机动车辆保险与理赔. 北京：电子工业出版社，2012.
[2] 张巨光，沙泉著. 工程机械融资租赁实务和风险管理. 北京：机械工业出版社，2011.
[3] 张弦主编. 机动车辆保险业务（学生用书）. 北京：中国财政经济出版社，2010.
[4] 罗向明，岑敏华主编. 机动车辆保险实验教程. 北京：中国金融出版社，2009.
[5] 荆叶平，王俊喜主编. 汽车保险公估. 北京：人民交通出版社，2009.
[6] 黄松有主编. 最高人民法院人身损害赔偿司法解释的理解与适用. 北京：人民法院出版社，2004.
[7] 李国毅主编. 保险概论. 北京：高等教育出版社，2004.
[8] 李建主编. 中华人民共和国道路交通安全法实施条例释解. 北京：中国市场出版社，2004.
[9] 李建主编. 中华人民共和国道路交通安全法释义. 北京：人民交通出版社，2003.